edition suhrkamp 2177

Peter Strassers groß angelegter Essay unterzieht die gegenläufigen Dogmen des Naturalismus und des Konstruktivismus einer kritischen Revision und stellt sich damit ganz bewusst gegen die philosophischen Strömungen unserer Zeit.

Der Naturalismus besagt, dass alles, was es überhaupt gibt, Teil der Natur ist, der Konstruktivismus, dass nichts, was es gibt, jenseits unserer Begriffe Geltung und Bestand hat. Dagegen verteidigt Peter Strasser die Unverzichtbarkeit eines spekulativen Denkens, das sich zwischen den Polen des Fraglichen und des Absoluten, des Bedingten und des Unbedingten bewegt. Die Grenze zwischen Skepsis und Metaphysik ist ebenso durchscheinend wie die zwischen Metaphysik und Religion – und einzig solange der Schein des Absoluten die Immanenz unseres Daseins zum Transzendenten hin durchbricht, gibt es jenen »Weg nach draußen«, ohne den die Rede von »Erkenntnis« und von »Werten« sinnlos ist. Ihn offenzuhalten, ist die Aufgabe der Philosophie.

Peter Strasser, geboren 1950, unterrichtet Philosophie und Rechtsphilosophie an der Karl-Franzens-Universität in Graz. In der edition suhrkamp liegen von ihm vor: *Die verspielte Aufklärung* (es 1342), *Philosophie der Wirklichkeitssuche* (es 1518) und *Journal der letzten Dinge* (es 2051).

Peter Strasser
Der Weg nach draußen
Skeptisches, metaphysisches und
religiöses Denken

Suhrkamp

edition suhrkamp 2177
Erste Auflage 2000
© Suhrkamp Verlag Frankfurt am Main 2000
Erstausgabe
Satz: Jung Satzcentrum, Lahnau
Druck: Nomos Verlagsgesellschaft, Baden-Baden
Umschlag gestaltet nach einem Konzept
von Willy Fleckhaus: Rolf Staudt
Printed in Germany

1 2 3 4 5 6 – 05 04 03 02 01 00

Inhalt

Teil C: Religiöses Denken

Vorbemerkung
Das Fragliche und das Absolute

Das vorliegende Buch ist das Ergebnis einer Reihe von Vorlesungen, die ich in den Jahren 1995-97 an der Karl-Franzens-Universität in Graz gehalten habe. Es will eine Einführung in das philosophische Denken bieten, eine Einführung, die zugleich von der Sorge durchdrungen ist, die heutige Philosophie könnte im Begriffe sein, sich schweren Irrtümern zu ergeben. Möglicherweise handelt es sich dabei um Symptome einer chronischen Ermüdung, und die Philosophie beginnt in ihrer Substanz abzusterben.

Wie dem auch sei, das vorliegende Buch geht von der Unverzichtbarkeit eines spekulativen Denkens aus, das sich zwischen den Polen des Fraglichen und des Absoluten, des Bedingten und des Unbedingten bewegt. Innerhalb dieses Spannungsbogens sind es besonders drei kritische Lagen, man könnte auch sagen Notlagen, die das Streben nach philosophischer Reflexion anspornen.

Die erste Notlage verdankt sich der Entdeckung, dass der Bereich dessen, was man erkennen und wissen kann, lächerlich gering ist, verglichen mit dem, was zu wissen wir im Alltag und in der Wissenschaft beanspruchen. Das allermeiste, woran zu zweifeln uns praktisch nicht in den Sinn kommt, erscheint vor dem Tribunal der kritischen Vernunft als fraglich, weil, streng genommen, unbegründet und unbegründbar.

Zweitens jedoch müssen wir, als um Erkenntnis Bemühte, eine Reihe von Annahmen machen, die weit über alles Erfahrbare hinausgehen, so zum Beispiel die Annahme, dass es eine objektive Realität, eine »Außenwelt« gibt, oder die Annahme, dass Personen ein »Ich« haben, oder aber die Annahme, dass »objektive Werte« existieren, deren Ursprung weder in der menschlichen Subjektivität noch in der empirischen Realität zu finden ist. Wir stoßen in dem Maße, in dem wir uns über unser In-der-Welt-Sein orientieren wollen, darauf, dass es Transzendentes gibt. Wir entdecken, dass wir, indem wir *sind*, nicht bloß von dieser Welt – der Welt des sinnlich Erfahrbaren, der »Immanenz« – sind.

Drittens schließlich führt uns die Frage nach dem Wesen der

transzendenten Dinge zur Frage nach dem Unbedingten. Wir entdecken, dass ein Nachdenken über Gott oder das Wesen des Göttlichen notwendig wird, sobald wir erst mit dem Philosophieren begonnen haben. Wer A sagt, muss B sagen. Wer mit dem Fraglichen beginnt, darf vor dem Absoluten nicht zurückschrecken. Skeptisches, metaphysisches und religiöses Denken gehören innerlich zusammen.

Was das im Einzelnen bedeutet, wird in den folgenden Kapiteln ausgebreitet werden. Hier nur so viel: Es bedeutet jedenfalls, dass die schweren Irrtümer der heutigen Philosophie sich im wesentlichen auf zwei Dogmen verteilen, die in gewissem Sinne gegenläufig sind und dabei einander dennoch ergänzen und verstärken.

Das eine Dogma ist das des Naturalismus. Es besagt, dass alles, was es überhaupt gibt, Teil der Natur ist. Als Konsequenz ergibt sich, dass die Immanenz, die Innerweltlichkeit, total wird und dass im Gegenzug jede Form von Transzendenz nichts weiter sein kann als Einbildung: ein religiöses Relikt, das es buchstäblich wegzusäkularisieren gilt.

Das andere Dogma ist das des Konstruktivismus. Es besagt, dass jede Wirklichkeit ein Erzeugnis unseres Gehirns sowie unserer Begriffe und Theorien ist. Es gibt demnach keine objektive Wirklichkeit und keine objektiven Werte. Es gibt nur Wirklichkeiten und Subjektivität. *Die* Wahrheit gibt es ebenso wenig, wie es *das* Gute gibt. Der Objektivismus in allen seinen Formen wird verdächtigt, naiv oder ideologisch zu sein. Wesensdrang und Idealismus des Abendlandes haben demnach den postmodernen Spielformen des Nominalismus zu weichen: Sein ist in jedem Fall Nerven-, Kultur- und Begriffsdesign. Dahinter steckt nichts weiter.

Demgegenüber zählt es zu den Grundanliegen dieses Buches, den Naturalismus nicht weniger zurückzuweisen als den Konstruktivismus. Die Tendenz des Buches ist durchaus objektivistisch, wenn auch nicht in dem vulgären Sinne, wonach sich das Wahre, Gute und Schöne im Gegebenen, sei es nun physisch oder psychisch, erschöpft. Nichts von all dem, was als Wert und Wirklichkeit überhaupt zählt, wurzelt im Gegebenen.

Das Buch steht, falls ihm ein Bekenntnis abverlangt wird, eher auf der Seite Platons und des platonischen Sokrates und weniger auf jener der akademischen Sophisten unserer Tage. Es hat auch kaum Sympathie für gewisse Neoirrationalismen, die sich gegen das – als männlich beargwöhnte – Lichtstreben der Aufklärung wenden und, wieder einmal, den Gang zu den Müttern empfehlen, bis hin zur intrauterinen Geborgenheit. Der Uterus ist nicht das Absolute.

Dass sich der Verfasser dieses Buches mit derlei Ansichten möglicherweise in eine Außenseiterposition begibt, tut seiner Unverdrossenheit keinen Abbruch. Ihn ereilte schon die Diagnose, ein metaphysischer Schwerenöter zu sein, und auch dem Verdacht, der finsteren Reaktion zuzuarbeiten, konnte er nicht völlig entgehen. Seither weiß er, woran er ist.

Doch er weiß auch, dass die Unverdrossenheit hier, wie überall, nur als Ausdruck und Vehikel eines tieferen Ernstes überzeugt. In den vorletzten Fragen der Philosophie rumoren die letzten. Die Grenze zwischen Skepsis und Metaphysik ist ebenso durchscheinend wie die zwischen Metaphysik und Religion. Einzig solange der Schein des Absoluten hindurchzudringen vermag bis in den Kerker unserer Immanenz, wird die Philosophie erfüllt bleiben vom Leben des Geistes. Das allerdings setzt voraus, dass sie nicht der Versuchung erliegt, selbst die Rolle der Kerkermeisterin zu übernehmen.

Teil A
Skeptisches Denken

§ 1
Zum Begriff der Erkenntnis

I

ERKENNTNISKANDIDATEN – Nur Sätze, die wahr oder falsch sein können, sind geeignet, Erkenntnisse zum Ausdruck zu bringen. Aber nicht alle Sätze, die wahr oder falsch sein können, wird man als »Erkenntniskandidaten« charakterisieren.

Man denke etwa an die Sätze, die aus rein logischen Gründen wahr oder falsch sind. Ihr Wahrheitswert hängt nicht von irgendwelchen Fakten in der Realität ab, sondern ausschließlich davon, wie ihre sprachlichen Elemente und Einheiten, namentlich ihre Teilsätze, miteinander verbunden sind. Zum Beispiel der Satz »Die Sonne scheint, oder die Sonne scheint nicht«: Dieser Satz ist ebenso wahr wie informationsleer. Er ist informationsleer – oder, anders ausgedrückt, *analytisch* –, weil er nichts über die Realität aussagt. Und er ist wahr. Denn ein Satz, der aus Teilsätzen besteht, die durch ein »oder« miteinander verbunden sind, ist nur unter einer einzigen Bedingung falsch, nämlich dann, wenn keiner seiner Teilsätze wahr ist. Diese Bedingung ist im vorliegenden Fall jedoch unerfüllbar, da es nicht sowohl falsch sein kann, dass die Sonne scheint, als auch falsch, dass sie nicht scheint.

Als Erkenntniskandidaten werden wir daher sinnvollerweise nur Sätze gelten lassen, die einen Informationsgehalt haben und von denen nicht auszuschließen ist, dass sie falsch sind. Das wiederum schließt ein, dass solche Sätze auch wahr sein können. Auf sie, die sogenannten *synthetischen* Sätze, richtet sich die Aufmerksamkeit des Erkenntnisskeptikers in erster Linie.[1]

Es gibt nun allerdings ganz unterschiedliche Arten von synthetischen Sätzen.

(a) *Empirische Sätze.* Sie beschreiben einzelne Sachverhalte oder formulieren Naturgesetze, also Gegebenheiten der Realität, die unserer Erfahrung direkt oder indirekt zugänglich sind. Die Wahrheit der empirischen Sätze hängt davon ab, ob sie die entsprechenden Gegebenheiten korrekt wiedergeben. So zum Beispiel ist der Satz »Meine Krawatte ist blau« wahr genau dann, wenn meine Krawatte tatsächlich blau ist, während das Naturgesetz »Alle Gase dehnen sich bei Erwärmung aus« genau dann falsch ist, wenn es bloß ein Gas gibt, das sich bei Erwärmung nicht ausdehnt.

(b) *Wertsätze.* Sie bringen zum Ausdruck, dass etwas gut oder schlecht ist. Es gehört zu den umstrittenen Fragen der Philosophie, ob solche Sätze überhaupt wahr oder falsch sein können. Angenommen, ich behaupte, dass Abtreibung schlecht sei. Lässt sich dann sinnvoll fragen, ob mein Urteil wahr oder falsch ist? Wenn ja, dann wäre es unzutreffend, dass Werturteile letzten Endes nichts weiter als *subjektive* Stellungnahmen des Einverständnisses oder der Ablehnung sind, also Sätze, die empfehlen oder abraten, etwas zu tun.

Die Problematik der Wahrheitsfähigkeit von Wertsätzen ist von großer Bedeutung für die Ethik. Hier nur so viel: Wie wir in Teil C sehen werden, vernichtet derjenige, der die Wahrheitsfähigkeit von Wertsätzen bestreitet, die Basis aller Moral, indem er bestreitet, dass es objektive Werte geben kann.

(c) *Metaphysische Sätze.* Hierher gehören Sätze wie »Es gibt eine Außenwelt«, »Personen haben einen freien Willen« oder »Gott existiert«. Da solche Sätze zwar nicht inhaltsleer sind, aber auch nicht einfach über nachprüfbare empirische Sachverhalte informieren, werden sie von manchen Philosophen verworfen. Demnach bestünde die Metaphysik aus Aussagen, die rational nicht prüfbar oder sogar sinnlos wären. Würde diese Kritik zutreffen, dann könnten metaphysische Sätze keine Erkenntnisse zum Ausdruck bringen.

Demgegenüber werden wir in Teil B klarstellen, dass die Bestreitung des Erkenntnischarakters metaphysischer Sätze einen philosophischen Schildbürgerstreich darstellt. Denn das Kategoriensystem unseres Alltags nicht weniger als das der Wissenschaft verpflichtet uns auf allgemeinste Annahmen über die Welt, die unser empirisches Wissen »transzendieren«. Die Eliminierung dieser Annahmen würde die Gehalte unserer Erfahrung nicht nur nicht unberührt lassen, sondern sie zerstören.

II

ZUR DEFINITION VON ERKENNTNIS – Eine erste, versuchsweise Definition des Erkenntnisbegriffs könnte folgendermaßen lauten: Ein Satz »p«, der von einem Subjekt *S* für wahr gehalten wird, ist eine Erkenntnis genau dann, wenn gilt: (1) »p« ist wahr, und (2) die Gründe, derentwegen S an »p« glaubt, sind gute Gründe, an »p« zu glauben.

Dem muss nun aber hinzufügt werden, dass die Gründe, derentwegen S an »p« glaubt, nicht nur *gute* Gründe sein müssen, sondern S auch *glauben* muss, dass es sich dabei um gute Gründe handelt. Andernfalls würden wir nicht sagen, dass S erkennt, dass »p« wahr ist. Daher sollte man den soeben genannten Bedingungen (1) und (2) noch als dritte Bedingung hinzufügen: (3) S glaubt, dass es sich bei den Gründen, an »p« zu glauben, um gute Gründe für »p« handelt.

Gleichzeitig sollte man sich dessen bewusst sein, dass der Ausdruck »gute Gründe« in hohem Maße unbestimmt ist. Es sind denn auch die guten Gründe, an welche die erkenntnistheoretischen Debatten anknüpfen. Hier findet der Skeptiker sein breites Betätigungsfeld.

III

ERKENNEN UND WISSEN – Im Besitz einer Erkenntnis zu sein ist ein ähnlicher Zustand, wie etwas zu wissen.

Von Wissen wird man jedoch erst dann sprechen, wenn es keinen vernünftigen Zweifel an der Wahrheit von »p« geben kann. Beispiele für solche zweifelsfreien Wahrheiten lassen sich, oberflächlich betrachtet, leicht finden: Ich kann nicht daran zweifeln, dass ich einen Körper habe, mein Kopf auf meinem Hals sitzt, außer mir noch andere Dinge und Menschen existieren, die Welt nicht erst mit mir entstand usw. Demgegenüber spricht man häufig von den »wissenschaftlichen Erkenntnissen« einer bestimmten Zeit und ist sich dabei dessen wohl bewusst, dass gegenüber diesen »Erkenntnissen« vernünftige Zweifel angemeldet werden können. Aber dieser Erkenntnisbegriff, demzufolge das Erkannte sich möglicherweise eines Tages als falsch herausstellen wird, ist offenkundig abgeleitet. Um das anzudeuten, spricht man gelegentlich auch von »hypothetischer Erkenntnis«.

Was wir hingegen mit Erkenntnis im ursprünglichen Sinn meinen, lässt eine Behauptung der folgenden Art nicht zu: »Ich habe erkannt, dass ich kein Genie bin, aber vielleicht bin ich doch eines.« So etwas kann man nur im Spaß sagen, weil eine Erkenntnis zu haben einschließt, dass der Satz, der die Erkenntnis zum Ausdruck bringt, wahr ist. Andernfalls hätte man eben nicht erkannt, was erkannt zu haben man behauptet.

IV

ERKENNTNISGRÜNDE – Wenn ein Satz »p« gewusst wird, weil er logisch aus einem anderen Satz »q« folgt, der ebenfalls gewusst wird, dann sind die guten Gründe für die Prämisse »q« klarerweise auch gute Gründe für »p«, die Konsequenz aus »q«. Wenn ich weiß, dass die Welt nicht erst mit mir zu existieren begann, dann weiß ich auch, dass es eine Welt gibt, weil Letzteres aus Ersterem folgt. Und dann sind logischerweise die guten Gründe dafür, dass die Welt älter ist als ich, auch gute Gründe dafür, dass die Welt existiert.

Doch Erkenntnisgründe sind eben nicht immer Wissensgründe. Sie sind oft schwächer als Wissensgründe, und dieser Umstand führt dazu, dass die guten Erkenntnisgründe für einen Satz nicht auch gute Gründe für alle seine logischen Konsequenzen sein müssen. Auf diesen Punkt hat Edmund L. Gettier 1963 aufmerksam gemacht. Angenommen, ich bin in einem fensterlosen Raum eingeschlossen und behaupte dennoch (A): »Heute scheint die Sonne.« Ich habe gute Gründe für (A), weil der Wetterbericht, der im allgemeinen verlässlich ist, gestern schönes Wetter für heute prognostizierte. Dann habe ich, so könnte man argumentieren, ebenfalls gute Gründe für den folgenden Satz (B): »Heute scheint die Sonne oder es schneit.« Denn (B) folgt logisch aus (A).[2]

Wer so argumentiert, ist allerdings auf dem Holzweg. Es kann nämlich sein, dass (B) wahr ist, *nicht* weil es heute sonnig ist, sondern weil es schneit. Die guten Gründe, die ich für den falschen Satz (A) habe, sind unter dieser Voraussetzung gewiss keine guten Gründe für den wahren Satz (B). Andernfalls hätte ich *erkannt*, dass es heute sonnig ist oder schneit, und zwar einfach deshalb, weil es heute schneit, d. h. weil geschieht, wofür ich *keine guten Gründe habe und woran ich deshalb auch nicht glaube*. Das aber wäre absurd.

Die guten Gründe für das Vorliegen einer Erkenntnis »p« sind häufig keine strengen Wissensgründe im Sinne wahrer logischer Prämissen, sondern kausale und induktive Argumente, die das

Zutreffen von »p« bloß mehr oder weniger wahrscheinlich oder plausibel machen. Statt also einfach von *guten Gründen für »p«* sollten wir in Erkenntnisbelangen von *guten Gründen für das Bestehen jener Sachverhalte, durch deren Existenz »p« wahr wird*, sprechen. In diesem Sinne habe ich dann keine guten Gründe für (B). Der Satz »Heute scheint die Sonne oder es schneit« wird in unserem Beispiel dadurch wahr, dass es heute schneit. Ich habe jedoch keine guten Gründe für die Annahme, dass es heute schneit, solange ich bloß diejenigen guten Gründe habe, die für (A) sprechen, also dafür, dass die Sonne scheint.

Unsere Definition des Erkenntnisbegriffs muss dementsprechend präzisiert werden: Ein Satz »p«, der von einem Subjekt *S* für wahr gehalten wird, ist eine Erkenntnis genau dann, wenn gilt, (1) »p« ist wahr, und (2) die Gründe, derentwegen *S* an »p« glaubt, sind gute Gründe für das Bestehen jener Sachverhalte, durch deren Existenz »p« wahr wird, und (3) *S* glaubt, dass diese Gründe tatsächlich gute Gründe sind, um an »p« zu glauben.

Diese verbesserte Definition ist geeignet, auch jenen Beispielen gerecht zu werden, welche auf vertrackte Weise mit Sinnestäuschungen arbeiten, die man *prima facie* als gute Erkenntnisgründe akzeptieren würde. Denken wir uns, in freier Anlehnung an ein Beispiel von Roderick M. Chisholm, den folgenden Fall: Ein erfahrener Schäfer behauptet: »Dort drüben auf dem Hügel weidet ein Schaf neben einem Felsblock.« Der Schäfer glaubt, einen guten Grund für seine Behauptung zu haben: Aufgrund seines *geübten Blicks* ist er imstande, ein weidendes Schaf aus der Ferne zu *sehen*. Darüber hinaus ist seine Behauptung wahr, obwohl der Felsblock in Wirklichkeit ein weidendes Schaf und das, was der Schäfer für ein weidendes Schaf hält, in Wirklichkeit ein Felsblock ist. Unter diesen Umständen wäre es natürlich abwegig zu sagen, der Schäfer hätte erkannt, dass dort drüben auf dem Hügel neben einem Felsblock ein Schaf weidet. Und in der Tat, der gute Grund, den der Schäfer für seine Behauptung reklamiert, ist kein guter Grund für das Bestehen jenes Sachverhalts, durch den die Behauptung wahr wird. Der fragliche Sachverhalt besteht ja darin, dass das, was der Schäfer für einen Felsblock hält, in Wirklichkeit ein weidendes Schaf ist. Für das Bestehen *dieses* Sachverhalts jedoch liefert das, was der Schäfer *sieht*, nicht den geringsten Anhalt.[3]

V

DIE ZWEI HAUPTFRAGEN DER ERKENNTNISTHEORIE – Die *Definitionsfrage* der Erkenntnis führt notwendig zur *Kriteriumsfrage*. Letztere lautet: Gibt es eine Regel, welche die Bedingungen nennt, bei deren Vorliegen es gerechtfertigt ist zu behaupten, ein Satz, den man für wahr hält, sei nicht bloß ein persönlicher Glaube oder eine Vermutung, sondern mehr als das – eine Erkenntnis?

Die Bedingungen, die das gesuchte Erkenntniskriterium zu nennen hätte, müssten die Gründe, die man für eine Behauptung anführt, als Erkenntnisgründe auszeichnen – d. h. als qualifizierte »gute Gründe« im Sinne unserer Erkenntnisdefinition. Die Frage lautet nun: Gibt es ein derartiges Kriterium?

Bei dem Versuch, diese Frage zu beantworten, werden wir uns im Folgenden auf empirische Sätze konzentrieren. Denn weder ist ihre Eigenschaft, wahr oder falsch zu sein, umstritten wie im Falle der Wertsätze, noch steht, wie bei den metaphysischen Sätzen, ihre Sinnhaftigkeit zur Diskussion.

Manche Philosophen argumentieren freilich, dass bereits innerhalb des Bereichs empirischer Sätze eine klare Trennung zwischen empirischem und metaphysischem Gehalt gar nicht möglich sei. Obwohl dieses Argument richtig ist und in Teil B eingehend besprochen werden wird, kann es hier außer Betracht bleiben, solange wir uns mit empirischen Sätzen befassen, bei deren Begründung keine weiteren metaphysischen Voraussetzungen ins Spiel kommen. In diesem Fall kann durch die Metaphysik sozusagen gekürzt werden, zum Beispiel dann, wenn die Annahme einer Außenwelt den Argumenten für einen Erfahrungssatz ebenso zugrunde liegt wie diesem Satz selbst. Problematisch wird es erst, wenn man den realistischen Gehalt eines empirischen Satzes, also etwa die Existenz *transsubjektiver* (physikalischer) Gegenstände, mit Hilfe von Aussagen über »Sinneseindrücke« und dergleichen *subjektive* Daten des Bewusstseins zu begründen sucht. Dann verschärft sich die Kriteriumsfrage der Erkenntnis zur spezifischen Frage nach der Begründbarkeit metaphysischer Urteile.

§ 2
Die Suche nach einem Erkenntniskriterium

I

OPTIMIERUNG DES KONSENSES – Betrachten wir den einfachen Satz »Meine Krawatte ist blau«. Es gibt verschiedene, mehr oder minder sinnvolle Methoden, die Wahrheit dieses Satzes zu überprüfen. Um festzustellen, ob meine Krawatte blau ist, könnte ich zum Beispiel eine Münze werfen. Diese Methode ist aberwitzig, ganz gleich, ob ich mich auf »Kopf« oder »Zahl« festlege, einfach weil das Ergebnis von meiner Festlegung und im übrigen vom Zufall abhängt. Zum Ziel zu führen hingegen scheint eine andere Methode: Nachdem ich sichergestellt habe, dass ich normalsichtig bin (und voraussetze, dass mein Verstand normal funktioniert), betrachte ich meine Krawatte bei normalem Tageslicht. *Sehe* ich unter dieser Voraussetzung, dass sie blau ist, dann habe ich zugleich einen guten Grund zu behaupten, dass meine Krawatte *tatsächlich* blau ist.

Warum scheint diese zweite Methode erfolgversprechend? Weil, so könnte man argumentieren, durch sie *die Wahrscheinlichkeit optimiert* wird, dass alle zu demselben Ergebnis kommen. Im Falle des Münzwurfs hingegen würde schließlich die eine Hälfte dafür plädieren, dass meine Krawatte blau ist, während die andere Hälfte behaupten würde, dass sie nicht blau ist.

Doch, so könnte man entgegnen, kommt es in Erkenntnisbelangen wirklich auf die Optimierung des Konsenses an? Dagegen gibt es bekanntlich schwerwiegende Einwände selbst dann, wenn man von einem sachlich besonders qualifizierten, einem Experten-Konsens ausgeht. Schon oft in der Geschichte des Wissens nämlich wurde unter kompetenten Menschen Konsens über Ansichten erzielt, die sich später als falsch herausstellten. Die Himmelskundigen stimmten einst darin überein, dass die Erde im Mittelpunkt des Universums stehe (ptolemäisches Weltbild). Die kirchlichen Autoritäten stimmten darin überein, dass es Hexen gebe, die ihre Seele dem Teufel verschrieben hätten (dämonologisches Weltbild). Die Physiker stimmten darin überein, dass Raum und Zeit absolute Größen seien (newtonsches Weltbild). Heute hingegen glaubt man zu wissen, dass der qualifizierte Konsens in den genannten Beispielen keineswegs durchgehend vernünftig, sondern im Gegenteil eine Folge religiöser Vorurteile, mangelnder Methodik und vorschneller Generalisierungen war. Nicht nur der Glaube an Hexen, auch der abendländische Geozentrismus und selbst noch Newtons Postulat eines absoluten Koordinatensystems am Himmel waren mehr theologisch als empirisch-theoretisch fundiert.

Man könnte dieses Argument zu parieren versuchen, indem man nach einem Konsens Ausschau hält, der an Regeln orientiert ist, welche die Gefahr irrationaler Verzerrungen möglichst gering halten. Als eine solche, wenn auch primitive Regel bietet sich die oben genannte an, wonach man den Farbton von Dingen am besten dadurch überprüft, dass man sie bei normalem Tageslicht betrachtet, vorausgesetzt, man ist normalsichtig (und bei normalem Verstand). Diese Regel, so könnte man sagen, verpflichtet uns auf die Einholung einer fundamentalen sinnlichen Evidenz – eines Farbeindrucks – und schützt uns derart vor dem Einfluss unsachlicher Faktoren. Das ist richtig, zeigt indessen nur, dass der Konsens *an sich* nichts beweist, und ebenso wenig die Optimierung des Konsenses *an sich*.

Wesentlich für die Gewinnung eines Erkenntniskriteriums scheint es, die Regeln zu rechtfertigen, die den Konsens generieren, und zwar nicht mit Blick auf den Konsens selbst, sondern mit Blick auf ihre *wirklichkeitserhellende*, oder anders gesagt: *wahrheitsorientierte* Funktion. Aber was heißt das? Im Falle fundamentaler sinnlicher Evidenzen, wie dem Sehen eines Farbtons unter normalen Wahrnehmungsbedingungen, haben wir vielleicht den Eindruck, dass wir hier an der Nahtstelle zwischen erkennendem Subjekt und Realität sind. Doch wie man weiß (und wie wir noch sehen werden), ist das eine theoretisch äußerst komplexe und zudem philosophisch äußerst fragwürdige Annahme.

II

WAHRHEITSANNÄHERUNG – Trotz des soeben Gesagten haben wir das zwingende Gefühl, dass der Konsens unter Kompetenten heute *besser begründet* ist als der Konsens früherer Zeiten. Wir haben ganz allgemein das Gefühl, dass wir heute *mehr wissen* als unsere Vorfahren. Wir wissen, dass die Erde nicht im Mittelpunkt des Universums steht, und wir wissen auch, dass es ebenso wenig Hexen wie ein absolutes Raum-Zeit-Gefüge gibt. Womit hat das zu tun?

Unsere intuitive Antwort hierauf lautet: Wir verfügen heute über wissenschaftliche Methoden, die viele der alten Irrtümer erfolgreich aufgedeckt haben. Außerdem verfügen wir heute über Theorien, die nicht nur empirisch besser bestätigt sind als die Spekulationen früherer Zeiten, sondern darüber hinaus verständlich machen, warum die alten Irrtümer gemacht wurden. Deshalb wäre es unnatürlich zu bestreiten, dass es so etwas wie einen *Erkenntnisfortschritt* gibt.

Zu behaupten, dass es einen Erkenntnisfortschritt gibt, bedeutet so viel wie zu behaupten, dass wir uns der Wahrheit tatsächlich schrittweise annähern. Auf diesen Punkt hat der österreichische Philosoph Karl R. Popper mit Nachdruck hingewiesen. In seiner *Logik der Forschung* aus dem Jahre 1934 führt er aus, was es heißt, eine wissenschaftliche Theorie habe sich besser bewährt als eine ihrer Konkurrentinnen oder Vorgängerinnen. Es heißt, dass sie allen empirischen Herausforderungen, wie etwa möglichen Widerlegungsinstanzen und erklärungsbedürftigen Phänomenen, bisher besser standgehalten hat als ihre Rivalinnen. Also wird sie mit dem Konsens der kompetenten Menschen rechnen dürfen.

Aufgrund der oben angestellten Überlegungen zum kompetenten Konsens *an sich* muss man jedoch plausibel machen, dass sich in der besseren empirischen Bewährung einer Theorie *mehr* ausdrückt als eine bloß vorübergehende Übereinstimmung mit einer endlichen Menge an Erfahrungsdaten. Denn der kompetente Konsens beruft sich zunächst immer darauf, dass eine neue Theorie mit den verfügbaren Daten besser übereinstimmt als die alte und dass sie darüber hinaus mehr erklärt. Doch später, im Lichte abermals neuer Fakten und einer abermals neuen Interpretation des alten Beobachtungsmaterials, stellt sich heraus, dass auch die bisher am besten bewährte Theorie im Irrtum war. Das ist der Weg der Wissenschaft: Man schreitet voran, indem man die alten Irrtümer ersetzt.

Ersetzt wodurch? fragt der Skeptiker und fügt hinzu: Durch die Irrtümer von morgen. Dagegen hat Popper polemisiert. Und in der Tat: Ohne die Idee der *Wahrheitsannäherung* können wir die Idee des Erkenntnisfortschritts nicht präzisieren; und ohne die Idee des Erkenntnisfortschritts können wir nicht verstehen, warum der Konsens unter Kompetenten heute besser begründet sein sollte als der Konsens früherer Zeiten.

Freilich, auch gegen die Vorstellung einer schrittweisen Annäherung an die Wahrheit gibt es schwerwiegende Einwände. Diese Vorstellung ist ja zunächst nur ein Bild, eine Metapher für die Hoffnung, dass wir uns bei unseren kontinuierlichen Erkenntnisanstrengungen auf dem richtigen Weg befinden, trotz all der Irrtümer, denen wir laufend begegnen. Wer sich aber beim philosophischen Reden einer Metapher ausliefert, der muss auch mit ihren Untiefen rechnen und versuchen, ihnen auszuweichen.

Eine der Untiefen, die im Begriff der Wahrheitsannäherung lauern, lässt sich folgendermaßen charakterisieren: Eine solche Annäherung kann es nur dann geben, wenn wir von der Wahrheit nicht unendlich weit entfernt sind. Wenn wir nämlich unendlich viele Schritte bräuchten, um zur Wahrheit zu gelangen, dann wäre, vom Annäherungswert her betrachtet, jeder Schritt auf die Wahrheit zu *unendlich klein*, also so gut wie wertlos. Dann aber wäre die Rede vom Erkenntnisfortschritt nichtssagend, wie viele Irrtümer wir auch ausmerzen und wie viele neue Theorien wir auch erproben würden.

Eine Wahrheitsannäherung kann es überhaupt nur geben, wenn wir von allem Anfang an bloß endlich weit von der Wahrheit entfernt sind. Doch wie sollten wir jemals wissen können, ob es sich tatsächlich so verhält? Um *das* zu wissen, müssten wir die Wahrheit, zumindest »in groben Umrissen«, schon kennen. Nur dann könnten wir einen Vergleich anstellen, wie weit wir von ihr tatsächlich entfernt sind. Um im Bild zu bleiben: Wenn wir als Reisende wissen wollen, wie weit wir von unserem Reiseziel entfernt sind, dann benötigen wir eine Landkarte, die uns die Lage und Entfernung des Ziels relativ zu unserem eigenen Standort ausweist. In diesem Sinne müssen wir unser Ziel *von vornherein* kennen. Um also die Wahrheit *in diesem Sinne* zu kennen, müssten wir als Erkenntnisreisende eine Art Lageplan der Wahrheit haben.

Doch ein solcher Plan ist uns nicht verfügbar. Er könnte nur einem Wesen verfügbar sein, das die Wahrheit bereits kennt, zumindest »in groben Umrissen«, so dass es imstande wäre zu beurteilen, wie weit wir vom Erkenntnisziel entfernt sind. Dieses Wesen müsste eine Art Gott oder Weltgeist sein, der in der Lage wäre, unsere Erkenntnissituation gegenüber der Welt von außen zu betrachten. Nur so könnte es wissen, wie viele Schritte uns von der Wahrheit trennen und ob es sich dabei um eine endliche Anzahl von Schritten handelt – oder ob wir, wie die radikalen Skeptiker, die Gnostiker und Neuplatoniker aller Zeiten behaupten, wahrheitsblind sind, eingeschlossen in die Nacht unserer Sinne.

Fazit: Es gibt keinen guten Grund, warum ein heutiger Konsens besser begründet sein sollte als der Konsens früherer Zeiten, immer vorausgesetzt, wir können uns auf nichts weiter stützen als auf den Gedanken der Wahrheitsannäherung. Denn dieser Gedanke ist ein analytisch nicht aufhellbares Bild, philosophisch weitgehend wertlos und, im schlimmeren Fall, systematisch irreführend.[4]

III

ZUR INDUKTIVEN RECHTFERTIGUNG EMPIRISCHER SÄTZE – Da der Konsens an sich kein Erkenntniskriterium liefert, muss dieses in der Beziehung zwischen den Gründen, an einen Satz »p« zu glauben, und »p« selbst gesucht werden. Dabei ist für die Begründung empirischer Sätze *eine* Beziehung von überragender Bedeutung: die Induktion.

Hier zunächst der einfachste Fall einer induktiven Verallgemeinerung: In einer endlichen Anzahl von Fällen wurde festgestellt, dass die Erwärmung eines Gases (EG) stets dazu führt, dass sich das Gas ausdehnt (AG). Daraus wurde auf ein allgemeines Naturgesetz geschlossen: »Für jedes Gas gilt, dass es sich ausdehnt, wenn es erwärmt wird«, kurz: »Immer wenn EG, dann AG.« Der dabei verwendete Schluss ist natürlich kein logischer, kein »deduktiver«, denn aus einer endlichen Anzahl von Fällen (»einige«) lässt sich nicht auf die Gesamtheit der Fälle (»alle«) schließen. Man hat daher von einem »induktiven Schluss« gesprochen, aber es gibt ebenso auch Zweifel daran, ob hier überhaupt ein *Schluss* vorliegt.

Warum fühlt man sich überhaupt berechtigt, von einer endlichen Anzahl von EG-AG-Konstellationen zu einem Gesetz der Art »Immer wenn EG, dann AG« überzugehen? Die Antwort lautet: Man hat das Gefühl, dass zwischen Ereignissen des Typs

EG und solchen des Typs AG ein Bezug besteht, der sich als *kausale Notwendigkeit* beschreiben lässt. Dies bedeutet, dass gewisse Ereignisse Ursachen sind, die mit innerer Zwangsläufigkeit zu bestimmten Wirkungen führen. So auch im Falle von EG und AG, der Erwärmung und Ausdehnung von Gasen.

Daraus folgt, dass induktive Verallgemeinerungen nur dann berechtigt sind, wenn so etwas wie eine kausale Notwendigkeit existiert. Dem steht jedoch seit langem die Kritik von David Hume entgegen, wie er sie in seinen Werken *A Treatise of Human Nature* (1739/40) und *An Enquiry Concerning Human Understanding* (1748) geäußert hat. In der *Enquiry*, einer Kurzfassung des *Treatise*, findet sich die berühmte Passage über die Kausalität:

»Blicken wir auf die uns umgebenden Außendinge und betrachten wir die Wirksamkeit der Ursachen, so sind wir in keinem einzigen Falle in der Lage, irgendeine Kraft oder einen notwendigen Zusammenhang zu entdecken, irgendeine Eigenschaft, welche die Wirkung an die Ursache bindet und die eine zur unausbleiblichen Konsequenz der anderen macht. Wir finden nur, dass die eine in Wirklichkeit tatsächlich auf die andere folgt. Den Stoß einer Billardkugel begleitet eine Bewegung der zweiten. Das ist alles, was den *äußeren* Sinnen erscheint. Der Geist erlebt keine Empfindung, keinen *inneren* Eindruck von dieser Folge der Gegenstände: Demzufolge gibt es in keinem einzelnen, bestimmten Falle von Ursache und Wirkung etwas, das auf die Vorstellung der [kausalen] Kraft oder des notwendigen Zusammenhanges hinwiese.«[5]

Hume war Empirist. Der Empirist sagt, es gibt nur die Dinge, die wir beobachten, und die Dinge, die wir aus unseren Beobachtungen logisch erschließen können. Beobachten kann ich EG-AG-Konstellationen. Doch aus keiner endlichen Folge solcher Konstellationen kann ich logisch erschließen, dass durch eine Art unbeobachtbaren kosmischen Leim Ereignisse vom Typ EG mit Ereignissen vom Typ AG notwendig und unauflöslich miteinander verbunden wären. Die Vorstellung eines derartigen Bindemittels muss im Sinne Humes als *metaphysische Fiktion* abgetan werden.

Hume bestritt natürlich nicht, dass Menschen verallgemeinern und, um zu überleben, verallgemeinern müssen. Als Empirist war er der Meinung, es sei ein dem Menschen *angeborener* Wesenszug, an Ursachen und Wirkungen, also an die Existenz von Naturgesetzen zu glauben. Aber er sagte auch, dass dieser Glaube *irrational* sei, zwar instinktiv und daher unvermeidlich, doch mit den Mitteln der (theoretischen) Vernunft nicht zu rechtfertigen.

Die humesche Induktionsskepsis blieb nicht unwidersprochen. Immer wieder wurde versucht, unserem intuitiven Eindruck, wonach eine oftmalige Beobachtung von empirischen Regelmäßigkeiten zur Erkenntnis kausal notwendiger Zusammenhänge führe, eine »induktionslogische« Basis zu geben. Es wurde etwa folgendermaßen argumentiert: »Je mehr EG-AG-Konstellationen beobachtet werden, um so *wahrscheinlicher* wird das Gesetz ›Immer wenn EG, dann AG‹.« Demnach bestünde kein Grund zu der skeptischen Aussage, dass der Glaube an Naturgesetze rational nicht zu rechtfertigen sei. Denn induktive Verallgemeinerungen wären zwar keine logischen Schlüsse, aber doch eine Art von »Wahrscheinlichkeitsschlüssen«.

Doch leider ist dieses Argument unhaltbar, da der Wahrscheinlichkeitsbegriff auf den Regeln der Statistik beruht. Und genauso wenig wie eine Serie beim Roulette darauf hinweist, dass sie sich beim nächsten Wurf fortsetzt, bietet eine bisher ununterbrochene Folge von EG-AG-Konstellationen eine Gewähr dafür, dass EG wieder zusammen mit AG auftreten wird.

Man könnte allerdings versuchen, unter Ausnützung der statistischen Situation, einen *induktiven* Begriff der Wahrscheinlichkeit zu konstruieren. Betrachten wir die folgende Überlegung: Jede Behauptung eines Naturgesetzes N bezieht sich auf eine große, vielleicht sogar unendliche Anzahl von Fällen. Je mehr Fälle bereits überprüft wurden, um so wahrscheinlicher ist die Gültigkeit von N, denn wenn es hier kein Gesetz gäbe, dann müsste es schon ein unglaublicher Zufall sein, dass bisher keine einzige Widerlegungsinstanz aufgetaucht ist. Eine solche Situation ist einfach zu unwahrscheinlich, und sie wird immer unwahrscheinlicher, je mehr empirische Belege für die Gültigkeit von N auftauchen.

Gegen die Argumentation, die dem klassischen induktionslogischen Denken zugrunde liegt, gibt es jedoch gravierende Bedenken anderer Art. Um sie zu verstehen, muss man sich zunächst darüber klar werden, was ein Naturgesetz seinem Wesen nach *ist*. Ist es nichts weiter als eine Aussage über alle im Universum irgendwann *tatsächlich* vorkommenden Regularitäten eines bestimmten Typs? Hume würde diese Frage zweifellos bejahen, aber seine Antwort wäre zweifellos falsch.

Nehmen wir an, der Satz (1) »Alle Kugeln in dieser Schachtel sind rot« ist wahr. Wodurch unterscheidet sich (1) von dem Satz (2) »Alle Gase dehnen sich bei Erwärmung aus«? (2) soll ein Naturgesetz zum Ausdruck bringen, (1) hingegen eine *kontingente* Regularität, d. h. eine Regularität, die entweder absichtlich herbeigeführt wurde oder zufällig eintrat. Liegt der entscheidende Punkt hier also darin, dass (1) sich auf eine Schachtel *im* Universum bezieht, während (2) sozusagen die kosmische *Gesamtschachtel*, nämlich das Universum mit Bezug auf die darin vorkommende Gesamtmenge an Gasen, als Geltungsbereich hat? Aber warum sollte *dieser* Punkt einen entscheidenden Unterschied machen?

Wenn Hume behauptet, dass *dieser* Punkt, nämlich die einfache numerische Erweiterung des Gegenstandsbereichs, für die Frage des Naturgesetzes keinen Unterschied macht, dann hat er offensichtlich Recht. Unrecht hat er jedoch, wenn er behauptet, dass es wegen der Gehaltlosigkeit des Begriffs der kausalen Notwendigkeit überhaupt keinen sachlichen Unterschied zwischen kontingenten Regularitäten und Naturgesetzen gibt. Ein Naturgesetz sagt nämlich nicht bloß etwas darüber aus, wie das Universum tatsächlich beschaffen ist, sondern außerdem, was in ihm *gleich bliebe* für den Fall, dass es anders beschaffen wäre, als es tatsächlich beschaffen ist.

Der Geltungsbereich eines Naturgesetzes ist also nicht einfach das Universum, so wie es faktisch existiert. Naturgesetze legen innerhalb bestimmter Grenzen fest, wie sich die reale Zukunft, die heute erst ein *mögliches* Universum ist, gestalten wird.[6] Naturgesetze legen auch fest, was geschehen wäre oder geschehen würde, falls bestimmte Dinge (nicht) passiert wären oder passieren würden. Einzig deshalb können *kontrafaktische* Sätze wahr sein, ja der Sinn solcher Sätze ist von der Geltung entsprechender Naturgesetze abhängig. »Wenn G zum Zeitpunkt t_1 erwärmt worden wäre, dann hätte sich G zu t_1 ausgedehnt.« Dieser Satz ist wahr, obwohl das Anfangsereignis niemals stattgefunden hat, denn es gilt »Immer wenn EG, dann AG«.

Naturgesetze behaupten also, dass gewisse Regularitäten nicht einfach kontingent (zufällig) auftreten, sondern notwendig in dem Sinne sind, dass keine empirische Situation ihnen widersprechen *kann*. Hume hatte diesen Punkt nicht richtig eingeschätzt. Dennoch besteht kein Grund, an der humeschen Induktionsskepsis zu rütteln, im Gegenteil. Denn eine induktive Bestätigung dafür, dass eine empirische Regularität *mit Notwendigkeit* existiert, gibt es nicht.

Gesetzt den Fall, wir vergleichen unser Universum mit einem Behältnis von Kugeln, und alle bisher gezogenen Kugeln hätten die gleiche Farbe – unter welcher Voraussetzung wäre es dann *wahrscheinlich*, dass die verbleibenden Kugeln ebenfalls die gleiche Farbe haben? Das heißt, allgemein gesprochen, unter welcher Voraussetzung würde die verfügbare empirische Evidenz darauf hindeuten, dass es im Universum eine *Regel* gibt, so dass die bisher festgestellte Gleichförmigkeit nicht bloßer Zufall wäre? Nun, wir könnten annehmen, dass jemand die Kugeln absichtlich so platziert hat, damit es uns möglich wäre, von einer Stichprobe auf die Gesamtheit zu schließen. Doch es ist klar, dass damit an einen Gott appelliert wird, der in besonderer Weise um uns besorgt ist. Obwohl dem so sein mag, ist nichtsdestotrotz der Theismus keine Annahme, mit der man in der Erkenntnistheorie *beginnen* sollte, wenn man nach einem geeigneten Erkenntniskriterium sucht.

Bleibt schließlich noch die folgende Möglichkeit: Wir interpretieren die Idee der empirischen Notwendigkeit als Ausdruck eines *kosmologischen Prinzips des Beharrens*. Demnach würde das Universum dazu neigen, an Gleichförmigkeiten, die zufällig auftreten, dauerhaft festzuhalten. Dieses kosmologische Prinzip würde also etwa folgendermaßen lauten: »Mit wachsender Anzahl von Ereignissen des Typs *A-B* und unter der Voraussetzung, dass diese nicht durch andere Ereignisfolgen beginnend mit *A* unterbrochen werden (etwa *A-C*, *A-D* etc.), erhöht sich die Wahrscheinlichkeit der Geltung des Naturgesetzes *Immer wenn A, dann B.*« Die Annahme eines solchen Prinzips ist aber letzten Endes durch nichts gerechtfertigt als durch den Wunsch, uns rational zu verhalten. Das Prinzip selbst müsste ja, um als Induktionsgrundsatz dienen zu können, seinerseits induktiv gerechtfertigt werden.

So lautet denn das enttäuschende Ergebnis unserer Überlegungen: Es gibt kein Erkenntniskriterium, das sich auf irgendeine Art von induktiver Wahrscheinlichkeit oder Bestätigung stützen könnte, ganz gleich, ob unser Universum als endlich oder unendlich begriffen wird. Denn in jedem Fall sind Naturgesetze nicht darstellbar, ohne auf den Gedanken der Nichtkontingenz von Ereignisfolgen, d. h. der empirischen oder, spezifischer, kausalen Notwendigkeit zurückzugreifen.

IV

DER THEORETISCHE GEHALT VON BEOBACHTUNGSSÄTZEN – Die Kritik an dem Glauben, Naturgesetze ließen sich theoretisch rechtfertigen, hat weitestreichende Auswirkungen auf die Möglichkeit, empirische Sätze, ganz gleich ob generell oder singulär, *überhaupt* zu rechtfertigen. Warum?

Betrachten wir wieder den einfachen Satz: »Meine Krawatte ist blau.« Jeder Versuch, seine Wahrheit zu überprüfen, muss sich einer Regel bedienen, die etwa lautet: »Ein normalsichtiger Mensch ist berechtigt, einen Gegenstand als ›blau‹ zu bezeichnen, wenn er ihn bei normalem Tageslicht betrachtet und sieht, dass der Gegenstand blau ist.« Diese Regel hat jedoch einen Sinn nur unter der Voraussetzung, dass ein komplexer naturgesetzlicher Zusammenhang besteht. Es handelt sich um den Zusammenhang zwischen einem bestimmten Oberflächenzustand O eines physischen Gegenstandes G, einem bestimmten Farbeindruck F, einer bestimmten Lichtsituation L und einem bestimmten sinnesphysiologischen Zustand Z, der die Augen, Teile des Nervensystems und das Sehzentrum im Gehirn des Subjekts S umfasst: »Immer wenn L und Z für ein bestimmtes Subjekt S zutreffen, dann hat S, falls es G betrachtet, ein Erlebnis der Art F, falls sich G im Zustand O befindet.«

Daraus ergibt sich zwingend die skeptische Folgerung: Singuläre empirische Sätze, das heißt aber auch: simple Beobachtungssätze, *lassen sich ebenso wenig rational rechtfertigen wie Naturgesetze*, weil bereits zur Rechtfertigung simpler Beobachtungssätze stets Regeln erforderlich sind, die ohne Bezugnahme auf Naturgesetze gar nicht formuliert werden können.

In dem Satz »Meine Krawatte ist blau« wird das Prädikat »blau« *nicht* phänomenalistisch verwendet. Die Rede ist *nicht* von einem subjektiven Blaueindruck, den ich habe, indem ich meine Krawatte betrachte. Der Satz spricht vielmehr über eine Eigenschaft, die meiner Krawatte *objektiv* zukommt. Unabhängig davon, ob ich sie betrachte oder nicht, ist es der Fall, dass sie blau *ist*. Das bedeutet, dass bereits einfache Beobachtungsprädikate *Dispositionsausdrücke* sind. Darauf hat – gegen die diversen Elementarsatztheorien der Positivisten – Popper schon früh hingewiesen:

»Der Satz: ›Hier steht ein Glas Wasser‹ kann durch keine Erlebnisse verifiziert werden, weil die auftretenden Universalien nicht bestimmten Erlebnissen zugeordnet werden können (die ›unmittelbaren Erlebnisse‹ sind nur *einmal* ›unmittelbar gegeben‹, sie sind einmalig). Mit dem Wort ›Glas‹ z. B. bezeichnen wir physikalische Körper von bestimmtem *gesetzmäßigem* Verhalten, und das gleiche gilt von dem Wort ›Wasser‹.«[7]

Eine Disposition ist die Tendenz eines Gegenstandes, sich unter bestimmten Bedingungen *regelmäßig* in einer bestimmten Weise zu verhalten. Wo eine Disposition besteht, da existiert ein Naturgesetz. Wenn meine Krawatte tatsächlich blau ist, dann hat sie die Tendenz, unter weißem Licht als blau, unter gelbem Licht aber, je nach dem Spektrum der Lichtquelle, als schwarz oder grünlich zu erscheinen (so wie etwa Zucker die Tendenz hat, sich in Wasser aufzulösen). Der Satz: »Immer wenn ein blauer Gegenstand von einem normalsichtigen Menschen unter gelbem Licht betrachtet wird, erscheint er ihm als schwarz oder grünlich«, drückt ebenso ein Naturgesetz aus wie der Satz: »Immer wenn Zucker ins Wasser gegeben wird, löst er sich auf.«

Folglich erhält man das skeptische Ergebnis: Es gibt keine Erkenntnis singulärer empirischer Sätze. Ein solches Ergebnis ist jedoch nicht nur extrem kontraintuitiv; wenn es wahr wäre, hätte es darüber hinaus verheerende Folgen für alle unsere Bemühungen, vernünftig zu sein. Aber wie lässt es sich vermeiden?

V

Zur pragmatischen Rechtfertigung empirischer Sätze – Das skeptische Resultat ist paradox: Einerseits scheinen wir ihm zustimmen zu müssen, andererseits denken wir gar nicht daran, es zu akzeptieren. Sprechen wir im Geiste Humes, dann müssen wir sagen, wir verhalten uns bei Fragen der Erkenntnis irrational in theoretischer, vernünftig jedoch in praktischer Hinsicht. Denn ohne den Glauben an die Möglichkeit, Dinge zu erkennen, wären wir im Alltag rasch verloren.

Man könnte also folgende Regel aufstellen: *Es ist häufig prak-*

tisch vernünftig, sich theoretisch unvernünftig zu verhalten. Aber diese Vorrangregel der praktischen Vernunft sagt auch, dass es *nicht* immer praktisch vernünftig ist, sich theoretisch unvernünftig zu verhalten. Es gibt, könnte man boshaft bemerken, offensichtlich verschiedene Arten von theoretischer Unvernunft. Angenommen, ich habe gute Gründe für die Annahme, dass in dem Behälter vor mir Salzsäure ist: Dann wäre es theoretisch unvernünftig zu behaupten, dass in dem Behälter Trinkwasser sei; zugleich wäre es jedoch auch praktisch höchst unvernünftig, die Salzsäure wie Trinkwasser zu behandeln. Die Vorrangregel der praktischen Vernunft sollte also präzisiert werden.

Welche Bedingungen muss ein *im humeschen Sinne* theoretisch unvernünftiger Glaube erfüllen – ein Glaube, der im Sinne unserer Alltagsvernunft durchaus berechtigt sein kann –, um als praktisch vernünftig gelten zu dürfen? Eine naheliegende Antwort darauf lautet: Ein solcher Glaube muss von praktischem Nutzen sein.

Von hier aus ist es nur ein Schritt zum philosophischen Pragmatismus. Betrachten wir gleich seine einfachste und durchschlagendste Version: *Wahr ist, was nützt.* So argumentierte William James in seinem berühmten Werk *The Varieties of Religious Experience* (1902), dass die Annahme der Existenz Gottes wahr sei, weil sie nützliche Auswirkungen habe, die durch keine Alternative erzeugt werden könnten. »Gott ist real, weil er reale Wirkungen hervorbringt.«[8] Der Pragmatist versucht also, den humeschen Gegensatz zwischen theoretischer Unvernunft und praktischer Vernunft zu überwinden, indem er das, was theoretisch vernünftig ist, *begrifflich* abhängig macht von dem, was praktisch vernünftig ist.

Von einer Erkenntnis verlangen wir, dass sie als wahre Behauptung formuliert werden kann. Wahr ist für den Pragmatisten ein Satz dann, wenn er einen Nutzen für den hat, der an ihn glaubt. Dieser Grundgedanke mag, um weniger angreifbar zu sein, in verschiedenen Variationen und mit flankierenden Zusätzen geäußert werden. Statt einfach von »Nutzen« mag man von »langfristigem Nutzen« reden, und statt von der einzelnen Person auszugehen und dem, was für sie praktisch vernünftig ist, mag man von der Gesamtheit derer sprechen, die einander beeinflussen, bis hin zur ganzen lebenden und zukünftigen Menschheit. Das alles ändert jedoch nichts am Grundsätzlichen. Vom pragmatistischen

Gesichtspunkt aus sind Erkenntnisse letzten Endes *deshalb* Erkenntnisse, weil sie einen Nutzen für jene haben, die an sie glauben. Pragmatistisch gesprochen, ist man theoretisch gerechtfertigt zu sagen, ein Satz sei eine Erkenntnis, wenn man gute Gründe dafür hat, dass der Glaube an diesen Satz tatsächlich von *praktischem* Nutzen ist. Dagegen freilich lässt sich eine Reihe schwerwiegender Einwände vorbringen:

(a) Der Glaube an einen Satz kann aufhören, von irgendeinem Nutzen für irgendjemanden zu sein, ohne dass deswegen der Sachverhalt, aufgrund dessen der Satz wahr *ist* – und noch immer geglaubt wird –, zu existieren aufhört. Ein Beispiel: »Auf dem Mond kann man nicht frei atmen.« Der Glaube an diesen Satz war für die Astronauten, die auf dem Mond gelandet sind, überlebenswichtig. Nun landen aber vorerst keine Menschen mehr auf dem Mond, und folglich hat der Satz heute keinerlei Nutzen. Dennoch bringt er eine Erkenntnis zum Ausdruck, die solange wahr sein wird, solange der Mond existiert, und der Mond wird vermutlich auch dann noch existieren, wenn der letzte Pragmatist schon lange tot ist.

(b) Der Satz »Auf dem Mond kann man nicht frei atmen« war zu der Zeit, als Astronauten auf dem Mond herumspazierten, nur deshalb von Nutzen, weil er bestimmte naturgesetzartige Annahmen über die Entwicklung einer Atmosphäre *voraussetzte*, Annahmen, die offensichtlich *zutrafen*. Sie lieferten die *theoretischen* Gründe für den Glauben der Raumfahrer, dass der Satz »Auf dem Mond kann man nicht frei atmen« von *praktischem Nutzen* sei. Diese Annahmen selbst aber sind wahr ganz unabhängig davon, ob sie einen Satz von praktischem Nutzen begründen oder nicht. Denn die Gesetze, die sie zum Inhalt haben, gelten zeitlich unbeschränkt, sofern es sich dabei um *Naturgesetze* handelt.

Dass ein Naturgesetz zeitlich unbeschränkt gilt, heißt so viel wie dass es Geltung hat ohne Rücksicht auf irgendeinen Nutzen, der sich mit der Behauptung seiner Wahrheit verbinden lässt. Der Nutzen des Satzes »Auf dem Mond kann man nicht frei atmen« und die Vernünftigkeit des Glaubens an diesen Satz hängen also notwendig von anderen Sätzen ab, deren Geltung ihrerseits unabhängig ist vom praktischen Nutzen des Satzes. Nur deswegen war dieser Satz den Raumfahrern, die einst den Mond betraten, von Nutzen, und nur deswegen wäre er einem Astronauten, der heute den Mond betreten würde, abermals von Nutzen – eine praktische Möglichkeit, an der wohl kein Pragmatist zweifelt.

(c) Konsequenterweise wird der Pragmatist den rationalen Glauben an die Geltung von Naturgesetzen ebenfalls vom praktischen Nutzen abhängig machen wollen. Dabei wird er jedoch – einmal abgesehen von den bereits vorgebrachten Argumenten – nicht leugnen können, dass es einen Nutzen der Naturgesetze überhaupt nur geben kann, wenn darüber hinaus etwas *existiert*, was sich der Mensch, in Anwendung der Gesetze, nutzbar zu machen vermag. Was aber sollte dieses »Etwas« sein, wenn nicht die Welt der Dinge, die sich den Naturgesetzen gemäß *verhalten*? Sätze, die über die Dinge der Welt und ihre Gesetze sprechen, sind also demnach nicht deshalb wahr oder falsch, weil sie nützen oder schaden, sondern weil die Dinge so existieren und sich so verhalten, wie es die Naturgesetze sagen.

(d) Der Nutzenbegriff des Pragmatisten hat also überhaupt nur dann einen Sinn, wenn es einen Erkenntnisbegriff gibt, der einen *nicht-pragmatistischen* Wahrheitsbegriff verwendet, nämlich den aristotelischen. Ihm zufolge besteht Wahrheit in der Übereinstimmung zwischen dem Satz und der Sache, über die der Satz spricht: Wahr ist »p« genau dann, wenn p der Fall ist. Das ist eine Korrespondenz, die vollkommen unabhängig davon besteht, ob »p«, oder der Glaube an »p«, irgendjemandem nützt.

Auf diese Weise gelangen wir abermals zu einem enttäuschenden Ergebnis. Es gibt kein pragmatistisches Erkenntniskriterium, das geeignet wäre, die humesche Erfahrungsskepsis zu überwinden.

VI

ZUR EVOLUTIONÄREN RECHTFERTIGUNG EMPIRISCHER ERKENNTNIS – Die moderne Evolutionstheorie geht davon aus, dass zentrale Leistungen und Fähigkeiten des Organismus unter dem selektiven Druck der Umwelt entstanden sind und dass sie daher von vornherein eine überlebensdienliche Funktion haben *müssen*. Dabei gilt für alle Lebewesen, die mit einem Zentralnervensystem und einem Gehirn ausgestattet sind, dass ihr Angepasstsein an die Umwelt auch *kognitive* Faktoren umfasst, d. h. Faktoren, die mit Erkenntnissen operieren. Worin nun, so die

Frage des evolutionären Erkenntnistheoretikers, könnte denn die überlebensdienliche Funktion der kognitiven Faktoren bestehen, wenn nicht darin, Informationen über die Umwelt zu liefern?

Daraus ergibt sich dann das evolutionistische Argument gegen die Erfahrungsskepsis. Erste Prämisse: Bei manchen hochorganisierten Lebewesen, und jedenfalls beim Menschen, gehört ein gewisses Maß an Erkenntnis der Umwelt zur unerlässlichen Bedingung jener Anpassung, die zum Überleben notwendig ist. Zweite Prämisse: Wir Menschen leben und überleben. Konklusion: Daher verfügen wir über Erkenntnis. Das evolutionistische Argument impliziert *nicht,* dass irgendein Lebewesen, einschließlich des Menschen, vollständiges Wissen um die Fakten hätte oder auch nur haben könnte. Die Wahrnehmungen der Lebewesen sind immer perspektivisch, selektiv und ungenau.

What the Frog's Eye Tells the Frog's Brain ist der Titel einer berühmten Studie von J. Y. Lettvin, H. R. Maturana, W. S. McCulloch und W. H. Pitts (1959), die das visuelle System des Frosches untersucht. Sie unterscheidet vier Typen spezialisierter »Detektoren«-Netzwerke, die im Sehfeld verschiedene Typen von Umweltereignissen registrieren: Hell-Dunkel-Kontraste, kleine dunkle konvexe Formen, sich bewegende Kanten, plötzliche Lichtdämpfung. Die Geschwindigkeit der Signalübertragung ist für jeden Detektor verschieden. Außerdem gibt es Bedingungen, unter denen die Aktivierung eines Detektors die eines anderen aufhebt. So ist das visuelle System des Frosches *optimal* auf kleine dunkle Gegenstände abgestimmt, die sich bewegen, wie etwa Fliegen, Käfer, Mücken etc. Doch das gilt selbstverständlich nur innerhalb des natürlichen Froschbiotops. Da die Detektoren Teile eines Nervensystems sind, das eine feststehende operative Struktur *ohne reflexives Potential* aufweist – das Tier kann über sich und seine Umwelt nicht nachdenken –, besteht für den Frosch keine Möglichkeit, auf Änderungen seiner Umwelt adäquat zu reagieren. Er ist zum Beispiel nicht in der Lage, die Täuschung, die durch eine vorbeifliegende schwarze Glasperle entsteht, zu durchschauen. Stets wird er nach der Perle schnappen. Nichtsdestotrotz wird man sagen dürfen, dass der Frosch als Folge seiner biologischen Anpassung die Fähigkeit hat, in einem gewissen Umfang zu erkennen, was der Fall ist und was nicht. (Bei den höheren Tieren tritt hinzu, dass sie imstande sind, aktiv zu lernen und einst begangene Fehler zu vermeiden.)

Weil nun aber auch der Mensch ein Produkt der Evolution alles Lebendigen ist, werden seine Erkenntnisse ebenfalls perspektivisch, selektiv und ungenau sein. Denn auch sie sind »Instrumente« der erforderlichen Anpassung im Überlebenskampf. Aber das rechtfertigt, so das Argument des evolutionären Erkenntnistheoretikers, keineswegs eine umfassende Erfahrungsskepsis, im Gegenteil. Etwas perspektivisch, selektiv und ungenau zu erkennen ist *nicht* dasselbe, wie überhaupt nichts zu erkennen. Obwohl man dem zustimmen mag, müssen doch auch folgende allgemeinere Bedenken zur Kenntnis genommen werden:

(a) Selbst wenn das evolutionistische Erkenntniskriterium gültig sein sollte, ist es von vornherein wesentlich schwächer als die bisher besprochenen. Denn es funktioniert bloß mehr oder weniger »holistisch«, also ganzheitlich. Es lassen sich mit diesem Kriterium niemals einzelne Behauptungen als Erkenntnisse rechtfertigen. *Vorausgesetzt*, das Kriterium ist überhaupt akzeptabel, lässt sich mit ihm nur plausibel machen, warum nicht *alle* unsere Annahmen über die Welt *vollkommen* unzutreffend sein können.

So gesehen, ist das evolutionistische Argument als Erkenntniskriterium viel zu schwach. Denn es gestattet nicht, mit Bezug auf einzelne empirische Sätze festzustellen, ob sie Erkenntnisse sind oder nicht. Es gestattet nur zu sagen, dass in der Gesamtmenge der Sätze, die wir für Erkenntnisse halten, irgendwelche sein müssen, die den Tatsachen so nahe kommen, dass wir in der Lage sind zu überleben.

(b) Alles evolutionistische Argumentieren gegen den Skeptiker erinnert an die Geschichte vom Igel und dem Hasen. Sobald der Evolutionstheoretiker mit seiner antiskeptischen Konklusion aufwartet, ist der Skeptiker schon da und sagt: »Du sprichst davon, dass aus der Evolutionstheorie zwingend folgt, dass der Mensch gewisse Erkenntnisse über die Welt gewinnen kann und gewinnt. Doch dein Argument setzt voraus, dass die Evolutionstheorie *wahr* ist. Die Wahrheit der Evolutionstheorie hängt jedoch von empirischen Erkenntnissen ab, unter anderem von den fundamentalen Naturgesetzen der Biologie, Chemie und Physik. Die Gültigkeit dieser Gesetze lässt sich logischerweise nicht durch den Rückgriff auf das evolutionäre Konzept der Erkenntnis begründen, denn Letzteres folgt aus der Evolutionstheorie, deren Wahrheit ihrerseits an der Geltung der fundamentalen Gesetze der Biologie, Chemie und Physik hängt.« Mit anderen Worten: Der evolutionäre Rechtfertigungsversuch empirischer Erkenntnis bewegt sich in einem fehlerhaften Zirkel, in dem das erst zu Beweisende – die Evolutionstheorie – als schon bewiesen unterstellt werden muss.

(c) Man könnte versuchen zu kontern, indem man sagt: Schön, so ist es eben. Wir machen Erfahrungen mit der Welt, und um den Erkenntnisgehalt unserer Erfahrungen demonstrieren zu können, konstruieren wir Theorien wie die der Evolution, Theorien also, deren Erkenntnisgehalt seinerseits von einer Fülle von Erfahrungen abhängig ist, die wir mit der Welt machen. Das Beste, was wir tun können, ist, unseren Blick von den Erfahrungen zur Theorie schweifen zu lassen und wieder zurück. Unser Ziel muss es sein, nach einem Höchstmaß an Stimmigkeit, an »Kohärenz«, zwischen Erfahrung und Theorie zu suchen. Auf diesem und nur auf diesem Wege dürfen wir hoffen, Erfahrungsirrtümer auszumerzen und Mängel der Theorie schrittweise zu beseitigen.

Darauf wird der Skeptiker freilich erwidern, *dass das Beste eben nicht immer gut genug ist.* Er wird darauf beharren, dass die antiskeptische Argumentation im Kern nichts anderes beinhaltet als den Vorschlag, den fehlerhaften Zirkel deshalb gut zu nennen, weil wir ihm nicht entgehen können. So einer Argumentation zuzustimmen sollte man aber den Schildbürgern überlassen.

VII

ERKENNTNIS OHNE ERKENNTNISKRITERIUM? – Alle Versuche, ein allgemeines Erkenntniskriterium zu formulieren – universeller Konsens unter Kompetenten, Methodologie der Wahrheitsannäherung, induktive Bestätigung, Nutzen, evolutionäre Angepasstheit –, schlugen fehl.

Abgesehen von der Irrelevanz des Konsenses für die Wahrheits- und damit auch für die Erkenntnisfrage, erwiesen sich zwei Probleme als grundlegend: zum einen die Unmöglichkeit, den Begriff der Wahrheitsannäherung philosophisch zu erhellen, und zum anderen die Unmöglichkeit, einen Begriff der induktiven Wahrscheinlichkeit zu definieren. Weder ein pragmatistisches noch ein evolutionistisches Erkenntniskriterium kann diese Probleme überspielen, denn weder der Pragmatismus noch die evolutionäre Erkenntnistheorie dürfen beanspruchen, fundamental zu sein. Der pragmatistische Ansatz ergibt einen Sinn erst vor dem Hintergrund eines Erkenntnisbegriffs, der, unabhängig von jeglichem Nutzen, die Übereinstimmung von Satz und Wirklichkeit einschließt, während das evolutionistische Konzept nur dann einen Sinn ergibt, wenn die Evolutionstheorie bereits als wahr vorausgesetzt wird.

Daher führt die Frage nach einem geeigneten Erkenntniskriterium unweigerlich zur Skepsis. Alle empirischen Sätze drücken entweder direkt Naturgesetze aus oder implizieren, als Sätze über Einzelsachverhalte, die Geltung von Naturgesetzen. Wie wir gesehen haben, gilt Letzteres schon für den Fall, dass einfache Beobachtungsprädikate ins Spiel kommen. Denn alle derartigen Prädikate sind, sofern sie objektive Merkmale bezeichnen, Dispositionsbegriffe und damit determiniert durch die Geltung von Naturgesetzen.

Der Vollständigkeit halber sei erwähnt, dass natürlich auch die Methode des logischen Beweises als Erkenntniskriterium untauglich ist. Ein Satz »p« ist ja nur dann logisch bewiesen, wenn er aus einer Menge von Prämissen folgt, deren Wahrheit außer Frage steht. Im logisch-deduktiven Modell bedeutet das jedoch, dass die Prämissen für »p« ihrerseits aus wieder anderen Prämissen, deren Wahrheit außer Frage steht, abgeleitet werden müssen. Das führt zu dem bekannten *regressus ad infinitum*, einer unabschließbaren Beweiskette, die schon die antiken Skeptiker ins Treffen führten, um gegen die Möglichkeit von Erkenntnis zu polemisieren.

Zu prüfen bleibt nun allerdings, ob es vielleicht *gehaltvolle* Sätze gibt, die eines Beweises oder einer schwächeren Rechtfertigung gar nicht *bedürfen*, sei es, weil in ihnen die Geltung aller empirischen Sätze überhaupt begründet liegt, oder sei es, weil sie eine zwingende Art von Selbstevidenz mit sich führen. In der Geschichte der Philosophie wurde eine Reihe von Kandidaten für derlei Sätze namhaft gemacht, und zwar:

(1) Sätze, die laut Kant ein synthetisches Apriori zum Ausdruck bringen,
(2) das Cogito-Argument von René Descartes[9],
(3) Sätze, die wahr sein müssen, wenn ein Zweifel möglich sein soll.

Ließe sich wenigstens einer der Kandidaten (1) bis (3) verteidigen, so hätte man zwar kein allgemeines Erkenntniskriterium gewonnen, wohl aber eine Klasse von gehaltvollen (synthetischen) Sätzen aufgewiesen, die sinnvoll nicht mehr bezweifelt werden könnten. Sie und alle ihre logischen Konsequenzen unterlägen dann *nicht* dem skeptischen Vorbehalt.

§3
Die Suche nach unbezweifelbaren Sätzen

I

DIE TRANSZENDENTALPHILOSOPHISCHE ARGUMENTATION – In der Vorrede zur zweiten Auflage der *Kritik der reinen Vernunft* vergleicht Immanuel Kant seine philosophische Unternehmung mit der des Kopernikus in den Naturwissenschaften:

»Es ist hiermit ebenso, als mit den ersten Gedanken des Kopernikus bewandt, der, nachdem es mit der Erklärung der Himmelsbewegungen nicht gut fort wollte, wenn er annahm, das ganze Sternenheer drehe sich um den Zuschauer, versuchte, ob es nicht besser gelingen möchte, wenn er den Zuschauer sich drehen, und dagegen die Sterne in Ruhe ließ.«[10]

Bisher, so Kant, habe man in der Metaphysik angenommen, dass sich unsere Anschauung und Erkenntnis ganz und gar nach der Beschaffenheit der Dinge richten müsse. Dabei sei man freilich immer wieder in die Fallen der Skepsis getappt. Denn wie könne man jemals wissen, ob das, was uns in unserer Anschauung als Inhalt gegeben ist, tatsächlich mit der Beschaffenheit der Dinge übereinstimmt? »Man versuche es daher einmal, ob wir nicht in den Aufgaben der Metaphysik damit besser fortkommen, daß wir annehmen, die Gegenstände müssen sich nach unserem Erkenntnis richten [. . .].«[11]

Kants eigene kopernikanische Revolution geht also davon aus, dass es ein inhaltliches Wissen *vor* aller Erfahrung gibt, das sogenannte »synthetische Apriori«. Dazu gehören einerseits die reinen Formen der Anschauung, nämlich Raum und Zeit. Andererseits gehört hierher eine Anzahl allgemeinster Begriffe, die nach Aristoteles so benannten »Kategorien« des Verstandes.

Die Tafel der Kategorien, die beansprucht, vollständig zu sein, umfasst vier Hauptgruppen von reinen Verstandesbegriffen, geordnet nach der Quantität (Einheit, Vielheit, Allheit), der Qualität (Realität, Negation, Limitation[12]), der Relation (*A* ist Eigenschaft von *B*, *A* ist Ursache von *B*, *A* steht in Wechselwirkung mit *B*) und der Modalität (Möglichkeit, kontingentes Dasein, Notwendigkeit).[13]

Kants Überlegung ist folgende: Um überhaupt einen Gegenstand der Erfahrung zu haben, ist es notwendig, dass das sinnliche Material unter den Formen von Raum und Zeit »angeschaut« wird. Wären nun aber Raum und Zeit selbst bloß empirischer (*aposteriorischer*) Natur, so müsste man sie, wie alle empirischen Merkmale, von den Gegenständen der Anschauung auch abstrahieren oder verneinen können. Beispielsweise kann ein gelbes rundes Ding aus Metall auch als nicht gelb, nicht rund und nicht metallisch vorgestellt werden. Mit Bezug auf den Raum aber, sagt Kant, ist keine solche Abstraktion oder Negation möglich:

»Man kann sich niemals eine Vorstellung davon machen, daß kein Raum sei, ob man sich gleich ganz wohl denken kann, daß keine Gegenstände darin angetroffen werden. Er wird also als die Bedingung der Möglichkeit der Erscheinungen, und nicht als eine von ihnen abhängende Bestimmung angesehen, und ist eine Vorstellung a priori, die notwendigerweise äußeren Erscheinungen zum Grunde liegt.«[14]

Unmöglich zu sagen, dieses gelbe runde Ding aus Metall sei ein Gegenstand der Erfahrung und dabei aber nicht im Raum und in der Zeit lokalisiert.

Analoges gilt nun, laut Kant, auch für die »Bedingungen der Möglichkeit«, welche es überhaupt erst gestatten, die Gegenstände der Erfahrung nicht nur anzuschauen, sondern darüber hinaus unter Begriffe zu fassen. So sei etwa die Kausalität ein apriorisches Prinzip der Ordnung der Gegenstände unserer Erfahrung. Der Beweis, den Kant dafür zu liefern versucht, nimmt zunächst an, »dass durch die bloße Wahrnehmung *das objektive Verhältnis* der einander folgenden Erscheinungen unbestimmt« bleibt. Es könnte ja auch sein, dass die Erscheinung *A* (Donner) bloß zufällig der Erscheinung *B* (Blitz) nachfolgt und sich das nächste Mal die Reihenfolge umkehrt. Das wäre immerhin eine legitime humesche Option. Damit also das Verhältnis von *A* zu *B* »als bestimmt erkannt werde, muß das Verhältnis zwischen den beiden Zuständen so gedacht werden, daß dadurch als notwendig bestimmt wird, welcher derselben vorher, welcher nachher und nicht umgekehrt müsse gesetzt werden«[15]. Dass zuerst der Blitz und dann der Donner kommt, und dass das Umgekehrte unmöglich der Fall sein kann, ist demnach *nicht* in der Wahrnehmung der Erscheinungen selbst begründet, sondern in einem apriorischen Prinzip unseres Verstandes, eben der Kausalität.

Insgesamt erscheint Kants Anspruch einer kopernikanischen

Revolution in der Metaphysik alles andere als unproblematisch. Das liegt nicht zuletzt an dem unklaren und letzten Endes mysteriösen Begriff des synthetischen Apriori. Betrachten wir die zwei bereits zitierten Beispiele ein wenig genauer:

(1) »Alle Erfahrungsgegenstände befinden sich in Raum und Zeit.«
(2) »Alle raum-zeitlichen Vorgänge unterliegen dem Kausalprinzip.« Variante: »Jedes empirische Phänomen ist die Wirkung einer Ursache.«

Zur Analyse von (1). Es ist sehr zu bezweifeln, ob Kants Analyse von (1) die einzig mögliche ist. Hier einige Bedenken und mögliche Alternativen:

(a) Man könnte sagen, (1) sei ein analytischer Satz. Demnach würde der Begriff des Erfahrungsgegenstandes die Merkmale »Raum« und »Zeit« per definitionem einschließen. Zu fragen wäre dann nicht nach der Wahrheit des Satzes, sondern nach seiner Zweckmäßigkeit als Definition.

Nehmen wir (1) selbst als Prüfstein. Niedergeschrieben ist dieser Satz – »Alle Erfahrungsgegenstände befinden sich in Raum und Zeit« – ein Graphem, eine physische Gegebenheit, raum-zeitlich bestimmt und daher, laut Definition, ein Erfahrungsgegenstand. Wie aber steht es mit dem *Sinn* dieses Satzes, der sogenannten »Proposition«, die durch (1) gleichermaßen zum Ausdruck gebracht wird wie durch den graphisch recht unterschiedlichen Satz »All empirical objects are located in space and time«?

Ist die Proposition nicht auch eine Art Erfahrungsgegenstand, und zwar deshalb, weil sie zum einen aus der physikalischen Gegebenheit des Satzes *erschlossen* wird und zum anderen von ihr *abhängt*? Propositionen haben jedoch keinen Ort, an dem sie existieren, und es ist nicht klar, ob man ihnen eine bestimmte Zeit zuordnen kann – etwa die Zeit, in der die Satzgebilde, deren Sinn die Proposition ist, hervorgebracht werden. Wenn wir also (1) als eine Definition des Begriffs »Erfahrungsgegenstand« betrachten wollen, dann ist es nach dem, was wir soeben über Propositionen sagten, zumindest *fraglich*, ob es sich dabei um eine *zweckmäßige* Definition handelt.

(b) Das soeben Gesagte setzt voraus, dass es Propositionen als Gegenstände der Welt gibt, die sich nicht auf raum-zeitliche Phänomene reduzieren lassen. Wenn uns das genügt, um zu behaupten, dass Propositionen *als* eine Art von Erfahrungsgegenständen existieren, dann könnte man auch den Standpunkt vertreten, dass (1) ein *empirischer,* aber *falscher* Satz ist. Denn es gibt dann Erfahrungsgegenstände, die, obwohl abhängig von raum-zeitlich lokalisierbaren Erfahrungsgegenständen, ihrerseits nicht raum-zeitlich lokalisierbar sind.

(c) Es wäre aber auch möglich, (1) als *empirisch* und *innerhalb bestimmter Grenzen wahr* zu deuten. Denn unsere Vorstellungen von Raum und Zeit sind genetisch fixiert, unser Gehirn ist so beschaffen, dass es alle sensorischen Informationen räumlich und zeitlich codiert. Die Art der Codierung ist newtonianisch, d. h., Raum und Zeit werden als absolute, vom Bezugssystem und voneinander unabhängige Größen konzipiert. Dieser Konzeption zufolge hängen Raum und Zeit, soweit sie erfahrbar sind, tatsächlich von der Ausstattung des Subjekts ab.

Es handelt sich dabei jedoch nicht um das transzendentale Subjekt Kants, sondern um das empirische Subjekt, genauer: um dessen Gehirn, Nervensystem und Sinnesapparatur – Organe, die allesamt Gegenstand der empirischen Wissenschaften vom Menschen sind. Freilich glauben wir heute zu wissen, dass die evolutionär herausgebildeten Anschauungsformen von Raum und Zeit nur approximativ und nur für den Bereich von erdnahen Körpern gelten, deren Geschwindigkeit relativ zu der des Lichts sehr gering ist. Deshalb glauben wir auch zu wissen, dass (1) nur innerhalb bestimmter Grenzen wahr ist.

Zur Analyse von (2). Auch dagegen, dass die Kategorie der Kausalität eine nicht-empirische – im kantischen Verständnis apriorische – und dennoch gehaltvolle Idee sei, lassen sich eine Reihe von Bedenken anmelden:

(a) Kants Behauptung, (2) bringe ein synthetisches Apriori zum Ausdruck, soll zwar den Begriff der Kausalität vor Humes Angriff in Schutz nehmen, bietet aber keine Lösung des Induktionsproblems. Selbst unter der Voraussetzung nämlich, dass (2) gültig ist, stellt sich in jedem Einzelfall die Frage, ob eine beobachtete empirische Regelmäßigkeit bloß zufällig (kontingent) oder notwendig (kausal) sei. Und es ist nicht zu sehen, wie mit Hilfe der kantischen Analyse darauf eine Antwort gegeben werden könnte. Wenn wir es für absurd halten, dass zuerst, als Ursache, der Donner auftritt und dann, als seine Wirkung, der Blitz, so hat das damit zu tun, dass wir hier bereits eine bestimmte Naturgesetzlichkeit (kausale Notwendigkeit) *unterstellen* und uns dabei auf eine Menge theoretischer Annahmen über Elektrizität, Schallwellen etc. stützen. Aber Humes Herausforderung lautet dessen ungeachtet: Zeige mir ein Kriterium, das es gestattet, zwischen einer bloß kontingenten empirischen Regelmäßigkeit und einem Naturgesetz, das mit Notwendigkeit gilt, zu unterscheiden! Darauf gibt Kant keine Antwort.

(b) Man könnte sagen, (2) reformuliert die alte metaphysische These *Ex nihilo nihil fit*, »Aus nichts wird nichts«: Was existiert, das existiert nicht aus sich selbst heraus, sondern stets und notwendig als die Wirkung einer Ursache. Und obwohl diese These auf den ersten Blick für alle physischen Tatsachen evident zu sein scheint, so ist das, was sie meint, unterdessen doch höchst zweifelhaft geworden. Sie verpflichtet uns nämlich unter anderem auf ein deterministisches Universum und widerspricht eben dadurch dem zur Zeit dominierenden physikalischen Weltbild. Ihm zufolge treten Mikrophänomene bloß mit einer bestimmten statistischen Wahrscheinlichkeit ein. Sie sind demnach nicht das Resultat des Wirkens einer Ursache nach dem Muster »Immer wenn A, dann B«.

Angesichts dieser Komplikation könnte man geneigt sein, den Begriff der Ursache statistisch umzudeuten, und zwar derart, dass zur Ursache die statistische Wahrscheinlichkeit, mit der sie wirkt, hinzugefügt wird: »Unter der empirischen Konstellation K wird das Phänomen P mit einer Wahrscheinlichkeit r verursacht.« Dabei gilt, dass der Wert von r unter 1 liegt, also nicht jedes Mal, wenn K der Fall ist, auch P der Fall ist, und dass das Ausbleiben von P nicht wiederum durch andere Kausalfaktoren bedingt ist. Die statistische Ungleichung »$r < 1$« ist demnach physikalisch fundamental. Das bedeutet dann freilich, dass für den Fall, in dem P eintritt, K die Ursache ist, und für den Fall, dass P nicht eintritt, K ebenfalls die Ursache ist. *So* aber verstehen wir den Begriff der Kausalität *nicht*, und so hätte er auch keinerlei regulative Funktion.

(c) Ebenso wie (1) kann man (2) als *empirischen* Satz interpretieren. Er spricht dann über die Art und Weise, wie unser Gehirn in Verbindung mit unseren willkürlichen Akten des In-Gang-Setzens von Ereignissen die eintreffenden sensorischen Daten strukturiert. Durch einen gewissen Aufwand an Kraft können wir Dinge bewegen und verändern. Wir erkennen, dass zwischen der Art unserer Anstrengung und dem Verhalten der Dinge tatsächlich eine feste Verbindung besteht. Auf diese Weise kommen wir dank einer genetisch programmierten Verallgemeinerungstendenz dazu, alle Vorgänge des Universums nach demselben Muster zu denken: Spezifische Kräfte, die den Dingen innewohnen, verursachen unter gewissen Umständen spezifische Effekte; wo aber keine Kraft wirkt, dort tritt kein Effekt ein. Offensichtlich ist eine solche empirische Annahme ganz und gar anthropozentrisch, und wenn überhaupt, dann ist sie nur *innerhalb bestimmter Grenzen annehmbar.*

(d) Aber selbst im Bereich unseres eigenen Handelns scheint die Wahrheit von (2) *fragwürdig.* Wir erleben uns in unseren Handlungen in der Regel als frei. Wir gehen dann davon aus, dass wir eine Art Erster Beweger sind, weil es unter der Voraussetzung unserer kausalen Bedingtheit sinnlos wäre zu behaupten, wir hätten auch anders handeln können. Die Annahme eines Ersten Bewegers impliziert jedoch, dass es personale Ereignisse gibt, die nicht verursacht sind. (2) wäre demnach falsch.

Es erstaunt daher nicht, dass Kant das Problem der Freiheit großes Kopfzerbrechen bereitete und er doch bloß zu einer Scheinlösung gelangte. Diese verlegt das Feld der Freiheit, für die es im empirischen Subjekt keinen Platz gibt, hinein in das von Kant so genannte »transzendentale Subjekt«.

Zur Idee des transzendentalen Subjekts. (1) und (2) sind laut Kant gehaltvolle Sätze, die aber nicht aus der Erfahrung gewonnen werden. Sie formulieren »Bedingungen der Möglichkeit« einer jeden Erfahrung und empirischen Erkenntnis. Die apriorischen Bedingungen werden dem rohen sinnlichen Material »aufgeprägt«, und zwar von der Seite des Subjekts her.

Nun ist bei Kant dieser Prägevorgang konsequenterweise kein empirischer, sondern ein *transzendentaler.* Wäre er ein empirischer, so könnte er nicht gleichzeitig *konstitutiv* sein für die Gegenstände und Beziehungen innerhalb der empirischen Welt. Folglich kann auch das Subjekt des weltkonstitutiven Prägevorgangs nicht das empirische Subjekt sein, d. h. das Subjekt, das in den Erfahrungswissenschaften erforscht wird. Kant spricht stattdessen von einem transzendentalen Subjekt, das den Anschauungsformen und Verstandeskategorien zugrunde liege. Doch das Wesen dieses Subjekts ist vollkommen dunkel. Wir können darüber nichts wissen, obwohl wir dieses Subjekt *sind*: »Es bedeutet ein Etwas überhaupt (transzendentales Subjekt), dessen Vorstellung allerdings einfach sein muß, eben darum, weil man gar nichts an ihm bestimmt, wie denn gewiß nichts einfacher vorgestellt werden kann, als durch den Begriff von einem bloßen Etwas.«[16]

Das transzendentale Subjekt wird also dadurch »bestimmt«, dass es unbestimmt gelassen wird. Es wird von ihm nichts weiter gesagt, als dass es ein Etwas sei. Als solches wäre es immerhin nicht nichts, wenn es sich dabei um ein empirisches Etwas handelte, also um ein Etwas in Raum und Zeit. Demgegenüber haben wir es beim transzendentalen Subjekt mit einem »Etwas« zu tun, das *nicht* raum-zeitlich lokalisierbar ist. Ihm fehlt daher jede irgendwie greifbare Bestimmung. Dieses Etwas ist nicht mehr als ein Nichts.

So gesehen ist das transzendentale Subjekt eine haltlose Notkonstruktion, eigens dazu ersonnen, das synthetische Apriori davor zu bewahren, eine jederzeit widerlegbare empirische Erkenntnis zu sein, es aber nichtsdestotrotz *als* Erkenntnis zu legitimieren. Doch keine Erkenntnis kann dadurch gerechtfertigt werden, dass sie in einem leeren Begriff verankert oder fundiert wird.

II

DAS CARTESISCHE ARGUMENT – In der ersten und zweiten seiner *Meditationes de prima philosophia* (1644) stellt René Descartes fest, dass er alles, was er bis zu diesem Zeitpunkt als wahr gelten ließ, unmittelbar oder mittelbar von den Sinnen empfangen habe. Diese aber hätten ihn bisweilen getäuscht, »und es ist eine Klugheitsregel, niemals denen volles Vertrauen zu schenken, die uns auch nur ein einziges Mal getäuscht haben.«[17] Deshalb will er, um fortan ganz sicherzugehen, annehmen, »dass nicht der allgütige Gott, der die Quelle der Wahrheit ist, sondern ein ebenso böser wie mächtiger und listiger Geist [*sed genium aliquem malignum, eundemque summe potentem & callidum*] all sein Bestreben darauf richtet, mich zu täuschen [. . .].«[18]

Dieser mächtige *genius malignus* mag ihm, Descartes, vorgaukeln, er habe einen Körper, sei wach, führe eine mathematische

Operation korrekt aus, es gebe eine Außenwelt, andere vernunft-begabte Wesen usw. – tatsächlich jedoch ist nichts von all dem wahr. Aber, so Descartes, es gibt eine absolute Grenze der Täuschungsmöglichkeit, vor der selbst die große Macht des bösen Gottes Halt machen müsse:

>[. . .] mag er mich nun täuschen, so viel er kann, so wird er doch nie be-wirken können, dass ich nicht sei, solange ich denke, ich sei etwas. Nach-dem ich so alles genug und übergenug erwogen habe, muss ich schließlich festhalten, dass der Satz ›Ich bin, Ich existiere‹ [*Ego sum, ego existo*], sooft ich ihn ausspreche oder im Geist auffasse, notwendig wahr sei.

Ich lasse jetzt nichts gelten, als was notwendig wahr ist; demnach bin ich genaugenommen lediglich ein denkendes Ding [*res cogitans*], d. h. Geist bzw. Seele bzw. Verstand bzw. Vernunft [. . .].

Also was bin ich nun? Ein denkendes Ding. Was ist das? – Ein Ding, das zweifelt, einsieht, bejaht, verneint, will, nicht will, das auch bildlich vor-stellt und empfindet.«[19]

Descartes möchte sich offensichtlich strikt auf solche Phänomene beschränken, deren man sich unzweifelhaft bewusst ist, weil man sie, *indem* man sie hat, als die seinen identifiziert. Das »Haben« solcher Phänomene impliziert ein Bewusstsein davon, dass man sie hat. Es handelt sich, wie man sagen kann, um *selbstpräsentie-rende* Zustände. Diese stehen im Gegensatz zu Sachverhalten, de-ren Existenz keineswegs impliziert, dass sie einem Bewusstsein präsent sind.

Das cartesische Argument lässt sich nun folgendermaßen for-mulieren: Vor selbstpräsentierenden Phänomenen muss selbst die schärfste Skepsis – jene, die nicht einmal vor der Annahme eines *genius malignus* zurückschreckt – Halt machen.

Dazu stellen sich jedoch mindestens zwei Fragen: erstens, was im Einzelnen selbstpräsentierende Zustände sind, und zweitens, worin die Bedeutung des sprichwörtlichen »Cogito ergo sum« unter der Voraussetzung besteht, dass das cartesische Ich eine *res cogitans*, eine geistige Substanz ohne Körper ist.

Selbstpräsentierende Zustände. Ein Paradigma für solche Zu-stände sind Gefühle, etwa Schmerzen. Einen Schmerz zu haben, schließt notwendig ein, dass ich mir des Schmerzes als meines ei-genen Schmerzes bewusst bin. Doch jetzt stellt sich die erkennt-nistheoretische Frage: Was genau macht aus einem Sachverhalt ei-nen selbstpräsentierenden Zustand?

Ich fühle starken Zahnschmerz und urteile: »Ich fühle hier und jetzt starken Zahnschmerz.« Die Wahrheit aber ist – so wollen wir annehmen –, dass ich in dem Moment schlafe und dabei den fraglosen Eindruck habe, ich sei wach und hätte Zahnschmerzen. Viele von uns kennen derlei zwingende Täuschungen, und Descartes kannte sie offensichtlich auch. Wenn ich erwache, fühle ich nicht den geringsten Schmerz. Deshalb glaube ich nun, dass ich mir meinen Zahnschmerz bloß eingebildet habe. Das kann ich jedoch nur glauben, weil ich im Traum etwas vorausgesetzt habe, was nicht selbstpräsentierend war, d. h. hinsichtlich dessen ich mich täuschen konnte. Ich setzte voraus, dass ich wach sei.

Wäre Wachsein ein selbstpräsentierender Zustand, so wäre es unmöglich, dass man träumt, man sei wach. Und so ist auch der Zweifel im Traum, an dem man, indem man ihn träumt, nicht zweifeln kann, keineswegs dasselbe wie ein *wirklicher* Zweifel und ein *wirkliches* Am-Zweifel-nicht-zweifeln-Können. Ich träume, meine Frau neben mir im Bett zu sehen, und nun kommt mir aber plötzlich ein schrecklicher Zweifel: Dieses Wesen neben mir ist vielleicht gar nicht meine Frau, sondern ein Automat, der genauso ausschaut und sich genauso bewegt wie meine Frau im Schlaf. Ich wache auf und bemerke zu meiner großen Erleichterung, dass ich bloß geträumt habe.

Man wacht auf und denkt: »Seltsam, ich hätte es soeben noch für unmöglich gehalten, dass mein Zweifel gar kein wirklicher, sondern bloß ein geträumter Zweifel war.« Mir schien es bloß, als ob ich *tatsächlich* zweifelte, und das wurde mir auch sofort klar, als ich erwachte und mir zu Bewusstsein kam, dass mein Erlebnis nichts als ein Traumgespinst war.

Daraus können wir folgenden Schluss ziehen: Dass Schmerzen und Zweifel selbstpräsentierende Zustände sind, bedeutet jedenfalls *nicht*, dass es sich dabei notwendig um *richtige* Schmerzen oder *wirkliche* Zweifel handeln muss. Und daraus können wir einen skeptischen Schluss ziehen: Selbst richtige Schmerzen und wirkliche Zweifel sind *nicht* selbstpräsentierend, denn sie schließen ein Moment ein, das seinerseits nicht selbstpräsentierend ist, nämlich den Umstand, dass ich sie nicht *bloß* träume.

Wie verhält es sich nun mit dem cartesischen »Ich denke«? Ist es nicht gleichgültig, ob ich im Traum oder im Wachzustand denke? Ja, aber nur sofern das Denken im Ausführen eines kognitiven Prozesses besteht, der auch im Wachzustand *nachvoll-*

ziehbar ist. Ob ich im Traum mir nicht bloß einbildete zu denken, lässt sich immer erst hinterher, im Wachzustand, feststellen. Denn manchmal bilden wir uns im Traum ein, wir dächten – wir bilden uns zum Beispiel hocherfreut ein, ein mathematisches Problem gelöst zu haben, das uns schon lange quälte –, und wir bemerken dann, im Aufwachen, dass unsere vorgeblichen Gedanken nichts als Nonsens, sinnloser Wirrwarr ohne identifizierbare Bedeutung waren.

Das Traumdenken ist *nicht* selbstpräsentierend. Also ist das Wachdenken nur dann selbstpräsentierend, wenn man mit letzter Sicherheit ausschließen kann, dass man träumt. Die Frage ist aber, ob man das ausschließen darf. Auch wenn wir den *genius malignus* des Descartes gar nicht ins Auge fassen, müssen wir zugeben, dass viele von uns schon einmal dachten, wach zu sein und zu denken, und dabei doch schliefen und Unsinn träumten.

Cogito ergo sum. Descartes meinte, das Ich einer Person sei eine *res cogitans*, eine räumlich unausgedehnte geistige Substanz. Das cartesische »Ich bin« oder »Ich existiere« sollte also keinerlei physischen Aspekt einschließen. Doch wenn ich sage »Ich existiere«, dann sage ich auch »Peter Strasser existiert«. Denn wenn es falsch ist zu sagen, dass P. S. existiert, dann kann es unmöglich richtig sein zu sagen, dass ich existiere.

Der Satz »Peter Strasser existiert« setzt jedoch voraus, dass es eine Person, d. h. ein lebendiges menschliches Wesen dieses Namens gibt. Stirbt P. S., dann existiere *ich*, also der Träger des Namens P. S., nicht mehr. Daraus folgt, dass der Satz »Ich bin« oder »Ich existiere« einige Tatsachen voraussetzt, die weder selbstevident noch selbstpräsentierend sind, zum Beispiel die Tatsache, eine Person zu sein und einen Körper zu haben, der eines Tages sterben wird.

Man weiß also nicht, was »Ego sum, ego existo« im cartesischen Sinne meint, weil man nicht weiß, was es heißt, zu existieren abzüglich des Umstandes, dass man eine Person namens N. N. ist. Man weiß nicht, wie man sich eine Person als ein raumloses Wesen, eine *res cogitans*, denken könnte. Wie etwa ließe sich ein derartiges Wesen individuieren? Da es keine Raumkoordinaten hätte, würde es von keinem anderen Ich, das zur selben Zeit existiert, abgrenzbar sein. Das allerdings wäre gleichbedeutend mit der Annahme, dass gar keine individuelle Person N. N. existiert.

Der New Yorker Psychiater Oliver Sacks schildert den Fall eines jungen Mannes namens Greg, der infolge eines Gehirntumors weitgehend sein Gedächtnis verloren hatte und völlig erblindet war. Dennoch liebte es Greg, vor dem laufenden Fernseher zu sitzen, denn er dachte, er könnte gut sehen, indem er dem Soundtrack von Filmen lauschte und dazu Szenen erfand. Seine Meinung begründete er mit dem Satz: »If I were blind, I would be the first person to know it.«[20]

Gregs Satz ist ein typischer Anwendungsfall dessen, was man in der analytischen Philosophie unserer Tage die *Autorität der Ersten Person* nennt. Dieses Konzept basiert wesentlich auf dem Gedanken selbstpräsentierender Zustände. Woher resultierte die *Gewissheit* Gregs, fernzusehen? Daraus, dass man mit Bezug auf die eigenen Erlebnisse, ob geistig oder emotional, das Privileg genießt, sie zu »haben«. Das Haben eigener Erlebnisse schließt demnach ein, dass man weiß, dass man sie hat, während sie von allen Außenstehenden über äußere Anzeichen erschlossen werden müssen.

Nach Sacks verwendete Greg seit seiner umfassenden mentalen Beeinträchtigung Begriffe wie »sehen«, »zuschauen« oder »fernsehen« *auf eine vom üblichen Gebrauch abweichende Weise*. Was diese Begriffe für uns normalerweise bedeuten, wusste Greg nicht mehr. Daraus lernen wir, dass Irrtumsfreiheit auch eine Frage der richtigen und konstanten Verwendung von Begriffen ist. Wir können freilich niemals ganz sicher sein, ob wir im Laufe einer Überzeugungsbildung nicht einem von uns selbst unbemerkten Gebrauchswandel unserer Begriffe unterliegen. Gregs Fall rückt das Problem *der begrifflichen Identifizierung von Erlebnissen als einer Bedingung ihrer Erkenntnis* in den Vordergrund. Die Autorität der Ersten Person erweist sich als abhängig von der Fähigkeit, die Begriffe des Alltags richtig zu verwenden.

Gregs Fall leitet über zum Bedeutungsskeptizismus. Denn woher wissen wir *jemals*, ob wir einen Begriff richtig bzw. so verwenden, wie es die anderen tun? Descartes jedenfalls verwendet den Begriff des Existierens *nicht in dem uns geläufigen Sinne*, sondern in dem des Existierens als *res cogitans*.

Sich mit Bezug auf ein Erlebnis *E* nicht irren zu können, impliziert, sich nicht irren zu können mit Bezug auf die korrekte begriffliche Identifizierung von *E*. Aber begriffliche Identifizierungen sind abhängig von einem Wissen um die korrekte Verwendung der Begriffe, die zur Identifizierung benutzt werden. *Dieses* Wissen jedoch ist weit davon entfernt, einen selbstpräsentierenden Charakter zu haben.

<h1 style="text-align:center">III</h1>

COMMON-SENSE-ARGUMENTE FÜR WISSEN UND ERKENNTNIS – Gegen Descartes lässt sich einwenden, dass man nicht weiß, was der Satz »Ego sum, ego existo« bedeutet, wenn man von der Voraussetzung, eine lebende Person zu sein, abstrahiert. Diesen Einwand kann man aber auch *gegen* den Skeptiker wenden.

Eine der großen antiskeptischen Stimmen des 20. Jahrhunderts ist die von George Edward Moore. Dieser widmete sich der philosophischen Verteidigung des Common Sense, d. h. im wesentlichen des gesunden Menschenverstandes, zu einer Zeit, da die meisten seiner Kollegen den Naturwissenschaften das letzte Wort in Erkenntnisbelangen zubilligten. Moores lakonischer Beweis einer Außenwelt, 1939 vorgelegt in der Schrift *Proof of an External World*, besteht im Kern darin, dass er die eine Hand hebt und sagt: »Hier ist eine Hand«, und dann die andere Hand hebt und sagt: »Hier ist noch eine.«[21]

Der Ausgangspunkt von Moore ist, dass er ohne jeden Zweifel wissen könne und auch tatsächlich wisse, dass er zwei Hände habe. Dieses Wissen impliziere nun, dass es sich bei dem Gewussten um materielle Dinge, eben um Hände, und nicht bloß um Sinneseindrücke handle. Moore setzt voraus, dass eine Person, die behauptet, sie wisse nichts von der Art, was er, Moore, wisse, entweder nicht verstanden habe, was man gemeinhin meint, wenn man von »wissen« spricht, oder es im Augenblick aus philosophischen Gründen missverstehe. Demnach würden alle, die wissen, wie wir im Alltag den Begriff des Wissens verwenden, auch wissen, dass es eine Vielzahl materieller Dinge und, folglich, eine Außenwelt gibt.

Die Frage aber, die an den mooreschen Beweis zu stellen ist, lautet: Wieso sollte es von unserem alltäglichen Gebrauch des Begriffs »wissen« abhängen, ob die Außenwelt *existiert*? Erst Ludwig Wittgenstein wird versuchen, in *Über Gewißheit*, einer seiner letzten Notizensammlungen, die zwischen 1949 und 1951 entstand, diese Frage zu parieren. Dort weist er darauf hin, dass es unnatürlich sei zu sagen, wir wüssten, dass die Außenwelt existiere. *Denn von Wissen könne sinnvoll nur dort die Rede sein, wo es auch sinnvoll sei, von der Möglichkeit eines Irrtums zu reden.* Wer aber ernsthaft daran zweifle, ob die Außenwelt existiert, verhalte sich nicht philosophisch, sondern sei verrückt. So lesen wir im Abschnitt 155:

»Der Mensch kann sich unter gewissen Umständen nicht *irren*. (›Kann‹ ist hier logisch gebraucht, und der Satz sagt nicht, daß unter diesen Umständen der Mensch nichts Falsches sagen kann.) Wenn Moore das Gegenteil von jenen Sätzen aussagte, die er für gewiß erklärt, würden wir nicht nur nicht seiner Meinung sein, sondern ihn für geistesgestört halten.«[22]

Die Geltung von Wittgensteins Argument ist allerdings beschränkt. Mag es auch im Alltag auf eine Geisteskrankheit schließen lassen, wenn jemand ernsthaft an der Existenz der Außenwelt zweifelt, so ist damit doch über die Sinnhaftigkeit eines möglichen *philosophischen* Zweifels keine Entscheidung gefallen. Weder René Descartes noch George Berkeley zweifelten ernsthaft an der Existenz der Außenwelt; und dennoch hatten sie skeptische Gründe von beträchtlichem Gewicht. Ebenso hatte Hume gute skeptische Gründe, die Existenz einer kausalen Notwendigkeit zu bestreiten, obwohl er im alltäglichen Umgang mit Dingen vermutlich nicht im geringsten daran zweifelte, dass es sowohl Wirkungen als auch Ursachen gibt. Humes Zweifel ist philosophisch und nicht psychologisch motiviert, durch abstrakte Gründe und nicht durch pathologisch quälende Gefühle der Unsicherheit.

In seiner Abhandlung *A Defence of Commonsense*, 1925, zitiert Moore eine Liste von Sätzen, von denen er behauptet, er wisse jeden einzelnen von ihnen mit Bestimmtheit, etwa: »Ich lebe«, »Ich habe einen Körper« usw. Solche Sätze muss, laut Moore, der Skeptiker mit Bezug auf sich selbst akzeptieren, denn wollte er sie leugnen, so würde er die empirisch notwendigen Bedingungen dafür, dass er überhaupt zweifeln kann, leugnen. Jemand, der behauptet: »Ich zweifle an allem«, aber nichtsdestotrotz die kausalen Voraussetzungen seines umfassenden Zweifels richtig erfasst, kommt nicht umhin, gleichzeitig zu behaupten, dass er nicht daran zweifeln könne, zu leben und einen Körper zu haben. Kurz gesagt: So jemand widerspricht sich selbst.[23]

Doch dieses kausale Argument gegen den Skeptiker ist bei genauerer Analyse nicht so durchschlagend, wie es auf den ersten Blick scheint. Wahr ist, dass bestimmte empirische Bedingungen unerlässlich sind, um eine geistige Aktivität, etwa Denken oder Zweifeln, ausführen zu können. Ein Toter kann nicht denken, ein Gehirnloser kann nicht zweifeln. Aber wenn es sich hier tatsächlich um *empirische* Voraussetzungen handelt, dann gelten für sie alle bisher genannten Argumente gegen die Möglichkeit, Naturgesetze rational zu rechtfertigen.

Wenn wir einen Menschen, den wir als radikalen Skeptiker kennen, medizinisch untersuchen und feststellen sollten, dass er kein Gehirn hat, dann würde das unser Weltbild gewiss erschüttern. Doch die Induktionsskepsis lehrt uns, dass der Umsturz unseres empirischen Wissens kein zwingender Grund sein kann, einen gewissen theoretischen (*philosophischen*) Zweifel vollkommen auszuschließen, also zum Beispiel einen Zweifel daran, ob die Existenz unseres Gehirns für unser Denken wirklich notwendig sei.

Ein solcher Zweifel mag zwar *praktisch* sinnlos sein, und Wittgenstein würde sagen, er wäre im Alltag und in der Wissenschaft einem Rad zu vergleichen, das nichts dreht.[24] Doch die Erschütterung unseres Weltbildes ist etwas kontinuierlich Abstufbares. Es lässt sich daher auch nicht sagen, ab welchem Punkt die Erschütterung stark genug ist, um den Zweifel vollständig zu desavouieren. Hier eine Liste von empirischen Voraussetzungen dafür, dass es mich gibt, ich über eine gewisse Intelligenz verfüge und daher in der Lage bin zu zweifeln:

(1) Ich habe ein Gehirn.
(2) Ich habe eine DNA.
(3) Ich habe tierische Vorfahren.
(4) Zwischen den Schimpansen und mir variiert die DNA um 1,6 %.
(5) Vor 10-20 Milliarden Jahren fand der Big Bang (der »Urknall«) statt.

Die Negation jeder dieser Behauptungen würde unser modernes Weltbild mehr oder weniger erschüttern. Aber es ist eindeutig, dass ein sinnvoller Zweifel an (5) und (4) möglich ist. Warum sollte dann aber ein sinnvoller Zweifel an (3) und (2) nicht ebenso gut möglich sein? Es ist wahr, dass wir heute nicht sagen können, auf welche empirische Evidenz sich ein solcher Zweifel stützen könnte, denn heute spricht *alles* für (2) und (3). Aber Situationen mit scheinbar zwingenden Evidenzen von tatsächlich begrenzter Dauer sind historisch keineswegs einmalig[25], und wir können, gleich unseren Vorfahren, heute prinzipiell nicht wissen, wie die theoretische Lage morgen oder übermorgen oder gar in fünfhundert Jahren sein wird. So stellt sich dann die Frage, worin der *grundsätzliche* Unterschied zwischen (3), (2) und (1) liegen sollte. Die Antwort lautet, dass es kein Kriterium gibt, um einen solchen Unterschied zu rechtfertigen.

Zugegeben, sich vorzustellen, dass ein Skeptiker, der an der Existenz seines Gehirns zweifelt, tatsächlich keines hat, ist etwas dramatisch anderes, als an der Existenz seiner eigenen Hände zu zweifeln und *tatsächlich* keine zu haben. Denn im zweiten Fall sind keine großen Umbauarbeiten im Gesamtsystem unseres Wissens notwendig, im ersten schon. Wer kein Gehirn hat, der hat auch kein Zentralnervensystem; alle körperlichen und psychischen Funktionen sind dann, *soweit unser heutiges Wissen reicht*, unmöglich. Davon auszugehen, dass man möglicherweise kein Gehirn hat und dennoch lebt wie jeder andere Mensch, heißt, an ein alternatives psychophysisches Betriebssystem zu appellieren, von dem wir nicht einmal den Schatten einer Ahnung haben. Dennoch bleibt es eine Tatsache, dass die Verbindung zwischen unserem Gehirn und unseren philosophischen Zweifeln eine empirische ist und dass daher die Existenz dieser Verbindung philosophisch bezweifelt werden kann, ohne bloß Unsinn zu denken.

Das alles ist verträglich mit der Annahme, dass der Satz »Ich zweifle« *logisch* gewisse Voraussetzungen hat, die *empirisch* sind, insbesondere das cartesische *Existo*. Es fragt sich allerdings, was der Begriff des Existierens hier *bedeutet*. Gehört es zur Bedeutung des hier geforderten Existenzbegriffs, dass ich ein Gehirn und eine funktionierende DNA habe? Wenn dem so wäre, dann müssten die entsprechenden Behauptungen über den Besitz eines Gehirns und einer DNA in dem Satz »Ich zweifle« *logisch* enthalten sein. Nach dem oben Gesagten wäre das eine viel zu starke Annahme.

Aber muss ich nicht wenigstens einen Körper besitzen, um zweifeln zu können? Es ist wahr, um uns zu individuieren, d. h. von anderen Wesen abzugrenzen, nehmen wir, so wie unsere Welt nun einmal beschaffen ist, notwendig auf unseren Körper Bezug. Denn er ist es, der unsere Lokalisierung in Raum und Zeit und damit unsere Individuierung gestattet. Doch vielleicht gibt es ein Leben nach dem Tod, und in jener anderen Welt, jenem »Leben nach dem Leben«, wird es möglich sein, uns auf eine unkörperliche Weise im Raum und in der Zeit zu positionieren, etwa als seelisches Feld (so, wie es ja auch in unserer Welt Energiefelder gibt, die Raumbereiche erfüllen und sich durch Raumbereiche hindurch fortpflanzen).

Damit wird gesagt, dass eine logische Voraussetzung dafür, dass ich imstande bin zu zweifeln, darin liegt, dass ich mich als das Subjekt meines Zweifels begreifen kann. Gleichzeitig wird aber auch gesagt, dass wir nicht wissen, welche empirischen Gegebenheiten die *Bedeutung* dieser Voraussetzung ausmachen. Wir wissen nicht, ob wir in allen möglichen Welten einen Körper brauchen, um daran zweifeln zu können, dass wir einen haben.

IV

DER ONTOLOGISCHE BEREICH DER SKEPSIS UND DIE WIRKLICHKEITSFRAGE – Betrachten wir kurz die wichtigsten Folgerungen aus dem, was in den vorangehenden Abschnitten gesagt wurde:

(a) Dass ich zweifeln kann, hat zur Voraussetzung, dass ich überhaupt in der Lage bin, mir gewisse mentale Prädikate selbst zuzuschreiben. Ich muss über Ich-Bewusstsein verfügen. Niemand jedoch verfügt über Ich-Bewusstsein, wenn er nicht eine identifizierende Charakteristik seiner selbst geben kann. In einer solchen Charakteristik werden auch *irgendwelche* räumlich lokalisierbaren Merkmale enthalten sein müssen, denn sonst wäre es unmöglich zu sagen, wo man selbst aufhört und die anderen beginnen (die Crux der cartesischen *res cogitans*).

Nun ist dieses Argument aber kein bloß empirisches. Es beschreibt logische Voraussetzungen der Möglichkeit von Ich-Bewusstsein. Und das Ich-Bewusstsein seinerseits ist eine logische Voraussetzung dafür, dass es so etwas wie Zweifel überhaupt geben kann. Das Argument ist daher antiskeptisch. Es limitiert den Radius der möglichen Skepsis. Fraglich ist nur, welche Erkenntnisse es sicherstellt. Die beiden folgenden Sätze geben solche Erkenntnisse wieder. Sie können *nicht* in Zweifel gezogen werden, wenn Zweifel möglich sein soll:

(1) Wenn ich zweifle, dann habe ich Ich-Bewusstsein.
(2) Wenn ich Ich-Bewusstsein habe, dann bin ich in der Lage, räumliche Charakteristika meiner selbst zu nennen.

Oben wurde mit einem immerhin denkbaren Leben nach dem Tod argumentiert, um plausibel zu machen, dass Lebendigsein im Sinne einer körperlichen Existenz nicht notwendig zur Bedeutung des Begriffs »Zweifeln« gehört. Notwendig gehört jedoch dazu, dass es ein Ich-Bewusstsein und, damit verbunden, die Möglichkeit der Zuschreibung räumlich lokalisierbarer Attribute gibt. Ein immaterielles Leben nach dem Tod darf also kein unräumliches Leben sein, falls in ihm ein Zweifel (oder eine vergleichbare geistige Aktivität) möglich sein soll. *Hier endet alle Skepsis.*

(b) Dies zugestanden, wäre das Leben nach dem Tod doch nicht das *wirkliche* Leben, so wie der *bloß* geträumte Zweifel eben kein *richtiger* ist. Wie bereits dargelegt, kann ich nicht widerspruchsfrei behaupten: »Ich, P. S., existiere« und »P. S. ist tot«. Das setzt voraus, dass Descartes den Begriff der Existenz im Sinne von *wirklichem* Leben – im Gegensatz zu einem bloß geträumten Leben oder einem »Leben nach dem Leben« – verwendet.

(c) Es gibt allerdings selbstpräsentierende Merkmale und Zustände. Wer zum Beispiel ein nagendes Gefühl des Zweifels hat, der kann sich darin nicht täuschen in dem Sinne, dass er fühlt, was er fühlt. Doch sind die Grenzen der Selbstpräsentierung eng gezogen.

Erstens: Das sich selbst präsentierende Phänomen gibt keine Auskunft über seinen ontologischen Status. Sind die Zweifel und Schmerzen bloß geträumt oder nicht? Das Wachsein selbst ist kein selbstpräsentierender Zustand. Man kann träumen, dass man wach ist, und dabei nicht merken, dass man träumt.

Zweitens: Wenn sich etwas selbst präsentiert, so kann es doch sein, dass ich mich mit Bezug darauf, *was* sich mir präsentiert, irre, weil ich es begrifflich falsch auffasse. Die begriffliche Seite des sich selbst präsentierenden Phänomens ist ihrerseits *nicht* selbstpräsentierend.

Drittens: Ist ein Wahrnehmungsinhalt bloß subjektiv, oder gibt er die objektive Eigenschaft eines Gegenstandes wieder? Ist das Blau, das ich sehe, so geartet, dass ich einzig berechtigt bin zu sagen: »Mir erscheint meine Krawatte als blau«, oder darf ich sagen: »Ich sehe, dass meine Krawatte blau ist«? Allgemein gilt: »Sehen, dass . . .« ist kein selbstpräsentierender Zustand, denn man kann sich stets darin irren, *dass* man etwas sieht, während man doch unbezweifelbar etwas *sieht* in dem Sinne, dass man einen visuellen Eindruck hat. Ob etwas wirklich ist oder nicht, lässt sich aus dem Umstand, dass es sich selbst präsentiert, *nicht* entnehmen.

(d) Der Skeptiker bestreitet gar nicht, dass wir *etwas* erkennen können. Es ist wahr, wenn ich zweifle, dann kann ich nicht daran zweifeln, dass ich zweifle. Aber der Skeptiker sagt, dies müsse so verstanden werden, dass ich nicht daran zweifeln kann, den *Eindruck* zu haben, *wirklich* zu zweifeln. Der Eindruck aber ist subjektiv. Ob ich demgegenüber wirklich zweifle, dafür gibt es kein Kriterium – ebenso wenig wie es ein Kriterium dafür gibt, ob ich, wenn ich Schmerzen habe, *wirklich* Schmerzen habe, und nicht bloß Schmerzen-im-Traum.

Die Skepsis, die sich auf den Bereich der empirischen Erkenntnis richtet, richtet sich also auf die Möglichkeit, gerechtfertigte Behauptungen über das, was wirklich ist, aufzustellen. Das, was wirklich ist, ist nicht bloß subjektiv. Ist *X* ein Element der transsubjektiven Welt, dann *bedeutet* seine Existenz, unabhängig davon zu existieren, ob *X* von einem Subjekt wahrgenommen wird oder nicht.

Zu den beiden Hauptfragen der Erkenntnistheorie, der Definitions- und der Kriteriumsfrage, gesellt sich daher eine dritte, ontologische – die *Wirklichkeitsfrage*.

§ 4
Erkenntnis der Wirklichkeit

I

UNSERE NATÜRLICHE EINSTELLUNG: DIE DINGE DIREKT WAHRNEHMEN – Man kann sich der Wirklichkeitsfrage auf mehrere Weisen nähern. Betrachten wir den Satz S: »Meine Krawatte ist blau«, und nehmen wir an, S sei wahr. Man kann fragen, was wir mit der Zuschreibung eines empirischen Prädikats wie »blau sein« *meinen*. Über die Analyse der Bedeutung empirischer Begriffe erschließt sich uns demnach auch die Bedeutung des Wirklichkeitsbegriffes.

Unter den verschiedenen möglichen Vorschlägen für die Analyse von S sind die drei folgenden grundlegend:

Variante 1. Die Bedeutung von S lässt sich auf subjektive Erfahrungsdaten reduzieren, in unserem Beispiel auf eine Reihe homogener Eindrücke des Farbigseins. Diese subjektiven Daten sind ontologisch fundamental. Objektive Gegebenheiten hingegen, etwa das Blau meiner Krawatte, sind abgeleitet; es handelt sich in jedem Fall um theoretische »Konstruktionen« auf der Basis subjektiver Daten, wie sie von Sinneseindrücken und Empfindungen repräsentiert werden. Daher sind auch alle jene physikalischen Gegebenheiten Konstruktionen, die das Zustandekommen der Sinneseindrücke erklären. Das ist die Position des *Sensualismus* bzw. *Phänomenalismus*.

Variante 2. Die Bedeutung von S lässt sich nicht auf Sinneseindrücke reduzieren, denn S spricht über einen objektiven Tatbestand. Demgegenüber sind alle Sinneseindrücke die kausale Folge des Wirkens objektiver Tatbestände. Am Beispiel von S: Lichtstrahlen der Wellenlänge 500-450 Nanometer werden vom Stoff meiner Krawatte reflektiert, treffen auf die Farbrezeptoren meiner Netzhaut, werden durch die Sehnerven als elektrochemische Impulse ins Sehzentrum meines Gehirns weitergeleitet, und so entsteht schließlich, unter Hinzutritt einer Reihe weiterer empirischer Faktoren objektiver Art, der Farbeindruck, den ich unmittelbar erfasse. Das ist die Position des *wissenschaftlichen Realismus*.

Variante 3. Die beiden erstgenannten Varianten beschreiben nicht adäquat das, was man als unsere *natürliche Einstellung* charakterisieren kann. Unsere natürliche Einstellung ist die, dass ich meine Krawatte *direkt* wahrnehme und dabei auch ihre *wirkliche* Farbe direkt zu sehen in der Lage bin. Was heißt das? Wenn ich sage, dass ich sehe, dass meine Krawatte blau ist, dann will ich damit nicht sagen, dass ich primär etwas Subjektives sehe, aus dem ich, bewusst oder unbewusst, meine Krawatte und ihre Farbe konstruiere. Ich unterstelle vielmehr, dass es, *weil ich den objektiven Tatbestand sehe*, hier überhaupt nichts Objektives zu konstruieren gibt, aus welchen subjektiven Daten auch immer.

Ich weiß selbstverständlich, dass ich den objektiven Tatbestand *nicht immer* direkt sehe. So kann es sein, dass sich zwischen mir und meiner Krawatte ein Filter befindet (etwa die gelb getönte Glasscheibe meines Krawattenschrankes), und ich daher einen bloß subjektiven Farbeindruck habe. Ich werde dann nicht sagen: »Ich sehe, dass meine Krawatte schwarz ist«, sondern: »Mir erscheint meine Krawatte als schwarz«, und dabei habe ich eine mentale Reservation: »In Wirklichkeit ist sie aber blau«.

Es entspricht unserer natürlichen Einstellung, zwischen Erlebnissituationen, in denen uns die Dinge bloß als so und so geartet erscheinen, und der Wahrnehmung, wie die Dinge tatsächlich sind, zu unterscheiden. Im ersten Fall werden wir unser Erlebnis auf irreführende Sinneseindrücke zurückführen. Solche Eindrücke sind subjektiv, sie sagen unmittelbar nichts über die objektive Beschaffenheit der Dinge aus. Im zweiten Fall jedoch werden wir davon reden, dass wir wahrnehmen, wie die Dinge objektiv beschaffen sind. Ich würde es als unnatürlich empfinden zu sagen, ich hätte einen subjektiven Farbeindruck, wenn ich glaube, tatsächlich zu sehen, dass meine Krawatte tatsächlich blau ist.

Vom Standpunkt unserer natürlichen Einstellung liegt der Fehler des Sensualismus darin, dass er alle Arten von empirischen Informationen auf Sinneseindrücke, die ihrem Wesen nach subjektiv sind, zurückführen möchte, während es doch Informationen gibt, die auf einer Wahrnehmung der objektiven Eigenschaften von Dingen beruhen. Der Fehler des wissenschaftlichen Realismus wiederum liegt darin, dass er alle unsere Wahrnehmungsinhalte als subjektive Ergebnisse objektiver physikalischer Prozesse darstellt.

Manche Wissenschaftler behaupten: »In Wirklichkeit haben die Dinge gar keine Farben.« Damit wollen sie sagen, dass die physikalische Welt, die unabhängig von den Wahrnehmungssubjekten existiert, »Dinge« wie transversale Wellen, Wellenlängen, Schwingungsfrequenzen, Brechungskoeffizienten etc. kennt, aber keine qualitativen Merkmale wie Farben. Es liegt auf der Linie dieser Argumentation zu sagen: »In Wirklichkeit ist deine Krawatte nicht blau, weil sie in Wirklichkeit überhaupt keine Farbe hat.« Muss ich das glauben? Ich sehe doch, dass meine Krawatte blau *ist* – und andere normalsichtige Menschen, die *das* bei normalen Lichtverhältnissen nachprüfen, kommen zu demselben Ergebnis. Muss ich trotzdem sagen, dass das, was ich sehe, ebenso wie das, was mir bloß erscheint, zunächst rein subjektiv ist? Und dass ein Unterschied zwischen dem tatsächlichen und dem bloß scheinbaren Sehen einer Eigenschaft überhaupt erst durch die unterschiedlichen physikalischen Situationen, die für beides kausal verantwortlich sind, einen guten realistischen Sinn erhält?

Vom Standpunkt unserer natürlichen Einstellung aus gibt es keinen Einwand gegen folgende Feststellungen: (1) Wir nehmen die Dinge stets perspektivisch wahr, aus einer bestimmten Entfernung und einem bestimmten Blickwinkel, relativ zueinander bewegt oder unbewegt. (2) Es gibt Konventionen darüber, welche unter den wahrnehmbaren Eigenschaften wir als die »wirklichen« gelten lassen wollen. Andererseits verfügen wir nicht immer über derlei Konventionen: Was, fragt der dumme Philosoph, ist die wirkliche Farbe eines Chamäleons, die wirkliche Gestalt eines laufenden Hundes, die wirkliche Farbe der Sonne? (3) Die meisten unserer Wahrnehmungen sind theoretisch mehr oder weniger »imprägniert«. Der Wahrnehmungsinhalt ist dann nicht bloß das Ergebnis der Wahrnehmung eines bestimmten Objekts, sondern auch eines bestimmten Vorwissens über das wahrgenommene Objekt. Paul sagt: »Das ist der Abendstern.« Paula erwidert: »Nein, das ist die Venus.« Daraufhin ich: »Ihr seht doch beide dasselbe!« (4) Damit wir etwas wahrnehmen können, müssen unsere Sinne funktionieren. Die Art, wie wir die Dinge wahrnehmen, hängt davon ab, wie unsere Sinne konstruiert sind und wie gut sie arbeiten. (5) Manchmal funktionieren unsere Sinne nicht richtig. Aber auch wenn sie richtig funktionieren, tun sie das anders als die Sinne vieler anderer Wesen. Manche Wesen, etwa Fische oder Insekten, leben in einer Bewusstseinswelt, die so verschieden ist von der unseren, dass wir kein inneres Verständnis ihrer Welt entwickeln können.

Die Punkte (1) bis (5) belegen, dass unsere Wahrnehmungs*inhalte* auf verschiedene Weise abhängig sind von Faktoren, die selbst nicht als Teil des realistisch interpretierten Wahrnehmungs*gegenstandes* verstanden werden können. Die Perspektive, die Wirklichkeitskonvention, das theoretische Vorwissen, der sinnesrezeptive Raster, die gehirninterne Verarbeitung von elektrochemischen Impulsen – alle diese Faktoren sind nicht Merkmale des objektiven Tatbestandes oder Gegenstandes, wohl aber sind sie konstitutiv für das, was uns jeweils als Wahrnehmungsinhalt gegeben ist.

Von da aus kommen wir zu folgendem paradoxen Ergebnis: Es ist nicht so, dass wir im Haus unserer Sinne leben und dass wir, wenn wir wissen wollen, was »draußen« vorgeht, bloß unsere Fenster aufmachen müssten, um »ins Freie«, in die Wirklichkeit, hinauszuschauen. *Die Idee der direkten Wahrnehmung von Dingen muss also fallengelassen werden.* Doch das ist gleichzeitig ein Resultat, das aus den Prämissen (1) bis (5) folgt, die unserer natürlichen Einstellung weder extern noch fremd sind. Es folgt aus der Komplexität unserer natürlichen Einstellung selbst, was bedeutet, dass diese in sich nicht widerspruchsfrei zu sein scheint.

II

PHÄNOMENALISMUS – Sollten wir also Phänomenalisten werden? Wir würden dann davon ausgehen, dass die uns primär gegebenen Weltelemente subjektiver Natur sind und letzten Endes auch das Konzept einer objektiven Welt ein Konstrukt aus subjektiven Daten ist.

John Locke, der erste große Empirist, unterscheidet in seinem Werk *An Essay Concerning Human Understanding* (1690) unter den Sinneseindrücken zwischen primären und sekundären Qualitäten. Die primären Qualitäten sollen den Dingen objektiv zukommen. Dazu zählt Locke Zahl, Ausdehnung, Festigkeit, Gestalt, Bewegung. Die sekundären Qualitäten wären demnach bloß ein Produkt unserer Sinne und kämen dadurch zustande, dass die primären Qualitäten auf uns einwirken. Lockes philosophischer Gegenspieler, Bischof George Berkeley, kritisierte diese

Unterscheidung in seinem *Treatise Concerning the Principles of Human Knowledge* (1710) mit dem Argument, dass die primären von den sekundären Qualitäten nicht zu trennen seien:

>Ich für meine Person sehe deutlich, dass es nicht in meiner Macht steht, die Idee eines ausgedehnten und bewegten Körpers zu bilden, ohne ihm zugleich eine Farbe oder eine andere sinnliche Qualität zuzuschreiben, welche anerkanntermaßen nur im Geist existiert. Kurz, Ausdehnung, Figur und Bewegung sind undenkbar, wenn sie von allen anderen Eigenschaften durch Abstraktion gesondert werden.«[26]

Berkeley will nicht leugnen, dass Sätze wie »Ich sehe, dass meine Krawatte blau ist« und »Mir erscheint meine Krawatte als schwarz« eine unterschiedliche Bedeutung haben. Der Punkt, auf den es Berkeley ankommt, ist vielmehr der, dass die Grundlage von Wahrnehmungsinhalten in beiden Fällen Sinneseindrücke sind, und das heißt allgemein gesprochen: Elemente, deren Beschaffenheit von der Beschaffenheit des Wahrnehmungssubjekts abhängt. Die Frage ist dann allerdings, wie man als Phänomenalist jemals aus der Sphäre der Sinneseindrücke in die der objektiven Welt, der Himmelskörper, Krawatten und Moleküle gelangt. Und die Antwort lautet: Gar nicht! Denn welche Konstruktionen unser *menschlicher* Geist auch vornehmen mag, alle Begriffe innerhalb des Systems sind, schenken wir Berkeley Glauben, abhängig von den subjektiven Basisdaten. Es gibt kein anderes inhaltliches Material, solange wir nicht auf Gottes Ideenbestand zurückgreifen (was wir nicht können, denn wir sind nicht göttlich). Als Phänomenalisten sind wir nicht in der Lage, ein Erkenntnisfenster aufzumachen, um in die Welt hinauszuschauen.

Wenn alle unsere Erfahrungsdaten Sinneseindrücke sind, dann verliert der Begriff einer Wirklichkeit, die unabhängig von uns existiert, jeden Gehalt. Sie wird zu einer begrifflichen Leerstelle, einem unbegrifflichen X. Das macht dann doch ernsthafte Schwierigkeiten. Aus dem simplen Satz »Ich sehe, *dass* meine Krawatte blau ist« folgt, dass meine Krawatte blau ist. Für den Phänomenalisten kann das nur bedeuten, dass mir meine Krawatte, indem ich sie sehe, als blau *erscheint*. Doch dieses Ergebnis widerspricht sowohl unserer natürlichen Einstellung als auch dem wissenschaftlichen Realismus. Darüber hinaus führt es jenseits theologischer Absicherungen geradewegs in den *Solipsismus*. Wenn die anderen nicht deshalb existieren, weil sie von Gott geschaffen wurden, dann existiert nichts außer mir. Denn alles, was existiert, ist zurückführbar auf meine eigenen Sinneseindrücke.

Empfindungen ohne Subjekt. Um derlei Konsequenzen zu vermeiden, hat der Neo-Empirismus zur Vorstellung von »Empfindungen« oder »Elementen« gegriffen, die, als sozusagen qualitative Weltatome, die Subjekt-Objekt-Trennung ontologisch fundieren sollten. Hier einige Zitate aus dem Werk *Die Analyse der Empfindungen* (1886) von Ernst Mach, worin ein sogenannter »neutraler Monismus« vertreten wird:

»Nicht die Körper erzeugen Empfindungen, sondern Empfindungscomplexe (Elementencomplexe) bilden die Körper. Erscheinen dem Physiker die Körper als das Bleibende, Wirkliche, die Empfindungen hingegen als ihr flüchtiger vorübergehender Schein, so beachtet er nicht, dass alle Körper nur Gedankensymbole für Empfindungscomplexe (Elementencomplexe) sind.«

»Nicht das Ich ist das Primäre, sondern die Elemente (Empfindungen). Die Elemente *bilden* das Ich. *Ich* empfinde Grün, will sagen, dass das Element Grün in einem gewissen Complex von andern Elementen (Empfindungen, Erinnerungen) vorkommt.«

»Das *Ich* ist unrettbar.«[27]

Mach seinerseits inspirierte Rudolf Carnap. Dessen ambitioniertes Buch *Der logische Aufbau der Welt* (1928) gleitet freilich rasch ins bloß Skizzenhafte und Programmatische ab. Carnap zufolge ist das ontologische Basisgebiet das Eigenpsychische. Es gibt »Elementarerlebnisse«. Das sind unzerlegbare, präanalytische Einheiten. Im System des Eigenpsychischen – das aber anfänglich nicht als solches begriffen werden kann, weil es noch kein Subjekt des Begreifens gibt – existiert bloß eine einzige Grundrelation, die sogenannte Ähnlichkeitserinnerung. Auch sie ist zunächst subjektlos. Mit ihrer Hilfe werden aus Elementarerlebnissen (etwa einzelnen Roteindrücken) allgemeine Qualitäten abstrahiert, die dann durch Prädikate (etwa einen Allgemeinbegriff wie »rot«) bezeichnet werden. So beginnt laut Carnap der begriffliche Aufbau der Welt, und erst auf einer viel späteren Stufe kann ein Subjekt oder »Ich« konstituiert werden.

Es ist aber klar, woran Ansätze wie die von Mach und Carnap leiden: Um nicht in den Solipsismus einzumünden, konstruieren sie Erlebnisse oder Empfindungen *ohne Subjekt.* Diese können, je nach späterer Betrachtungsweise, als Gegenstandsmerkmale (objektiv) oder als Erlebnisinhalte (subjektiv) aufgefasst werden. Das große Rätsel ist jedoch, wie die »spätere Betrachtungsweise« jemals zustande kommen soll, wenn es im logischen wie im kausalen Anfang kein Subjekt – kein Ich – gibt. Denn das Subjekt ist eine grundlegende Voraussetzung dafür, dass zwischen Bewusstsein und Welt unterschieden und über Dinge und ihre Merkmale sinnvoll gesprochen werden kann. Gegeben ein machsches Element, so stellt sich notwendigerweise die Frage, ob dieses eine Empfindung, also subjektiv, oder etwas Objektives, d. h. Außenweltliches, Materielles, Physisches ist.

Hier zu antworten »Das kommt darauf an . . .« bedeutet allerdings nicht, auf etwas ontologisch tiefer Liegendes hinzuweisen, sondern einfach nur, unverständlich zu reden. Denn jedes physische Element ist ontologisch so bestimmt, dass alle seine Merkmale unabhängig von jedwedem Subjekt der Wahrnehmung existieren. Physische Merkmale können niemals *als* subjektive Merkmale, etwa als Sinneseindrücke oder Empfindungen, in Erscheinung treten. Auf der anderen Seite ist jedes psychische Element so bestimmt, dass es Element-eines-Subjekts sein *muss*. Beispielsweise ist eine »Farbempfindung« notwendigerweise die Empfindung eines Subjekts, nämlich jenes, das die Farbe »empfindet«. Die Empfindung gibt es nur, solange es ein empfindendes Subjekt gibt. Sie kann daher in keiner Art von Betrachtungsweise als subjektunabhängig und damit als ein physisches Element aufgefasst werden.

Daraus folgt des weiteren gegen Carnap, dass die Vorstellung einer »Ähnlichkeitserinnerung« *ohne* Subjekt begrifflicher Unsinn ist. Eine Erinnerung gibt es nur unter der Voraussetzung eines Subjekts, das in der Lage ist, sich zu erinnern, seine früheren Erlebnisse als die seinen zu identifizieren und mit seinen gegenwärtigen Erlebnissen zu vergleichen. Deshalb ist es unmöglich, das Subjekt der Erinnerung aus ontologisch tiefer liegenden »Erinnerungen« ohne Subjekt aufzubauen.

Das Fazit unserer Überlegungen lautet also: *Wer das Ich nicht retten kann, der kann auch die Wirklichkeit nicht retten.* Wird aber zugestanden, dass das Ich – d. h. das Subjekt allen Empfindens, Wahrnehmens und Erkennens – ontologisch fundamental ist, dann führt der Phänomenalismus direkt in den Solipsismus. Dann allerdings gilt ebenfalls, dass sich der Phänomenalismus durch seine eigenen Voraussetzungen als eine Position disqualifi-

ziert, die nicht in der Lage ist, den Begriff der Wirklichkeit ange-
messen darzustellen.

III

WISSENSCHAFTLICHER REALISMUS – Für den wissenschaftlichen
Realisten ist die Bedeutung des Satzes »Meine Krawatte ist blau«
unabhängig von allen sinnesqualitativen Merkmalen. Sofern das
Prädikat »blau« ein objektives Merkmal der Außenwelt bezeichnet, bezieht es sich auf ein komplexes physikalisches Merkmal:
Blau ist ein Gegenstand nicht einfach deshalb, weil er als blau gesehen wird, sondern weil er Licht von einer bestimmten Wellenlänge (ca. 500-450 Nanometer) reflektiert.

Physikalische Merkmale verursachen sinnesqualitative Merkmale, sind aber selbst ausschließlich mathematisch, quantitativ
und, aufgrund ihrer mathematisch-quantitativen Beziehungen
zueinander, strukturell bestimmt. Diese Bedingung ist notwendig, um dem Begriff einer Wirklichkeit, die *subjekttranszendent*
sein soll, zu genügen.

Victor Kraft beschreibt den Standpunkt des wissenschaftlichen
Realismus, indem er die Beziehung zwischen Wahrnehmung und
Realität folgendermaßen charakterisiert:

>»Die Wahrnehmungswelt bildet [. . .] eine unausschaltbare Voraussetzung
>für die Bestimmung von [z. B.] Masse, Kraft, Ladung und damit allgemein
>für die Physik – aber nur für die *Feststellung* der physikalischen Größen,
>nicht für sie selbst. Die Wahrnehmungswelt gibt die Grundlage für die Ver-
>fahren, *wie* sie gemessen werden. Aber *was* so gemessen wird, ist etwas an-
>deres als das Wahrgenommene. *Nur die Wirkungen, in denen sich* [z. B.]
>*Masse, Kraft und Ladung zeigen, sind wahrnehmbar. In ihnen selbst sind
>einheitliche Ursachen* der vielfachen Beziehungen, die sich in der Wahr-
>nehmungswelt feststellen lassen, *konstruiert. Nur die Feststellung und Be-
>stimmung des objektiv Vorhandenen bewegt sich in der Wahrnehmungs-
>welt, das Festgestellte gehört aber nicht dieser an.«*[28]

Daher sei das Festgestellte immer nur zahlenmäßig erfassbar, jedoch »qualitativ unbekannt«.[29] Wenn also ein Wissenschaftler behauptet, es gebe »in Wirklichkeit« gar keine Farben, dann meint
er damit, dass die Eigenschaften der wirklichen Dinge *nicht* sinnesqualitativ und daher von unseren Wahrnehmungsinhalten *kategorial* verschieden sind.

Die Konzeption der Wirklichkeit als eines durchgehend subjektunabhängigen Bereichs hat zur Folge, dass alle Elemente der Wirklichkeit *prinzipiell* nicht beobachtbar sind. Dass meine Krawatte blau ist, bedeutet demnach, dass es eine Reihe von physikalischen Ursachen für den Blau-Ton gibt, die sich ihrerseits der sinnlichen Erfahrung grundsätzlich entziehen. Das macht die Frage nach der Art und Weise, wie die Begriffe der naturwissenschaftlichen Theorie ihre Bedeutung erhalten, zu einem Stolperstein des Realismus.

Tatsächlich erstrecken sich unsere Kenntnisse der subjekttranszendenten Ursache U eines Wahrnehmungsinhaltes stets auf die folgenden zwei Aspekte: (1) U ruft in der sinnesqualitativen Welt bestimmte Wirkungen hervor, einschließlich beobachtbarer Regularitäten. (2) U steht zu anderen subjekttranszendenten Größen in einem mathematisch und quantitativ definierten Verhältnis.

Der springende Punkt ist jedoch der, dass – entgegen Krafts Annahme – (1) und (2) *nicht* hinreichen, um wissenschaftlichen Begriffen einen empirischen Gehalt zu verleihen.

Für sich betrachtet kann (2) keinen empirischen Gehalt festlegen. Das leuchtet unmittelbar ein, denn mathematische Zeichen, die physikalische oder chemische Symbole miteinander verknüpfen, bieten *an sich* ebenso wenig eine empirische Interpretation dieser Symbole wie die ihnen zugeordneten Zahlen. So etwa bleiben die Zeichen C, H und O tote Buchstaben auf dem Papier, und zwar auch *innerhalb* des durch die Formel $C_6H_{12}O_6$ gestifteten Zusammenhanges, solange sie zur Sphäre möglicher Erfahrungen nicht in Beziehung gesetzt werden. Erst wenn eine solche Beziehung hergestellt ist, entsteht aus einem bedeutungslosen Zeichenkomplex die empirisch gehaltvolle Formel für Glukose u.a.

Nun resultiert der empirische Gehalt nach Kraft daraus, dass die durch das komplexe Zeichen $C_6H_{12}O_6$ bezeichneten subjekttranszendenten Objekte in der beobachtbaren Welt bestimmte Wirkungen hervorrufen. Diese Objekte, Moleküle, erfüllen also neben der oben genannten Bedingung (2) auch die Bedingung (1). Die beobachtbaren Wirkungen von $C_6H_{12}O_6$ ergeben das uns wohlbekannte Erscheinungsbild von Zucker, d. h. einer Substanz, die sinnesqualitativ etwa dadurch charakterisiert ist, dass sie süß *schmeckt* und, wie wir *sehen* können, sich in Flüssigkeiten auflöst.

Doch wie sich leicht zeigen lässt, reicht eine *bloß* kausale Verknüpfung zwischen den Gegenständen unserer Alltagsbegriffe und den prinzipiell unbeobachtbaren Gegenständen der wissenschaftlichen Theorie nicht aus, um den empirischen Gehalt Letzterer sicherzustellen. Denn alles, was durch (1) an empirischem Gehalt gewonnen wird, kann durch eine sogenannte *operationale Interpretation* der wissenschaftlichen Begriffe dargestellt werden. Diese verwendet, in Krafts Terminologie, ausschließlich die beobachtbaren Wirkungen der Objekte und Eigenschaften, auf die sich die wissenschaftlichen Begriffe beziehen, um diese Begriffe selbst zu *definieren*. Mit anderen Worten: Die operationale Interpretation wissenschaftlicher Begriffe ignoriert deren subjekttranszendenten »Gehalt« als empirisch gehaltlos. Gleichzeitig verletzt sie Bedingung (1), indem sie die Bedeutung der wissenschaftlichen Begriffe, die sich in der realistischen Sichtweise auf subjekttranszendente Gegebenheiten beziehen, sinnesqualitativ »verschmutzt«. Dazu einige Bemerkungen:

Tatsache ist, dass wir jedes Naturgesetz operational interpretieren können. Wir verzichten dann auf seine realistische Deutung und fassen stattdessen die in ihm auftretenden Begriffe als kognitive Instrumente auf. Diese sollen uns dabei helfen, die Vorgänge *innerhalb* der beobachtbaren Welt zweckmäßig zu systematisieren, vor allem mit Blick auf mögliche Prognosen. Dementsprechend kann man auch von dem Zeichenkomplex $C_6H_{12}O_6$ sagen, er *bedeute* unter anderem, dass, wenn man einen Gegenstand mit dieser chemischen Struktur in den Mund nimmt, sich ein süßer Geschmack einstellen wird und dass, wenn man einen Gegenstand mit dieser chemischen Struktur in eine Flüssigkeit taucht, zu sehen sein wird, dass er sich auflöst. Da bei komplexeren wissenschaftlichen Gegebenheiten die Menge möglicher Beobachtungskonstellationen so gut wie unausschöpfbar ist, bleibt deren operationale Interpretation stets unvollständig. Das freilich ist kein Einwand, denn in der operationalen Sichtweise haben wissenschaftliche Theorien die Aufgabe, möglichst viele beobachtbare Regelmäßigkeiten möglichst ökonomisch miteinander zu verknüpfen.

Zwar mag man behaupten, dass sich die wissenschaftlichen Theorien, trotz der Festlegung ihres empirischen Gehalts mit Hilfe sinnesqualitativer Begriffe, in Wirklichkeit auf subjekttranszendente Gegebenheiten beziehen. Man kann so reden, aber das macht auf der Ebene der operationalen Bedeutungsfestlegung nicht den geringsten Unterschied. Denn man sagt dadurch nichts weiter, als dass die wissenschaftlichen Begriffe zusätzlich zu ihrer empirischen Bedeutung auch dadurch charakterisiert sind, dass sie Ursachen der Art U bezeichnen, also Wirkgrößen, die *prinzipiell* nicht beobachtbar und daher *nicht*-empirisch sind. Das heißt aber, der realistische Begriff der physikalischen Ursache steht hier nur für ein X, das der empirischen Bedeutung der wissenschaftlichen Zeichen nicht das geringste hinzufügt.

Es gibt daher, besonders in Disziplinen wie Mikrophysik und Kosmologie, immer wieder Fachgelehrte, die sich einer realistischen Interpretation ihrer eigenen Theorien verweigern. Auch der Erfolg des philosophischen Konstruktivismus ist zu einem guten Teil ein Ergebnis der Unmöglichkeit, den wissenschaftlichen Realismus philosophisch zu explizieren. Der philosophische Konstruktivist beharrt darauf, dass die sogenannte objektive Wirklichkeit in jedem Fall ein Ergebnis des verwendeten begrifflichen Rahmenwerks sowie der biologischen, psychologischen und kulturellen Verfassung des Erkenntnissubjekts darstelle. Der radikale Konstruktivist behauptet sogar, dass die Idee einer objektiven Realität eine pure Illusion ohne Gehalt, eine Fiktion unseres Gehirns oder das Ergebnis einer antipluralistischen Wissensideologie – »*die* Wirklichkeit, *die* Wahrheit« – sei.[30]

Ungeachtet solcher Tendenzen und Moden bleibt allerdings festzuhalten: Die Annahme einer Realität, deren Existenz unabhängig ist von den Subjekten, die sie empfinden, wahrnehmen und erkennen, gehört zu den Bausteinen unserer natürlichen Weltsicht, der auch die Naturwissenschaften verpflichtet sind. Das bedeutet, dass die Wahrheit des simplen Satzes »Meine Krawatte ist blau« die Existenz einer Außenwelt voraussetzt, gleichgültig, ob wir von einer alltäglichen oder wissenschaftlichen Analyse der Farben ausgehen. Die Lösung des Wirklichkeitsproblems ist für die Frage, ob wir tatsächlich erkennen können, dass meine Krawatte blau *ist* (und nicht bloß als blau erscheint), keineswegs unerheblich.

Der radikale Konstruktivist sieht zwar das Problem des Realismus. Er übersieht jedoch, dass die anti-realistische Lösungsstrategie, die er anbietet, ein noch viel größeres Problem heraufbeschwört, nämlich den Solipsismus, der auf alle Fälle unannehmbare Folgen hat.

Fazit. Aus dem Gesagten geht hervor, dass wir auf den Begriff einer subjektunabhängigen Wirklichkeit nicht verzichten können. Dennoch endet jeder Versuch, einen solchen Wirklichkeitsbegriff zu explizieren, entweder bei subjektiven Daten (Sinneseindrücken) oder bei einem empirisch unbestimmbaren X als der wahren Ursache aller empirisch bestimmbaren Phänomene. Wir können also, streng genommen, nicht sagen, was der Satz »Meine Krawatte ist blau« *bedeutet.* Daher können wir, philosophisch gesprochen, auch nicht sagen, was es heißt zu erkennen, dass meine Krawatte blau *ist.*

§ 5
Der große Zirkel des Erkennens und die Schwelle zur Metaphysik

Es wurde dargelegt, dass man nicht an allem zweifeln kann. Ich kann nicht daran zweifeln, dass ich, wenn ich zweifle, ein Ich-Bewusstsein habe. Wenn ich zweifle, dann weiß ich zugleich, dass *ich* zweifle. Dabei kann ich auch nicht daran zweifeln, dass ich eine *Evidenz* habe, die ich als Zweifel identifiziere. Solche Evidenzen sind selbstpräsentierend. Doch die Grenzen des selbstpräsentierenden Gehalts von Phänomenen sind eng gezogen. Denn die Zustände und Eigenschaften, die sich selbst präsentieren, sind stets subjektiv. Gefragt ist aber die Möglichkeit von gerechtfertigter objektiver Erkenntnis.[31]

Der Skeptiker, soweit er hier vorgestellt wurde, arbeitet mit folgenden Hauptargumenten: (1) Kompetenter Konsens allein liefert kein Erkenntniskriterium. (2) Der Begriff der Wahrheitsannäherung lässt sich nicht explizieren. (3) Der Begriff der induktiven Wahrscheinlichkeit lässt sich nicht explizieren. (4) Deduktives Beweisen führt in einen unendlichen Regress, es sei denn, man bricht bei Sätzen ab, die irrtumssicher sind. (5) Irrtumssichere synthetische Sätze sind, wenn überhaupt, allein Sätze über selbstpräsentierende Merkmale und Zustände. Diese jedoch informieren stets nur über subjektive Sachverhalte. (6) Um objektive Sachverhalte zu erkennen, bräuchten wir ein »Fenster« zur Außenwelt hin: Wir bräuchten eine direkte Wahrnehmung von Dingen. Wir haben aber kein solches Fenster. (7) Der evolutionäre Rechtfertigungsversuch unserer Erkenntnis bewegt sich in einem fehlerhaften Zirkel.

Wir gehen heute davon aus, dass uns viele Fähigkeiten und Tendenzen, das sensorische Material zu strukturieren, angeboren sind, so auch die Unterscheidung zwischen Innen- und Außenwelt oder die Unterscheidung zwischen Ursache und Wirkung. Wir bilden Hypothesen über den Zusammenhang zwischen erstens der Struktur und Arbeitsweise unseres zentralnervösen Systems, zweitens unseren Sinneseindrücken und drittens der Beschaffenheit der Außenwelt. Wir tun das, um alle Teile unseres empirischen Wissens so gut wie möglich zu organisieren (dichte Vernetzung der Begriffe, logische Konsistenz) und um unsere Voraussagekapazität zu optimieren. In diesem Rahmen bietet die Evolutionstheorie ein starkes Argument dafür, dass wir zur Erkenntnis der Außenwelt fähig sein müssen – sonst hätten wir keine Überlebenschancen gehabt –, auch wenn uns gewisse Grenzen unserer Erkenntniskapazität für immer verborgen bleiben mögen.

Und doch gibt es in dem ganzen System kaum einen wichtigen einzelnen Erkenntnispunkt, den der Skeptiker nicht angreifen könnte. Darüber hinaus kann der Skeptiker auf der Zirkularität unseres ganzen Systems der Rechtfertigungen beharren. Um unsere Beobachtungssätze zu rechtfertigen, müssten wir die Naturgesetze, die sie implizieren, schon gerechtfertigt haben; deren Rechtfertigung wiederum setzt Beobachtungssätze voraus, die ihrerseits bereits gerechtfertigt sein müssten. Alle Versuche, Erkenntnisse über die Welt zu rechtfertigen, bewegen sich also notgedrungen in einem Zirkel, der freilich um so weniger als fehlerhaft erscheinen wird, je weitläufiger er ist und je unbemerkter er daher bleibt. Wir leben als Erkennende zumeist in einer *Illusion der Zirkellosigkeit*. Der Skeptiker wird allerdings darauf beharren, dass das die Sache nicht besser mache. Eine Illusion, die unbemerkt bleibt, ist noch immer eine Illusion.

Aber was würde es bedeuten, wenn der Skeptiker das ganze System angreifen wollte? Wäre das nicht so, als ob jemand sagen wollte, das ganze Leben sei ein Traum, und dann doch gezwungen wäre, innerhalb des Lebens zwischen Perioden des Wachens und Träumens zu unterscheiden? Wenn das ganze Leben ein Traum ist, dann bedeutet »Träumen« *als* Leben etwas anderes als »Träumen« *im* Leben. Was es bedeutet, das könnte nur jemand sagen, der außerhalb des Lebens steht – Gott.

Ist das nicht eine Zurückweisung der umfassenden Skepsis? Kein Skeptiker kann den Standpunkt Gottes einnehmen. Der Skeptiker wird erwidern, dass die Analogie nicht stimme. Er wird zugeben, dass unsere Begriffe des Träumens und Wachens Begriffe sind, deren Bedeutung sich aus dem Wechsel von Träumen und Wachen *im* Leben ergibt. Davon zu unterscheiden sei jedoch die Erkenntnisfrage. Denn wenn sich auf so gut wie alle unsere empirischen Behauptungen *im Einzelnen* skeptisch reagieren lasse, dann müsse das auch für das Gesamtsystem gelten. Und in der Tat: Das Ganze der möglichen Erkenntnis ist, so ließe sich argumentieren, nichts weiter als die Summe aller Einzelbehauptungen. Es ist also in Wahrheit immer dieselbe Skepsis, um die es sich handelt, und nicht einerseits die menschenmögliche und andererseits, bezogen auf das Gesamtsystem unseres vorgeblichen Wissens, eine Skepsis, die nur einem Gott offen stünde.

Doch lässt sich nicht auch hinsichtlich *jeder* Phase des Wachseins ein Traumvorbehalt anmelden? Warum dann aber, konsequent gedacht, nicht hinsichtlich *aller* Phasen des Wachseins, so dass es also durchaus nicht sinnlos wäre anzunehmen, das ganze Leben sei ein Traum ...

Es ist kaum zu übersehen, dass der Skeptiker am Schluss Begriffe und Argumente verwenden muss, von denen er, *als Skeptiker*, nicht mehr sagen kann, ob sie überhaupt noch sinnvoll sind. In diesem Moment verstummt er oder er betritt das Gebiet der Metaphysik – nicht um es aufzulösen, sondern um Boden zu gewinnen.

Das tiefere Paradox der philosophischen Skepsis besteht darin, dass sie ohne Metaphysik nicht existieren kann.

Teil B
Metaphysisches Denken

§6
Der Begriff der Metaphysik

I

NEGATIVE CHARAKTERISIERUNG – Was versteht man unter Metaphysik? Eine möglichst allgemeine Antwort könnte folgendermaßen lauten:

(a) Die Metaphysik behandelt all jene Probleme, die weder rein analytisch noch rein empirisch sind, d. h. weder aufgrund von begrifflichen Untersuchungen allein noch mit Hilfe der Erfahrung direkt oder indirekt entschieden werden können.

(b) Die Metaphysik behandelt aber auch keine Wertprobleme. Sie ist weder ethisch in dem Sinne, dass es ihr um die Lösung konkreter moralischer Fragen ginge, noch ist es ihre Aufgabe, ästhetische Urteile und Prinzipien zu begründen. Mit Ethik und Ästhetik befasst sich die Metaphysik nur insofern, als Ethik und Ästhetik »transzendental« sind; das jedenfalls war der Standpunkt Wittgensteins, und über ihn wird noch zu sprechen sein.

(c) Doch die Metaphysik ist, trotz des ihr innewohnenden Transzendentalismus, keine Theologie. Metaphysische Argumente sind nicht dogmatischer Art, sie sind nicht abhängig von einem der Philosophie vorgelagerten und ihr übergeordneten Glauben.

Eine solche Antwort auf die Frage, was man unter Metaphysik verstehe, ist natürlich unbefriedigend. Sie ist durchgehend negativ. Indessen ist nicht von vornherein klar, wie eine allgemeine positive Antwort lauten könnte. Denn die Probleme, die herkömmlicherweise der Metaphysik zugerechnet werden, zeigen an der Oberfläche eine große Vielfalt; und die Einheit in dieser Vielfalt ist auf den ersten Blick kaum zu erkennen.

II

HAUPTGRUPPEN METAPHYSISCHER PROBLEME – Die rein negative Charakterisierung der Metaphysik lässt sich zunächst dadurch ergänzen, dass eine Liste der wichtigsten Fragen erstellt wird, die in der Schulphilosophie als »metaphysisch« gelten. Eine solche Liste umfasst jedenfalls die folgenden Themen:

Das Kategorienproblem: Was sind die fundamentalen, nicht weiter zerlegbaren begrifflichen Elemente, mit deren Hilfe wir unsere Erfahrungen und Erkenntnisse strukturieren? Sind es Begriffe, die auf Sinnesdaten Bezug nehmen, oder auf Dinge und Eigenschaften der Außenwelt, oder was sonst? Gibt es bloß *ein* richtiges System von grundlegenden Begriffen, »Kategorien«, oder müssen wir mit verschiedenen gleichberechtigten »categorial frameworks« rechnen?

Das Geist-Körper-Problem: Was ist das Psychische im Unterschied zum Physischen? Ist das Erstere auf das Letztere reduzierbar? Wenn das nicht der Fall sein sollte, wie arbeiten dann Körper und Geist zusammen?

Das Realismusproblem: Gibt es eine Außenwelt, die unabhängig von den Subjekten, die sie erkennen, existiert, oder ist die Außenwelt bloß eine Konstruktion aus subjektiven Daten und sprachlichen Manipulationen?

Das Raum-Zeit-Problem: Was ist das Wesen von Raum und Zeit? Sind Raum und Zeit Gegebenheiten des Bewusstseins, oder existieren sie objektiv, d. h. unabhängig von den Subjekten, die alle Erfahrungsgegebenheiten als raum-zeitlich erleben?

Das Problem des Personseins: Sind Personen, d. h. Wesen, die zu sich selbst »ich« sagen, nichts weiter als empirische Entitäten, »psycho-physische Komplexe«, oder sind sie kraft ihrer Ichhaftigkeit und ihres Selbstbewusstseins mehr? Gibt es ein transzendentales Subjekt? Worauf begründet sich die Identität einer Person?

Das Problem der Willensfreiheit: Bedeutet der freie Wille einfach, dass wir beim Wollen und Handeln nicht von solchen empirischen Ursachen beherrscht werden, die wir als »Zwang« auffassen? Oder setzt der freie Wille voraus, dass wir als Handelnde, die moralisch zurechnungsfähig sind, zugleich so etwas wie »Erste Beweger« sein können, d. h. Wesen, deren Handlungen nicht vollständig auf empirische Ursachen zurückführbar sind?

Das Problem der Existenz von Werten: Was ist das Wesen moralischer und ästhetischer Werte? Existieren Werte objektiv, oder sind sie bloß subjektive Gegebenheiten?

Das Problem des Sinns des Lebens: Was ist das für eine Art von

»Sinn«, und ist es überhaupt sinnvoll, vom Sinn *des* Lebens zu sprechen?

Das Problem des Todes: Der eigene Tod ist ein Faktum des Lebens, aber nicht »meines Lebens«, denn der Tod entzieht sich meinem Bewusstsein wie der traumlose Schlaf; nur dass es dabei kein Erwachen gibt.

Das Problem einer Grenze der Welt: »Die Grenzen meiner Sprache bedeuten die Grenzen meiner Welt«, sagt Wittgenstein. Gibt es eine Grenze der Sprache und des Denkens, die festlegt, was »die Welt« ist, und wenn ja, wie kann der Begriff einer Grenze, die man nur »von innen her« kennt, verständlich gemacht werden?

Das Gottesproblem: Existiert Gott? Und wenn, was ist dann sein Wesen? Und wie können wir über dieses Wesen reden, wenn Gottes Existenzform unbedingt und absolut ist?

III

Kennzeichen metaphysischer Sätze – Eine immerhin teilweise positive Charakterisierung des Wesens der Metaphysik kann man gewinnen, indem man nach den typischen Kennzeichen metaphysischer Sätze fragt:

(a) Diese Sätze sind offensichtlich weder analytisch noch empirisch, aber sie sind für denjenigen, der die oben aufgezählten Probleme nicht einfach für sinnlos hält, trotzdem gehaltvoll (*synthetisch*).

(b) Dass metaphysische Sätze gehaltvoll sind, bedeutet, dass sie sich, im Gegensatz zu analytischen Sätzen, ohne Widerspruch verneinen lassen. Gleichzeitig jedoch lassen sie sich, im Gegensatz zu empirischen Sätzen, nicht durch eine Überprüfung an der Wirklichkeit rechtfertigen, sondern nur durch *genuin* philosophische Argumente. Das setzt voraus, dass es solche Argumente tatsächlich gibt.

(c) Metaphysische Probleme beziehen sich also auf »Gegebenheiten«, über die korrekt nicht anders als unter Verwendung von Sätzen gesprochen werden kann, die zwar gehaltvoll, aber nicht empirisch sind. Wenn daher metaphysische Sätze einen Sinn haben sollen, dann muss es einen *genuin philosophischen Gehalt* geben. Dieser Gehalt kann sich auf keine anderen Gegebenheiten beziehen als auf transzendente oder, wenn man will, transzendentale. (Beide Ausdrücke werden im Folgenden weitgehend synonym verwendet.)

IV

EIN BEISPIEL: EXISTENZ IN DER ZEIT – Es lässt sich nicht leugnen, dass wir erst dann wissen, was Metaphysik ist – und ob es sich bei der Metaphysik überhaupt um ein sinnvolles Unterfangen handelt –, wenn wir plausibel machen können, dass es einen *genuin philosophischen Gehalt* gibt.

Zunächst sei ein Beispiel für eine typisch philosophische Reflexion angeführt, die von der Alltagserfahrung ausgeht und dabei über sie »hinausgetrieben« wird – hin zur Metaphysik:

Erster Schritt. Eine Person P macht sich Gedanken über den Zusammenhang zwischen Existenz, Gegenwart und Erfahrung. Erfahrbar ist weder das, was in der Zukunft liegt (es beginnt ja erst zu existieren), noch jenes, das vergangen ist (all das Vergangene hat bereits aufgehört zu existieren). Was aber, fragt P, ist die Gegenwart?

Zweiter Schritt. P betrachtet den Radiergummi G, der vor ihr auf dem Tisch liegt. G selbst scheint sich nicht zu verändern. Doch P weiß, dass die Zeit vergeht. *Der* Radiergummi, der vor einer Sekunde existierte (G_1), ist nun verschwunden; er ist in die Vergangenheit zurückgesunken. Und *der* Radiergummi, der erst in einer Sekunde existieren wird (G_2), ist noch nicht wirklich. Der Radiergummi G existiert offensichtlich immer nur insofern, als er der in der Gegenwart existierende Radiergummi, G_0, ist.

Dritter Schritt. Aber was ist die Gegenwart? fragt sich P. Das kann nicht ein physikalisch bestimmter Augenblick sein, denn dieser ist, wie auch immer definiert, jedenfalls viel zu kurz, als dass P in *diesem* Augenblick etwas erfahren könnte. Es geht also, folgert P, um den »erfahrbaren Augenblick«, der sich messen lässt. Man kann experimentell den zeitlichen Schwellenwert ermitteln, der gerade noch hinreicht, um einen Radiergummi vor sich zu sehen. Also ist das ganze Problem doch ein empirisches? Nein, sagt nun P, denn dann würde die Frage der Existenz des Radiergummis davon abhängen, wie groß oder klein *mein* Schwellenwert ist; die Existenz von G würde in Abhängigkeit von der

Beschaffenheit *meiner* Sinnesorgane und *ihrer* Arbeitsweise treten. Das ist nicht akzeptabel. Angenommen, es gibt eine Person Q, deren Schwellenwert wesentlich höher ist als meiner. Dann würde die Existenz desselben Radiergummis G, wenn ich und Q ihn gleichzeitig betrachten, dennoch *nicht* dieselbe zeitliche Erstreckung haben. Man könnte dann also auch nicht davon reden, dass P und Q *denselben* Radiergummi betrachten, denn G_0 (der im erfahrbar gegenwärtigen Augenblick existierende Radiergummi) ist für uns beide stets verschieden. Zum Beispiel existiert mein G_0 noch, wenn dein G_0 bereits verschwunden ist, weil mein visueller Schwellenwert niedriger ist als deiner.

Vierter Schritt. P kommt in folgendes Dilemma: Entweder die Existenz von G ist abhängig von der Beschaffenheit von P, dann existiert G gar nicht wirklich, sondern nur als ein Erscheinungsbild innerhalb eines erlebten Augenblicks. Oder die Existenz von G bedeutet: »Existenz während eines physikalischen Augenblicks«. Dann könnte P keine Erfahrung vom wirklich existierenden G machen und würde immer nur das von G sehen, was schon nicht mehr existiert (eine Art »Nachbild«) – so wie viele der Sterne, die wir nachts am Himmel strahlen sehen, bereits lange erloschen sind.

Fünfter Schritt. Es gibt Naturwissenschaftler, die diese zweite Sicht der Dinge für die richtige halten und *daher* der Meinung sind, das ganze Problem sei letzten Endes empirisch zu lösen. Aber sie sind im Irrtum. Wenn wir von einem »Zeitquant« ausgehen, d. h. der kleinsten zeitlichen Erstreckung, die mit den denkbar feinsten Uhren im Universum gemessen werden kann, dann bleibt doch wahr, dass diese Erstreckung eine *Erstreckung* ist. Sie hat einen Anfang und ein Ende, die beide *nicht* zusammenfallen. Zeitquanten können also keine Definition des physikalischen Augenblicks liefern. Letzterer lässt sich nicht anders charakterisieren als dadurch, dass bei ihm Anfang und Ende unendlich nahe beieinander liegen. Wie klein ein Zeitquant auch sein mag, es hat notwendigerweise eine Vergangenheit und/oder eine Zukunft, und es ist daher niemals klein genug, um ein Augenblick im physikalischen Sinne zu sein. Wenn nun aber die Gegenwart exakt *dieser* Augenblick ist, dann muss sie selbst unendlich klein sein, ein Punkt zwischen zwei Unendlichkeiten, der Vergangenheit und der Zukunft.

Sechster Schritt. Wie vermag dann jemals überhaupt irgendetwas zu existieren?, fragt sich *P*. Welche Antwort der Physiker darauf auch geben mag, es *kann* keine Antwort auf das Problem von *P* sein (etwa so, wie es eine physikalische Antwort auf das zenonsche Paradox gibt, demzufolge der flinke Achilles die langsame Schildkröte nicht einholen kann[32]).

Resümee. (1) *P* hat ein Problem, das kein analytisches ist. Es lässt sich weder durch logische Operationen noch durch Definitionen beseitigen. Es ist ein inhaltliches Problem. (2) Das Problem verschwindet, sobald wir uns auf die Ebene des Alltags oder der Wissenschaft zurückziehen. Ich schaue den Radiergummi vor mir auf dem Tisch an und sehe, dass er existiert; ich wende mich von ihm ab und weiß, dass er dort auf dem Tisch liegt, was einschließt, dass er existiert. Wenn ich nicht einer groben Sinnestäuschung unterliege, dann existiert, sofern ich den Radiergummi sehe, ein physikalisches Objekt, dessen sinnesqualitative Repräsentation der von mir gesehene Radiergummi ist und dessen Existenz man mit physikalischen Methoden erhärten kann. (3) Das Problem von *P* taucht auf, sobald wir grundsätzlich über den Zusammenhang von Begriffen wie »Existenz«, »Gegenwart« und »Erfahrung« nachdenken. Es handelt sich dabei um fundamentale Begriffe unserer Erkenntnis, um Kategorien. (4) Kategorienprobleme aber sind, obwohl mit empirischen Fragen eng verbunden, auf diese nicht reduzierbar. Sie haben keine empirische Lösung, weil sie, so könnte man mit Kant sagen, das Feld der möglichen Erfahrung überhaupt erst strukturieren. (5) Kategorienprobleme sind der Musterfall metaphysischer Probleme.

V

DIE APORETISCHE (DILEMMATISCHE) STRUKTUR METAPHYSISCHER PROBLEME[33] – Wir sehen deutlicher, was ein Kategorienproblem ist, wenn wir versuchen, ein derartiges Problem »wegzuerklären«:

Erster Schritt. Vom Standpunkt des Alltags aus gibt es ein Dilemma, wie es *P* vorschwebt, nicht. Denn es ist »natürlich«, davon zu reden, dass ein Ding eine Zeitlang existiert. So zum Beispiel existiere ich seit 50 Jahren. Ich könnte für diesen Umstand eine Menge Beweismaterial liefern: Auf meiner Geburtsurkunde steht das Datum meiner Geburt. Meine Mutter lebt noch, auch sie kann bezeugen, dass ich seit 50 Jahren existiere. Viele Menschen haben meinen Lebensweg von meinen ersten Tagen bis heute gekreuzt, und sie alle könnten für Teilabschnitte meines Lebens als Zeugen fungieren. Die Frage der Dauer meiner Existenz ist doch kein metaphysisches Problem; sie ist empirisch und lässt sich empirisch lösen.

Zweiter Schritt. Was also ist falsch an der Argumentation von P und dem Dilemma, in das sie einmündet? Hier eine Antwort: Gegenwärtig zu existieren, schließt nicht aus, 50 Jahre lang zu existieren. Ich lebe schon 50 Jahre lang, und das ist wahr, wie immer der Ausdruck »gegenwärtig« interpretiert werden mag. Auch wenn die Gegenwart ein ausdehnungsloser Punkt sein sollte (was sie im Sprachgebrauch des Alltags sicher nicht ist), so bleibt es doch wahr, dass ich seit 50 Jahren existiere, ohne dass ich unterstellen müsste, all diese Jahre seien eine Art von Gegenwart.

Dritter Schritt. P, der Metaphysiker, wird eine solche Antwort nicht ohne weiteres akzeptieren. Er wird bloß zugeben, dass es eine höchst nützliche Konvention ist zu sagen, dass Dinge oder Personen eine Zeitlang existieren. In diesem Sinne umfasst die Existenz des Radiergummis G die Existenzen von G_1, G_0 und, wahrscheinlich, G_2. Doch gleichzeitig ist wahr, dass die G_1-heit von G nicht mehr existiert, so wie es wahr ist, dass ich kein Baby mehr bin. Im Alltag stellen wir uns vor, dass es einen Radiergummi gibt, der eine Zeitlang existiert und dabei seine Eigenschaften ändert (oder auch nicht). Es sind die Eigenschaften, die kommen und gehen (oder auch nicht), und nicht der Radiergummi selbst, solange er existiert. Gegen diese Konstruktion wendet P ein, dass es vollkommen mysteriös sei, worin die Existenz eines Radiergummis *abzüglich all der Eigenschaften, die bereits vergangen sind,* bestehen könnte, wenn nicht in *der* Existenz, die zur notwendigen Voraussetzung existierende, d. h. *gegenwärtige* Eigenschaften hat.

Vierter Schritt. Man sieht ohne weiteres, dass sich der Einwand von P nicht parieren lässt, indem man darauf hinweist, dass auch Eigenschaften »eine Zeitlang« existieren können, ja dass »Augenblickseigenschaften« die Ausnahme sind. Denn auch die zeitüberdauernden Eigenschaften analysiert der Metaphysiker als bloße Konventionen oder Konstruktionen, an denen man aus Nützlichkeitsgründen festhält, die aber ontologisch nicht zu retten sind. Ontologisch fundamental ist nur das jeweils gegenwärtige Merkmal; es existiert in einem einfachen, nicht weiter analysierbaren Sinne. Es hört auf zu existieren, sobald die jeweilige Gegenwart zur Vergangenheit wird.

Das zeitüberdauernde Merkmal hört zwar mit der jeweiligen Gegenwart nicht zu existieren auf, es ist allerdings auch nicht fundamental; seine Existenz hängt von der Existenz ontologisch fundamentaler Merkmale ab, die zueinander in einer bestimmten Beziehung stehen. Wenn es demnach zum Beispiel wahr ist, dass ich seit meiner Geburt männlich bin, so ist es ebenfalls wahr, dass mein Männlichsein auf Merkmalen beruht, die ontologisch fundamental und daher immer nur »augenblicklich«, also nicht zeitüberdauernd, existieren.

Resümee und Ausblick. Bei dem Versuch, metaphysische Probleme wegzuerklären, stoßen wir auf folgende Alternative: *Entweder* die Kategorien des Alltags sind fundamental (abgesehen davon, dass sie im Laufe der Zeit durch wissenschaftliche Erkenntnisse verfeinert und präzisiert werden): Dann hat es keinen Sinn, die Kategorien des Alltags auf noch einfachere Begrifflichkeiten zurückführen zu wollen. *Oder* die Kategorien des Alltags sind nicht fundamental ...

Das Eigentümliche des metaphysischen Diskurses wurzelt darin, dass diese Alternative in der angezeigten Stringenz (»Entweder-Oder«) gar nicht besteht. Denn einerseits werden wir beim Nachdenken über alltägliche Erfahrungs- und Erkenntnissituationen oft dazu veranlasst, die Kategorien des Alltags als *nicht* fundamental zu betrachten. So etwa führt uns die einfache Frage nach der Existenz von G zu den Objekten G_1, G_0 und G_2. Doch andererseits gelangen wir bei dem Versuch, die wahren ontologischen Fundamente unseres Alltags freizulegen, zu Ergebnissen, die aporetisch sind und die, wären sie praktisch wirksam, unsere Weltsicht – bis hin zu unserer Fähigkeit, überhaupt eine Weltsicht zu entwickeln – vernichten würden. Man denke an G_0 als Augenblicksobjekt.

In den folgenden Paragraphen werden wir sehen, dass dieselbe Konstellation immer wiederkehrt, beim Nachdenken sowohl über die Begriffe der Wahrnehmung und der Realität als auch des Fremdpsychischen, des freien Willens und der personalen Identität. Doch um eine möglichst kritische Perspektive zu gewährleisten, werden wir all diese Probleme zunächst durch die Augen von Philosophen betrachten, die, aus zum Teil unterschiedlichen Gründen, das metaphysische Reden insgesamt für sinnlos hielten, wie zum Beispiel Moritz Schlick, Rudolf Carnap, Ludwig Wittgenstein und Gilbert Ryle.

Im Gegensatz dazu werde ich zu zeigen versuchen, dass die metaphysischen Probleme nicht aus irgendwelchen Obskurantismen oder einfach Irrtümern des Denkens erwachsen, sondern aus dem Umstand, dass unsere natürliche Weltsicht erfordert, auf *transzendente* »Dinge« Bezug zu nehmen. Solche Dinge sind mit Hilfe empirischer Begriffe nicht zu explizieren; dennoch sind sie aus ontologischen Gründen unverzichtbar. Einzig transzendente Gegebenheiten sind von den Subjekten der Erfahrung, ihren Gehirnen, Nervensystemen, Sinnesorganen und kategorialen Rahmenwerken unabhängig.

So zum Beispiel ist es unmöglich, den transzendenten Aspekt in unserer Idee der Zeit fallen zu lassen, der, wie gezeigt, nicht auf erfahrbare Einheiten der Zeit zurückführbar ist. Würden wir die Zeit ernsthaft auf das reduzieren, was wir als zeitliche Ausdehnung wahrnehmen, dann wäre die Existenz aller Dinge von der Konstitution der Wahrnehmungssubjekte abhängig. Ohne die Transzendenz der Zeit wären alle Dinge bloß Erscheinungen, d. h. nicht wirklich real. Das freilich ergäbe ebenfalls keinen Sinn. Erscheinung und Realität sind Komplementärbegriffe, die einander bedingen. Zu sagen, es gibt nur Erscheinungen, ist, als ob man sagen wollte, es gibt nur Dinge, die rechts, und keine, die links sind.

§ 7
Ryles Angriff: Kategorienfehler

I

UNECHTE PARADOXA – Es gibt unechte Paradoxa, die darauf beruhen, dass ein Problem so behandelt wird, als ob es in Wahrheit ein Problem aus einer anderen Sach- oder Begriffssphäre wäre. Ein Beispiel:

Zenon von Elea (um 490/85-430 v. Chr.), prominentester Schüler des Parmenides, stellte die Behauptung auf, der flinke Achilles könne eine Schildkröte, die vor ihm liefe, niemals einholen: Angenommen, der Anfangsabstand zwischen beiden betrage 1000 Meter und Achilles laufe um das Hundertfache schneller als die Schildkröte. Hat Achilles die 1000-Meter-Marke erreicht, ist die Schildkröte inzwischen um 10 Meter weitergekommen. Nun muss Achilles nur noch diese wenigen Meter überwinden; doch sobald er die 1010-Meter-Marke erreicht, liegt die Schildkröte immer noch 10 Zentimeter vorne. Achilles schickt sich also an, auch diese kleine Strecke zu überwinden, doch kaum hat er die 1010-Meter-und-10-Zentimeter-Marke erreicht, liegt die Schildkröte 1 Millimeter vor ihm . . .

Die Pointe ist klar: Sie lautet »und so weiter, und so fort«, der Abstand wird zwar immer winziger, aber wie klein er auch sein mag, es sind immer noch *unendlich viele Schritte* nötig, damit Achilles die Schildkröte erreicht. Weil kein endliches Wesen unendlich viele Schritte durchlaufen kann, wird Achilles die Schildkröte niemals einholen.

Was in den Gymnasiallehrbüchern der Mathematik gerne als »Lösung« der zenonschen Paradoxie ausgegeben wird, ist allerdings keine. Denn es wird, um das Wesen der Infinitesimalrechnung zu verdeutlichen, *angenommen,* dass Achilles *tatsächlich* unendlich viele Schritte ausführen kann, wobei jeder Schritt eine endliche zeitliche Erstreckung hat, die von Mal zu Mal abnimmt und gegen Null konvergiert. Das ergibt bis zu dem Punkt, an dem Achilles die Schildkröte einholt, einen endlichen Zeitwert. *Tatsächlich* aber kann Achilles *nicht* unendlich viele Schritte setzen.

In Wahrheit beruht die zenonsche Paradoxie auf zwei Fehlern, von denen der erste philosophisch interessanter, weil begrifflicher Natur ist.

Der begriffliche Fehler. Es wird unterstellt, die Aufgabe von Achilles bestünde darin, die Schildkröte dadurch »einzuholen«, dass er jeweils den Punkt erreicht, an dem sie sich befindet, sobald er zu laufen beginnt. Wenn dies die Aufgabe ist, und wenn wir annehmen, dass räumliche Strecken unendlich teilbar sind, dann kann Achilles die Schildkröte nicht einholen. Stattdessen muss Achilles immer kleinere und kleinere Schritte machen, um den Punkt, den er jeweils erreichen soll, nicht zu verfehlen, also über ihn *hinauszulaufen*. Das ist absurd. Denn »einholen« meint hier nicht »einen Punkt erreichen und, von ihm ausgehend, den nächsten Punkt erreichen usw.«. »Die Schildkröte einholen« meint nicht »die Schildkröte *nicht* überholen«, sondern ganz im Gegenteil »den Punkt überschreiten, an dem sie sich befindet«, d. h. »die Schildkröte *überholen*«. So verflüchtigt sich auch der Eindruck des Paradoxen sofort. Wenn wir davon ausgehen, dass Achilles Schritte von einem Meter Länge macht und dass er für jeden Schritt eine Zehntelsekunde benötigt, dann hat er, die 1000-Meter-Marke nach 1 Minute und 40 Sekunden überschreitend, die Schildkröte nach weiteren 11 Zehntelsekunden überholt.[34]

Der empirische Fehler. Zenon geht davon aus, dass sich physikalische Strecken so verhalten wie mathematische. Daher überträgt er die mathematische Begrifflichkeit (die unendliche Teilbarkeit einer Strecke) auf den Bereich der materiellen Phänomene. Demnach gibt es zu jeder noch so winzigen Strecke, die Achill durchmisst, eine immer noch winzigere, um die ihm die Schildkröte voraus ist. Aber schon die antike und klassische Atomistik nahmen an, dass selbst die kleinste physikalisch mögliche Strecke noch eine Erstreckung hat, die nicht mehr weiter gegen Null konvergiert. Heute geht man davon aus, dass Elementarteilchen ein diskontinuierliches räumliches Verhalten zeigen. Beispielsweise wechseln Elektronen beim Quantensprung von einem Ort zum andern *ohne* Zeitverlust, was bedeutet, dass sie die zwischen beiden Orten liegende Strecke *nicht* durchlaufen. Wie immer man solche Phänomene deutet, ihre Faktizität lässt sich keinesfalls durch rein begriffliche Überlegungen aus der Welt schaffen.

Beide Fehler, so könnte man sagen, beruhen darauf, dass ein Problem, das einer bestimmten Begriffs- oder Sachsphäre *A* angehört, so dargestellt wird, als ob es einer anderen Sphäre *B* angehörte. Gehörte es jedoch tatsächlich *B* an, so würde es eine Antwort erfordern, die jener, die wir erwarten – weil wir es intuitiv der Sphäre *A* zurechnen –, diametral zuwiderliefe. Im Falle der zenonschen Paradoxie wird so getan, als ob das Problem des Achilles darin bestünde, immer wieder genau den Punkt zu erreichen, den die Schildkröte bereits verlassen hat, während wir intuitiv-korrekt davon ausgehen, dass das Problem des Achilles darin besteht, die Schildkröte zu überholen. Außerdem wird hier ein Problem, das im Raum der Physik angesiedelt ist, in die Sphäre der reinen Mathematik verlegt. (Ob allerdings im letzteren Fall eine solche Transposition unerlaubt ist, entzieht sich einer rein begrifflichen Analyse. Warum sollte eine physikalisch definierte Strecke nicht unendlich teilbar sein? Darauf gibt es keine Antwort *a priori*.)

II

EIN KLASSISCHER KATEGORIENFEHLER: SEIN ALS PRÄDIKAT – Der Kirchenlehrer Anselm von Canterbury (1033-1109) behauptet in einem seiner Werke, dem *Proslogion*, Gott als dem Wesen, über das hinaus sich nichts Größeres denken lasse, komme das Merkmal der Existenz nicht nur zu, sondern eigne ihm sogar notwendig. Demnach wäre »sein« ein definitorisches Merkmal von »Gott«. Kant hat dagegen eingewendet, dass Anselms Gottesbeweis unter anderem deshalb defekt sei, weil er unterstelle, dass das Wörtchen »sein« als Prädikat verwendet werden dürfe. Kant vertritt demgegenüber den Standpunkt, dass das Wörtchen »sein« eine kategorial andere Funktion habe, als bestimmten Gegenständen ein bestimmtes Merkmal zuzuschreiben. Hier die entscheidende Stelle aus der *Kritik der reinen Vernunft*:

»*Sein* ist offenbar kein reales Prädikat, d. i. ein Begriff von irgend etwas, was zu dem Begriffe eines Dinges hinzukommen könne. Es ist bloß die Position eines Dinges, oder gewisser Bestimmungen an sich selbst. Im logischen Gebrauche ist es lediglich die Copula eines Urteils. Der Satz: *Gott ist allmächtig*, enthält zwei Begriffe, die ihre Objekte haben: Gott und Allmacht; das Wörtchen: *ist*, ist nicht noch ein Prädikat obenein, sondern nur das, was das Prädikat *beziehungsweise* aufs Subjekt setzt. Nehme ich nun das Subjekt (Gott) mit allen seinen Prädikaten (worunter auch die Allmacht gehört) zusammen, und sage: *Gott ist*, oder es ist ein Gott, so setze ich kein neues Prädikat zum Begriffe von Gott, sondern nur das Subjekt an sich selbst mit allen seinen Prädikaten, und zwar den *Gegenstand* in Beziehung auf meinen *Begriff*. [. . .] Hundert wirkliche Taler enthalten nicht das mindeste mehr, als hundert mögliche. [. . .] Wenn ich also ein Ding, durch welche und wie viel Prädikate ich will, (selbst in der durchgängigen Bestimmung) denke, so kommt dadurch, daß ich noch hinzusetze, dieses Ding *ist*, nicht das mindeste zu dem Dinge hinzu. Denn sonst würde nicht eben dasselbe, sondern mehr existieren, als ich im Begriffe gedacht hatte, und ich könnte nicht sagen, daß gerade der Gegenstand meines Begriffs existiere.«[35]

Damit attackiert Kant den anselmschen Gottesbeweis, insofern dieser behauptet, dass die Existenz ein Definitionsmerkmal Gottes sei. Denn wenn dem so wäre, sagt Kant, dann würde der Ausdruck »Gott« jeweils etwas anderes *bedeuten* und sich folglich auf einen *jeweils anderen* »Gegenstand« beziehen, je nachdem, ob Gott existiert oder nicht. Ohne hier eine erst später fällige Diskussion vorwegzunehmen, sei doch angemerkt, dass eben *dies* zu unterstreichen Anselms Absicht war: Ein Gott, der nicht existiert (*ist*), ist eben nicht Gott. Gott und nur Gott kommt nach Anselm die Existenz als Merkmal zu, und zwar als notwendiges Merkmal.[36]

Abgesehen davon bezieht sich Kants Argumentation auch auf all die Dinge, die nicht Gott sind. Wenn die Existenz eine definitorische und damit wesentliche Eigenschaft des Begriffs »Taler« wäre, so würde dieser Begriff auf alle jetzt nicht existierenden Taler (Taler, die es einst gab, oder Taler, die es erst geben wird, oder Taler, von denen in einem Märchen die Rede ist) nicht anwendbar sein. Das wäre tatsächlich absurd.

Aber könnte die Existenz nicht wenigstens dann als Eigenschaft eines Dinges fungieren, wenn es sich bei ihr *nicht* um eine wesentliche (definitorische) Eigenschaft handelt? Gerade dann wäre es ja möglich, von *demselben* Ding zu reden, *unabhängig* von der Frage, ob es existiert oder nicht!

Betrachten wir zur Klärung des Problems die beiden Sätze S_1 und S_2, von denen wir annehmen, dass sie wahr sind:

S_1: a *lebt nicht*. [*a* sei der Name eines toten Hundes.]
S_2: b *existiert nicht*. [*b* sei der Name eines Einhorns.]

S_1 beinhaltet zweifellos ein sinnvolles Prädikat (»nicht leben« im Sinne von »tot sein«). Wenn nun in S_2 ein Prädikat vorkommt wie in S_1, dann sind alle *rein logischen* Umformungen, die mit S_1 vorgenommen werden, notwendigerweise auch für S_2 gültig. Eine solche gültige Umformung ist, da sowohl S_1 als auch S_2 *wahr* sind, die Existenzgeneralisierung *Eg*.

Eg (S_1) besagt: *Es existiert ein* x, *von dem gilt:* x *lebt nicht.*
Eg (S_2) besagt: *Es existiert ein* x, *von dem gilt:* x *existiert nicht.*[37]

Während *Eg* (S_1) wahr ist, liefert *Eg* (S_2) einen Widerspruch, obwohl auch diese zweite Generalisierung *formal* korrekt ist. Sie folgt logisch aus S_2, und S_2 ist der Annahme gemäß wahr. Daraus geht hervor, dass wir »existieren« (= »sein«)[38] nicht als Prädikat behandeln dürfen. Es gehört, logisch gesehen, einer anderen Kategorie an.

Dass Kants Argument mit Bezug auf das Prädikat »notwendig existieren« – im Gegensatz zu »existieren« ohne nähere Bestimmung – *nicht* zutrifft, lässt sich auf die angegebene Weise ohne weiteres zeigen. Aus »b existiert nicht notwendig« lässt sich ohne Widerspruch folgern »es existiert ein *x*, von dem gilt: *x* existiert nicht notwendig«. Man kann argumentieren, dass »notwendig existieren« ein echtes, wenn auch kein empirisches Prädikat ist, und dass daher das Wort »Gott« etwas anderes bedeutet, je nachdem, ob es begrifflich einschließt, dass Gott notwendig existiert oder nicht. In letzterem Fall meint dieses Wort dann eben nicht jenes Wesen, an das Anselm und andere Gläubige denken, wenn sie von »Gott« sprechen.

Daraus geht aber auch hervor, dass alle Versuche, »existieren« mit Hilfe von empirischen Prädikaten zu definieren, scheitern müssen. Zur Illustration ein bekannter Definitionsvorschlag: Heißt »b existiert« nicht so viel wie »b ist wahrnehmbar«? Doch was heißt »wahrnehmbar sein«? Entweder setzt der Umstand, dass ein Ding wahrnehmbar ist, dessen Existenz nicht voraus. Dann ist keineswegs einsichtig, warum die Wahrnehmbarkeit den Begriff der Existenz bestimmen sollte; man denke an die Möglichkeit, Dinge wahrzunehmen, die gar nicht existieren (etwa dadurch, dass man Einhörner halluziniert). Oder der Umstand, dass ein Ding wahrnehmbar ist, setzt seine Existenz bereits voraus: Das Ding ist wahrnehmbar, *weil* es existiert. Es ist gerade die Existenz des Dings, welche die Möglichkeit, es unter bestimmten Bedingungen wahrzunehmen – d. h. seine Wahrnehmbarkeit – *erklärt*. Mit anderen Worten: Die Existenz eines Dings ist eine

Bedingung seiner Wahrnehmbarkeit, also dafür, dass es kraft seiner physikalischen Merkmale die *Disposition* hat, unter bestimmten Bedingungen wahrgenommen zu werden. Dann aber lässt sich unmöglich sagen, dass der Begriff der Existenz durch den der Wahrnehmbarkeit erst bestimmt wird.[39]

III

Das Problem der Wahrnehmung – Der britische Philosoph Gilbert Ryle (1900-1976) hat in seinem Buch *Dilemmas* (1954) zu zeigen versucht, dass metaphysische Probleme bloß *scheinbar* dilemmatische Züge aufweisen. Nach Ryle kommt das daher, weil sich viele Philosophen in ihren Analysen kategorialer Fehler schuldig machen, indem sie auf einer grundlegenden Ebene der Analyse grundlegende Begriffssphären miteinander verwechseln. Demnach würden die metaphysischen Dilemmata in ihrer Gesamtheit der oben geschilderten Paradoxie von Zenon ähneln.

Betrachten wir das Problem der Wahrnehmung, wie es Ryle in *Dilemmas* entwickelt:

Erster Schritt. Wir verfügen über einen Alltagsbegriff der Wahrnehmung. Dieser basiert darauf, dass wir manchmal zu Recht sagen, wir hätten das-und-das wahrgenommen, obwohl wir gleichzeitig davon ausgehen, dass wir uns manchmal irren. Ich schaue aus dem Fenster und sage: »Ich sehe, dass dort drüben ein Baum steht.« Natürlich habe ich mit meinem Urteil nur Recht, wenn dort drüben tatsächlich ein Baum steht. Es ist eine Tatsache, dass Menschen, die derlei Urteile fällen, manchmal Recht haben, obwohl es in diesem speziellen Fall sein mag, dass dort drüben gar kein Baum steht, sondern mir etwas anderes als ein Baum erscheint oder ich, im Extremfall, halluziniere.

Zweiter Schritt. Nun scheint Ryle ein zwingendes Argument vorzubringen, wenn er sagt, der Begriff des Wahrnehmungsirrtums habe einen Sinn nur, solange es uns möglich ist, typische Situationen anzugeben, in denen *kein* Wahrnehmungsirrtum vorliegt. Man kann nur dann vom rechten Weg abkommen, wenn es überhaupt einen Weg gibt. Der Versuch etwa, Falschgeld herzustellen, hat einen Sinn nur vor dem Hintergrund, dass es echtes Geld gibt, das man kopieren kann. Auf analoge Weise muss der Wahrnehmungsirrtum, wenn man ihn nicht sogleich bemerkt soll, wie eine gute Fälschung wirken. Er muss eine möglichst glaubhafte Imitation einer korrekten Wahrnehmung sein. Das freilich wäre aus logischen Gründen unmöglich, gäbe es keine korrekten Wahrnehmungen oder – wie man vorsichtshalber hinzufügen sollte – wüssten wir nicht, was die Merkmale einer korrekten Wahrnehmung sind.

Dritter Schritt. Vertiefen wir uns nun aber in die naturwissenschaftliche Theorie der Wahrnehmung, so wird es rätselhaft, wie man jemals einen Baum korrekt wahrnehmen kann. Unser Sinnesapparat verarbeitet physikalische Reize dadurch, dass er sie in elektrochemische Impulse umwandelt, an deren Ende Eindrücke von Farbe, Helligkeit, Kontur und Bewegung stehen, die allesamt vollkommen subjektiv sind. In Wirklichkeit existieren Gegebenheiten (Moleküle, Lichtwellen, Brechungswinkel usf.), die mit dem bunten Bildchen, das wir als Baum identifizieren, nur insofern zu tun haben, als sie es mit verursachen.

Vierter Schritt. Unser Alltagsbegriff der Wahrnehmung und die wissenschaftliche Theorie scheinen auf eine desaströse Weise miteinander zu konkurrieren. Entscheiden wir uns für den Alltagsbegriff der Wahrnehmung, dann kann es nicht sein, dass alle unsere Wahrnehmungen immer nur »subjektiv« und alle Qualitäten des Wahrnehmungsinhalts bloß »sinnesqualitativ« sind. Denn das würde bedeuten, dass die wahrnehmbaren Qualitäten mit den Merkmalen, die den Objekten tatsächlich zukommen, niemals übereinstimmen. Alle wahrnehmbaren Qualitäten stünden als psychische Phänomene am Ende einer Kette von Prozessen, die im Körper des Wahrnehmungssubjekts ablaufen. Andererseits wird man die wissenschaftliche Theorie der Wahrnehmung, zumindest in ihren Grundzügen, nicht ernsthaft bezweifeln wollen. Denn wenn die wissenschaftliche Theorie falsch wäre, die doch auf hochbestätigten Erfahrungsurteilen basiert – wieso sollten wir dann unserem Alltagsbegriff der Wahrnehmung vertrauen?

Fünfter Schritt. Ryles These lautet, dass das vorliegende Dilemma auf einem Kategorienfehler beruht. Physiologie und Psychologie haben es mit kausalen Prozessen zu tun, an deren Ende Vorkommnisse stehen, von denen es einige gibt, deren wir uns bewusst sind, zum Beispiel ein Zahnschmerz, ein Gefühl der Hitze auf der Haut, ein Klingeln in den Ohren. Das verführt uns dazu zu glauben, die wissenschaftliche Analyse psychischer Ereignisse und Zustände sei auch auf das anwendbar, was wir im Alltag als

»Wahrnehmung« bezeichnen. Dann aber werden wir zu der Auffassung gezwungen, dass sich die Wahrnehmung von Dingen, etwa das Sehen eines Baumes, aus etwas Ähnlichem wie Gefühlen zusammensetze, nämlich Sinneseindrücken am Ende eines komplexen Kausalprozesses, an dessen Anfang Lichtwellen stehen, die von der Oberfläche eines Körpers reflektiert werden. In Wahrheit jedoch, sagt Ryle, sind Wahrnehmungen keine psychischen Effekte am Ende irgendwelcher Kausalketten, und die Begriffe, mit denen wir Wahrnehmungen beschreiben, sind keine Begriffe, unter die solche Effekte fallen:

> »Wenn ich meinem Augenarzt sage, dass ich in einem bestimmten Augenblick das-und-das gesehen habe, lässt sich diese Mitteilung nicht auf die Form bringen ›Die Injektionsnadel verursachte mir ein schmerzhaftes Zusammenzucken‹ oder ›Er ist durch den Blutverlust ohnmächtig geworden‹. Um es einmal ganz grob – viel zu grob – zu sagen: Das Sehen eines Baumes ist kein Effekt, ist nicht die Wirkung von etwas – aber nicht etwa, weil es sich hier um einen außergewöhnlich exzentrischen Zustand oder Vorgang handelte, der allen Kausalerklärungen unzugänglich wäre, sondern weil es sich überhaupt nicht um so etwas wie einen Zustand oder einen Vorgang handelt.«[40]

Der starke Punkt von Ryle ist evident. Wenn wir einen Baum sehen, und wir unterliegen keiner Halluzination oder einer anderen schweren Sinnestäuschung, dann sehen wir gewiss keine Effekte: Wir haben keine »Empfindungen«, die irgendwo »in unserem Kopf« platziert wären. Wir sehen vielmehr einen Gegenstand, der an einem bestimmten Ort außerhalb von uns existiert, und zwar offensichtlich unabhängig davon, ob wir irgendwelche Empfindungen haben.

Manchmal wird man von wahrnehmungsphysiologischer Seite mit folgender Idee konfrontiert: Primär seien uns im Wahrnehmungsakt stets Empfindungen gegeben, die unser Gehirn jedoch nach außen projiziere, so dass wir, als Sekundärprodukt, einen Baum »dort draußen« sehen würden. Aber diese Idee ist nicht nur bizarr, sie ist darüber hinaus in sich widersprüchlich. Denn sie setzt voraus, wir könnten primär räumliche Außenbereiche optisch wahrnehmen – *sehen* –, um in diese dann, sekundär, etwas »hineinzuprojizieren«, obwohl gemäß Annahme *alle* Sehinhalte, also auch alle räumlichen Außenbereiche, aus Empfindungen aufgebaut sein müssen.

Der starke Punkt von Ryle kann freilich nicht darüber hinwegtäuschen, dass der Philosoph des Geistes kein *positives* Konzept davon hat, was Wahrnehmungen im Gegensatz zu psychischen Vorkommnissen *sind*. Darauf würde Ryle vielleicht erwidern, dass man gar kein solches Konzept haben kann, sofern der Begriff der Wahrnehmung in unserem System des Wissens fundamental ist. Als *Kategorie* ist die Wahrnehmung wesentlich definiert durch das, was sie *nicht* ist. Sie ist, sagt Ryle, vergleichbar dem Erreicht-Haben eines Ziels *im Gegensatz* zu Ereignissen, die, wie Empfindungen, Teile eines Prozesses sind, an dessen Ende sie stehen. Das mag wahr sein, klar ist es keinesfalls, oder doch nur insofern, als es sich um eine Abgrenzung handelt: Wahrnehmungen sind *keine* psychischen Vorkommnisse.

Kritik der ryleschen Analyse. Ryle möchte, was andere ein Problem der Metaphysik nennen, zu einem Problem degradieren, das auf einem Kategorienfehler basiert. Dass dieser Standpunkt jedoch nicht annehmbar ist, zeigt sich, sobald man die Frage stellt, wie der angebliche Fehler denn vermieden werden könnte.

Erster Schritt. Unser Alltagskonzept des Sehens – es stehe hier stellvertretend für alle Wahrnehmungsvorgänge – schließt Folgendes ein: Wenn wir einen Baum *tatsächlich* sehen, dann tun wir das deshalb, weil der Baum in einer bestimmten Weise auf unsere Sinne *einwirkt*. Das lässt sich nicht leugnen, denn es gibt Wahrnehmungsirrtümer. Sie treten auf, wenn die Weise des Einwirkens des Baumes auf unsere Sinne oder aber die Funktionsweise unserer Sinne selbst defekt ist. Beispielsweise könnte ich glauben einen Mann zu sehen, weil es bereits derart dunkel ist, dass der Baum vor mir wie die Silhouette eines Mannes ausschaut. Oder da ist gar nichts, und nur meine überreizten Sinne spielen mir einen Streich. Wenn wir so reden, dann nennen wir physikalische oder psychologische Ursachen dafür, dass wir etwas nicht richtig sehen und das Bild, das wir von der Realität haben, falsch ist. In solchen Fällen ist es plausibel zu sagen, dass das, was wir sehen, nichts Materielles ist (es existiert ja überhaupt kein Mann, es existiert kein Baum), sondern etwas Psychisches – es existiert bloß das visuelle Bild eines Mannes, das visuelle Bild eines Baumes.

Zweiter Schritt. Die Wissenschaft lehrt uns, dass die trügerischen Bilder erzeugt werden, indem sich unser Gehirn durch ungewöhnliche Kausalfaktoren aktivieren und täuschen lässt. Wenn aber die trügerischen Bilder *so* zustande kommen, dann kommen auch die Bilder, die *nicht* trügen, so zustande. Denn der neurophysiologische *Mechanismus* ist in all den Fällen, in denen mein Gehirn intakt ist, *ganz der gleiche*. Der Unterschied liegt bloß darin, dass bei korrekten Wahrnehmungen die Kausalfaktoren *nicht* trügerisch sind, d. h., die durch diese Faktoren bewirkten Wahrnehmungsinhalte als »wirklich« oder »wahr« bezeichnet werden dürfen. Werden die entsprechenden Gehirnpartien aber zerstört, so dass weder trügerische noch andere Faktoren wirksam werden können, dann ist uns überhaupt kein Bild (kein Wahrnehmungsinhalt) mehr präsent.

Dritter Schritt. Daraus scheint zwingend zu folgen, dass Wahrnehmungen das Ergebnis von neurophysiologischen Prozessen sind. An deren Ende stehen häufig Bilder, von denen wir im Alltag sagen, dass sie mit den realen Gegebenheiten übereinstimmen, manchmal freilich auch Bilder, die mit den Gegebenheiten nicht übereinstimmen. Wenn *das* ein rylescher Kategorienfehler ist, dann ergibt er sich aus der Logik unseres Alltagskonzepts der Wahrnehmung selbst. Kurz gesagt: Es liegt gar kein Kategorienfehler vor.

Dennoch haben wir ein gravierendes Problem. Wie sind wir zur Erkenntnis der Außenwelt fähig, wenn alle primären Wahrnehmungsdaten von unserem Gehirn fabriziert werden? Die Struktur des vorliegenden Problems ergibt ein *echtes* Dilemma. Einerseits setzt die wissenschaftliche Wahrnehmungstheorie voraus, dass wir zu einer Erkenntnis der objektiven Beschaffenheit der Welt fähig sind. Wenn aber, andererseits, der wissenschaftliche Befund korrekt ist, dann sind alle Primärdaten der Wahrnehmung subjektiv. Eine Erkenntnis der objektiven Welt ist dann unmöglich, was paradoxerweise mit einschließt, dass es auch keine wissenschaftliche Wahrnehmungstheorie geben kann. Denn Letztere setzt die Möglichkeit, Erkenntnisse über die objektive Welt zu gewinnen, zwingend voraus.

Man könnte also argumentieren, dass der Subjektivismus, zu dem uns die Theorie der Wahrnehmung verpflichtet, den Wahrheitsanspruch eben dieser Theorie vollständig desavouiert. Es gibt hier keine Lösung, die uns nicht im Kreis des Dilemmas herumführte. Das aber heißt: Wir befinden uns auf dem Feld der Metaphysik.

§ 8
Carnaps Angriff: Scheinprobleme

I

Das Sinnkriterium – Rudolf Carnap (1891-1970) gilt als einer der prominentesten Vertreter des sogenannten Wiener Kreises um Moritz Schlick. Diese gelehrte Gesprächsrunde war ganz am Erkenntnisbegriff der Naturwissenschaften ausgerichtet. Als inhaltliche Erkenntnisquelle wurde nur die Erfahrung, als analytisches Instrument nur die moderne formale Logik zugelassen. Das Ziel, die Begründung einer »wissenschaftlichen Philosophie« und die methodische Fundierung eines »wissenschaftlichen Weltbildes«, sollte negativ über die Kritik aller bisherigen Metaphysik angestrebt werden. In der Metaphysik sah man einen verkappt religiösen Irrationalismus am Werk, den es nicht zuletzt wegen seiner politisch reaktionären Tendenzen zu bekämpfen galt.[41]

Carnaps programmatische Schrift *Scheinprobleme in der Philosophie*, mit dem Untertitel »Das Fremdpsychische und der Realismusstreit«, erschien bereits 1928. Ziel dieser radikalen und polemischen Abhandlung war es, die Philosophie von Scheinproblemen zu reinigen, d. h. von Problemen, die nur dem Anschein nach einen Sachgehalt haben. Dazu zählten für Carnap an prominenter Stelle das Realismusproblem und das Problem des Fremdpsychischen.

Während das Realismusproblem um die Frage der Existenz einer Außenwelt kreist, lässt sich das Problem des Fremdpsychischen folgendermaßen formulieren: Gibt es außer meinen eigenen Erlebnissen auch noch die Erlebnisse anderer Wesen, oder sind die anderen bloß, was mir von ihnen aufgrund eigener Erlebnisse zugänglich ist, nämlich Körper, die ein bestimmtes Verhalten zeigen? Von beiden Problemen sagt Carnap, dass sie *ohne Sachgehalt* seien.

Um seinen Standpunkt zu untermauern, formuliert Carnap ein allgemeines Sinnkriterium für Sätze, die beanspruchen, etwas Gehaltvolles auszusagen. Diesem Kriterium zufolge ist eine Aussage »p« *empirisch fundiert* genau dann, wenn es mindestens eine Aussage »q« gibt, die den Inhalt eines »Erlebnisses« zum Ausdruck bringt, und wenn zwischen »p« und »q« eine Beziehung der folgenden Art besteht: Entweder »q« ist identisch mit »p«, oder »q« ist identisch mit »nicht-p«, oder aber »p« bzw. »nicht-p« ist unter Zuhilfenahme weiterer Erfahrungssätze aus »q« logisch ableitbar.

Mit anderen, einfacheren Worten: Ein Satz »p« ist empirisch fundiert genau dann, wenn sich »p« durch Erlebnisse, ausgedrückt in »q« (und eventuell weiteren Erfahrungssätzen), bewahrheiten oder widerlegen lässt. Auf der Basis dieses Begriffs der empirischen Fundierung formuliert Carnap nun sein Kriterium der Sachhaltigkeit. Demnach ist »p« *sachhaltig* genau dann, wenn die Erlebnisse, durch die »p« empirisch fundiert werden kann, »wenigstens als Erlebnisse denkbar sind und ihrer Beschaffenheit nach angegeben werden können«.[42] Daraus geht hervor, dass Carnaps Sinnkriterium so liberal wie möglich sein soll.

Aber natürlich ist Carnaps Kriterium noch immer viel zu stark. Die Gründe dafür wurden bereits erörtert: Praktisch alle Erfahrungsurteile, an die wir glauben, sind höchstens »induktiv bestätigt«, und wir wissen, dass es keine rationale Methode der induktiven Schlussfolgerung gibt. Daher ist es nicht nur unmöglich, »p« mittels »q« zu bewahrheiten, es ist ebenso unmöglich, irgendein »q«, das geeignet wäre, »p« zu widerlegen, mit Hilfe von Aussagen über einzelne »Erlebnisse« (Sinneseindrücke) auszudrücken.

Dennoch könnte Carnaps Angriff auf die Metaphysik letzten Endes erfolgreich sein. Denn er zielt im Grunde darauf ab, zu zeigen, dass metaphysische Probleme mit der Erfahrung *in keinerlei Beziehung* stehen. Man sollte Carnaps Angriff also zunächst so interpretieren, als ob er unter Zuhilfenahme eines wesentlich schwächeren oder gar keines Sinnkriteriums durchführbar wäre. In unserem Zusammenhang spricht ohnedies nichts dagegen, davon auszugehen, dass wir auch ohne Anwendung eines allgemeinen Kriteriums wissen, was ein gehaltvolles Wahrnehmungsurteil ist. Dies einmal zugestanden, ließe sich mit Carnap argumentieren, dass ein synthetischer Satz jedenfalls dann sinnlos sei, wenn er mit keinem denkbaren Wahrnehmungsurteil sachlich in irgendeinen Zusammenhang gebracht werden kann, sei es, dass er durch ein solches Urteil widerlegt, sei es, dass er von ihm direkt oder indirekt als gültig vorausgesetzt wird – was immer damit im Einzelfall gemeint sein mag! Von hier ausgehend könnte man dann fragen, ob *dies* das Charakteristikum metaphysischer Sätze sei.

CARNAPS REALISMUSPROBLEM – Angenommen, zwei Geographen, von denen der eine Realist und der andere Idealist ist, werden ausgeschickt, um zu untersuchen, ob sich an einer bestimmten Stelle in Afrika ein Berg erhebt, von dem man nicht weiß, ob er tatsächlich existiert. Es wird für die Klärung der Frage, ob der Berg an der bezeichneten Stelle existiert, ganz unwesentlich sein, dass der eine Forscher Realist und der andere Idealist ist. »Und nicht nur über die *Existenz* des Berges werden die beiden Geographen bei genügender Untersuchung zu übereinstimmendem Ergebnis kommen, sondern auch bei jeder Frage nach der *Beschaffenheit* des Berges, nach Lage, Gestalt, Höhe usw. *In allen empirischen Fragen herrscht Einigkeit.*«[43]

Der Realist (R) sagt: »Der Berg existiert unabhängig von unseren Erlebnissen.« Der Idealist (I) hingegen sagt: »Die Existenz des Berges erschöpft sich in der Existenz eines Komplexes von koordinierten Erlebnissen.« Carnaps Argument lautet nun: Es lassen sich keine Erlebnisse denken, so dass zwischen den Extrempositionen (R) und (I) eine Entscheidung herbeigeführt werden könnte. Die Uneinigkeit in der philosophischen Frage bezieht sich also auf Aussagen, die empirisch nicht fundiert sind, und von denen sich auch nicht angeben lässt, wie sie empirisch jemals fundiert werden könnten. Daher sind (R) und (I) ohne Sachgehalt, d. h. kognitiv sinnlos.

Warum neigen wir dann aber überhaupt dazu, die Positionen des Idealisten und des Realisten als gehaltvoll zu betrachten? Laut Carnap entspringen (R) und (I) einer gewissen Art von Vorstellungen, die unsere Erlebnisse im Umgang mit der Welt begleiten. Carnap spricht, mit einem wenig illustrativen Ausdruck, von *Gegenstandsvorstellungen*. Diese können seiner Meinung nach nicht in sinnvollen Aussagen formuliert werden, so, wie die Erlebnisse, die einen Sachgehalt haben und durch welche die Gegenstandsvorstellungen psychologisch motiviert sind. »Man könnte etwa bei der realistischen These an gewisse *emotionale Begleitmomente* denken, z. B. an das Fremdheitsgefühl gegenüber dem Berge, an das Gefühl, daß er sich in vielem meinem Willen entzieht oder gar ihm widersteht, und Ähnliches.«[44] Carnap belässt es dabei, und das hat seinen guten Grund. Denn Carnaps Realismusstreit ist bestenfalls eine Karikatur des metaphysischen Problems, das unter demselben Namen seit alters her kolportiert wird. Dazu einige Bemerkungen:

(a) Das Realismusproblem hat seinen Ursprung weder in unausdrückbar dunklen emotionalen »Vorstellungen« noch in einer bloß philosophischen Voreingenommenheit. Sein Ursprung liegt, wie wir gesehen haben, in der Alltagsidee davon, wodurch sich ein wirklicher oder wirklich existierender Gegenstand auszeichnet, nämlich dadurch, dass er unabhängig davon existiert, ob er wahrgenommen wird oder nicht. An diesem Konzept halten wir auch dann fest, wenn wir uns dessen bewusst sind, dass jedes Wissen um real existierende Gegenstände entsprechende Wahrnehmungsinhalte zur Bedingung hat, die abhängen (1) von der Perspektive, die wir den Gegenständen gegenüber einnehmen; (2) von den Umweltbedingungen, unter denen wir die Gegenstände wahrnehmen; (3) von der Funktionsweise unserer Sinnesorgane; (4) von unserem begrifflichen Apparat und theoretischen Vorwissen. Indem wir (1) bis (4) als Faktoren begreifen, die unsere Wahrnehmungsinhalte *beeinflussen*, setzen wir voraus, dass es Gegenstände gibt, die unseren Wahrnehmungen zugrunde liegen. Das ist eine ebenso starke wie notwendige ontologische Annahme.

(b) Die Realismusannahme ist *extrem stark*, weil sie uns das Konzept eines Gegenstandes aufzwingt, dessen korrekte Beschreibung unabhängig von den Begrenzungen sein muss, die in (1) bis (4) genannt werden. Wie aber sollten wir jemals zu einer solchen Beschreibung vordringen? Sie scheint zu erfordern, dass von allen Begriffen, die auf Erfahrbares Bezug nehmen, abstrahiert wird, denn alle Erfahrungsbegriffe unterliegen in irgendeiner Form den Limitierungen (1) bis (4). Die Wissenschaften versuchen, der Realismusannahme so weit wie möglich zu entsprechen, doch es ist ein Rätsel, wie sie ihr tatsächlich jemals genügen könnten, solange sie *empirische*, ja *überhaupt* Begriffe verwenden.

Hätte Newton recht, so wäre es wohl möglich, die Begriffe »Raum« und »Zeit« in der Physik ohne Bezugnahme auf ein Subjekt der Erfahrung zu definieren. Aber schon Newton war sich dessen bewusst, dass ein nicht-relatives Raum-Zeit-Konzept keine gewöhnliche Hypothese ist. Er musste stattdessen, um die Relativität aller bloß menschlich konstruierten Bezugssysteme zu neutralisieren, als das absolut ausgezeichnete Bezugssystem jenes »kosmische« postulieren, das bloß Gott einzunehmen vermag. Doch es ist klar, dass durch diese Hintergrundannahme die Physik bis zu Einstein mit einer metaphysischen Hypothek belastet wurde, die in der Theorie nicht explizit einbekannt werden durfte. Erst Einsteins Relativitätstheorie machte einen qualitativen Schritt in die Richtung eines *subjektneutraleren* Standpunkts. Seitdem die Lichtgeschwindigkeit als absolute physikalische Größe fungiert, kann man über die Welt sprechen, ohne ein bestimmtes Bezugssystem auszeichnen zu müssen. Man kann sagen, dass es zur *objektiven Natur* der raum-zeitlichen Verhältnisse gehört, sich mit der relativen Stellung zu den Bezugssystemen zu verändern, und man kann dank der Konstanz der Lichtgeschwindigkeit die hinsichtlich des jeweiligen Beobachtungsstandpunkts *neutralen* Gesetzmäßigkeiten der Relativität von Raum und Zeit angeben.

Ein anderes Beispiel liefert uns die naturalistische Erkenntnistheorie, die versucht, das Zustandekommen unserer Erkenntnisse über die Welt wissenschaftlich zu erklären. Ausgangspunkt waren Untersuchungen über das Zusammenspiel zwischen dem neurophysiologischen System bestimmter Tiere und den physikalischen Reizen, die aus der Umwelt auf dieses System einwirken. So ließen sich zum Beispiel Hypothesen darüber entwickeln, wie sich die objektive Welt – die Welt der Physik – vom Bezugssystem eines Frosches aus darstellt: »What the Frog's Eye Tells the Frog's Brain«. Wird nun aber dieses Verfahren vom Menschen auf sich selbst, sein eigenes Wahrnehmungs- und Erkenntnissystem angewandt, dann ist das Erklärungsideal eine Theorie, die einen externen Standpunkt gegenüber allen Bezugssystemen menschlicher Subjekte einnimmt.

Das Problem einer jeden wissenschaftlichen Suche nach Externalität liegt jedoch offen zutage. Sie kann nur gelingen, wenn sie über eine subjektneutrale Beschreibung zumindest gewisser Ausschnitte der Welt verfügt. Auf allgemeinster Ebene versuchen die Physik und die Chemie eine solche Beschreibung zu geben. Aber alle universalen wissenschaftlichen Ansätze können ihren theoretischen Grundbegriffen eine Bedeutung nicht allein dadurch verleihen, dass sie sie in ein Netzwerk aus mathematischen Gleichungen und internen definitorischen Abhängigkeiten einspannen. Notwendig ist stets auch ein Bezug zum Experiment und zur Messung – und damit zur Welt der *Wahrnehmungsinhalte*. Diese erst geben dem Forscher Aufschluss über die Ergebnisse seiner Experimente und Messungen. Selbst wenn es sich bloß um Inhalte wie

Zeigerablesungen, lichte Flecken auf dem Röntgenbild oder Zahlenkolonnen auf einem Computerausdruck handelt: Durch den Kontakt mit der Wahrnehmungswelt wird die geforderte Objektivität der physikalischen Begriffe *notwendigerweise* verletzt. Es tritt, so könnte man sagen, eine *sinnesqualitative Verschmutzung* der wissenschaftlichen Semantik ein. Ontologisch gesprochen bedeutet dies, dass es unmöglich scheint, durch die Gewinnung immer größerer Externalität im wissenschaftlichen Blick auf die Welt schließlich den geforderten subjektneutralen Standpunkt zu erreichen.

Der amerikanische Philosoph Thomas Nagel hat den entscheidenden Punkt durch den Titel eines seiner Bücher zum Ausdruck gebracht: *The View From Nowhere* (1986) – der Blick von nirgendwo. Das ist eine ontologische Forderung, deren Pointe klar zutage liegt: Es gibt keinen Blick und es kann keinen geben, der nicht einen Standort hätte. Ein Blick, der keinen Standort hat – der von nirgendwo und daher überall her gleichzeitig auf die Dinge fällt –: dieser nach menschlichen Maßstäben unmögliche, weil *absolute Blick* ist höchstens ein Gleichnis dafür, wie Gott die Dinge sehen mag.

(c) Gleichzeitig ist die Realismusannahme des Alltags *notwendig*. Denn in dem Augenblick, wo wir auf sie verzichten, machen wir den ersten Schritt hin zum Solipsismus. Jenseits der Realismusthese erschöpft sich alles, was existiert, in dem, was mir *primär* gegeben ist, also in *meinen* Wahrnehmungen, die dann nicht mehr über sich selbst hinausweisen. Zu sagen, dass *alles* von meiner Perspektive abhängt, heißt zu sagen, dass nichts außer mir existiert.

(d) Man kann das Dilemma auch so ausdrücken: Wir sind von Anfang an ontologisch darauf verpflichtet, Realisten zu sein, aber sobald wir begreifen, was das bedeutet, nämlich die Überwindung von (1) bis (4), begreifen wir ebenfalls, dass wir, philosophisch gesprochen, bloß Solipsisten sein können. Das ist absurd, doch es ist unsere Situation. Sie deutet auf eine metaphysische Grenze des uns überhaupt Begreifbaren hin. Wittgenstein schreibt im *Tractatus logico-philosophicus*, Satz 5.62: »Was der Solipsismus nämlich meint, ist ganz richtig, nur läßt es sich nicht sagen, sondern es zeigt sich.«

Im Alltag wird unser ontologischer Standpunkt stets der des Realismus sein. Doch jene von uns, die *als* Philosophen schließlich Idealisten werden, reagieren damit *verständig* auf den Umstand, dass wir keine korrekte Beschreibung der Dinge im Sinne des Realismus geben können.

(e) Carnap hat Recht: Der Realismus ist nicht empirisch in dem Sinne, dass er durch irgendwelche *spezifischen* Erfahrungen im Umgang mit den Dingen der Welt widerlegt werden könnte. Aber es ist falsch, wenn Carnap meint, der Realismus hätte keinen Gehalt. Denn gerade er ist es, der darüber *entscheidet*, welche *ontologische* Bedeutung unsere empirischen Begriffe und Aussagen haben. Sobald wir wissen wollen, über welchen Gegenstandsbereich wir reden, können wir gar nicht darauf verzichten, einen ontologischen Standpunkt einzunehmen. Reden wir über subjektive Eindrücke, die nur existieren, solange sie uns in der Wahrnehmung gegeben sind, oder über objektive Merkmale, die den Dingen unabhängig davon zukommen, ob wir sie wahrnehmen – oder was sonst?

Jeder Versuch, eine Trennung zwischen Carnaps Sachgehalt und dem realistischen Gehalt unserer Erfahrungsurteile vorzunehmen, ist zum Scheitern verurteilt. Denn wer den realistischen Gehalt von Erfahrungsurteilen für sinnlos erklärt, beraubt uns der Möglichkeit, überhaupt zu wissen, wovon sie handeln: *Er zerstört ihren Sachgehalt selbst und damit auch ihren Sinn.*

III

DAS PROBLEM DES FREMDPSYCHISCHEN – Carnaps Argument lautet: Um zu erkennen, ob eine bestimmte Person sich freut, muss ich auf bestimmte ihrer physischen Merkmale Bezug nehmen. Mehr noch: Will ich erklären, was der Begriff der Freude selbst bedeutet, so werde ich etwa folgende Definition geben müssen: Wenn eine Person *X* sich freut, dann wird *X* unter den und den Bedingungen dazu neigen, die und die physischen Reaktionen zu zeigen, zum Beispiel zu lachen, vergnügt zu plaudern, in die Hände zu klatschen usw. So gesehen ist es für die Bedeutung des Begriffs »Freude« ganz unerheblich, ob bei *X* außer der genannten *komplexen Verhaltensdisposition* noch ein psychisches »Inneres« vorliegt. Die Notwendigkeit, bei der Festlegung der Bedeutung psychischer Begriffe auf physische Merkmale zurückzugreifen, erledigt nach Carnap den ganzen Streit um das Fremdpsychische:

»Es liegen hier also *zwei verschiedene Sprachen* vor, *eine psychische und eine physische*, und wir behaupten, daß sie denselben theoretischen Gehalt zum Ausdruck bringen. Man wird einwenden, daß in der Aussage ›A freut sich‹ doch mehr zum Ausdruck komme, als in der entsprechenden physischen Aussage. Und das ist auch richtig. [. . .] Aber dieses Mehr ist kein Mehr an theoretischem Gehalt, sondern es werden damit nur Begleitvorstellungen ausgedrückt. Und zwar sind es bloße Gegenstandsvorstellungen, also solche, die keinen Sachverhalt darstellen und daher nicht den Inhalt einer Aussage bilden können.«[45]

Hieraus zieht Carnap den Schluss, dass der Streit, ob es Fremdpsychisches gebe oder nicht, ein Scheinproblem ohne Sachgehalt sei. Gegen Carnap muss jedoch Folgendes eingewandt werden: Es ist zwar einerseits wahr, dass die Bedeutung psychischer Begriffe nicht anders festgelegt werden kann als durch die Bezugnahme auf intersubjektiv erfahrbare, physische Merkmale. Doch andererseits wäre es ganz falsch, daraus zu folgern, dass die Bedeutung psychischer Begriffe sich im Physischen erschöpft.

Ein Beispiel: Man kann den Begriff des Schmerzes nicht anders festlegen als dadurch, dass wir auf physische Situationen Bezug nehmen – Dinge, die Schmerz verursachen; Laute, Gesten und Verhaltensweisen, die Schmerz zum Ausdruck bringen; Dispositionen, sich beim Vorliegen eines Schmerzes in der und der Weise zu verhalten. Aber man würde den *ontologischen Status* all dieser Situationen missverstehen, wenn man sie für Merkmale des Schmerzes selbst hielte. Der Schmerz kann glühend sein, hingegen die ihn verursachende Nadel eiskalt, der durch den Schmerz verursachte Schrei gellend und der Gesichtsausdruck des Schmerzleidenden panisch. Gleichzeitig liegt infolge des Schmerzes als spezifischer Verhaltensdisposition eine erhöhte Aggressionsbereitschaft vor. Während nun aber der Satz »Der Schmerz ist glühend« wahr ist, ist der Satz »Der Schmerz ist eiskalt, gellend, panisch und aggressionsbereit« teils falsch und teils sogar unsinnig.

Um also den ontologischen Bereich, auf den sich der Begriff »Schmerz« bezieht, korrekt zu taxieren, muss man begreifen, dass die physischen Merkmale, mit deren Hilfe seine Bedeutung intersubjektiv festgelegt wird, nicht Merkmale des Schmerzes selbst sind, sondern Indikatoren, die das Bestehen des Schmerzes anzeigen.

IV

DER KOMPLEMENTÄRFARBENSEHER – Das Problem des Fremd-psychischen entsteht dadurch, dass wir immer nur unsere eige-nen Gefühle erleben, während wir an den anderen immer nur Verhaltensweisen beobachten. Unter einer *rein theoretischen Perspektive* sind wir niemals eines Irrtums überführbar, wenn wir unsere Empfindungsausdrücke streng behavioristisch ver-wenden. Aus der Sicht des Sparsamkeitspostulats von Wil-helm von Ockham (1285-1349) – *entia non sunt multiplicanda praeter necessitatem*[46] – gibt es keinen Grund, psychische Vor-kommnisse nicht als komplexe Verhaltensdispositionen zu *de-finieren.*

Hier die berühmte Darstellung dieses Punktes bei Wittgen-stein im § 293 seiner *Philosophischen Untersuchungen:*

»Wenn ich von mir selbst sage, ich wisse nur vom eigenen Fall, was das Wort ›Schmerz‹ bedeutet, – muß ich *das* nicht auch von den Andern sagen? Und wie kann ich denn *einen* Fall in so unverantwortlicher Weise verall-gemeinern?

Nun, ein Jeder sagt es mir von sich, er wisse nur von sich selbst, was Schmerzen seien! – Angenommen, es hätte Jeder eine Schachtel, darin wäre etwas, was wir ›Käfer‹ nennen. Niemand kann je in die Schachtel des An-dern schaun; und Jeder sagt, er wisse nur vom Anblick *seines* Käfers, was ein Käfer ist. – Da könnte es ja sein, daß Jeder ein anderes Ding in seiner Schachtel hätte. Ja, man könnte sich vorstellen, daß sich ein solches Ding fortwährend veränderte. – Aber wenn nun das Wort ›Käfer‹ dieser Leute doch einen Gebrauch hätte? – So wäre er nicht der der Bezeichnung eines Dings. Das Ding in der Schachtel gehört überhaupt nicht zum Sprachspiel; auch nicht einmal als ein *Etwas:* denn die Schachtel könnte auch leer sein. – Nein, durch dieses Ding in der Schachtel kann ›gekürzt werden‹; es hebt sich weg, was immer es ist.

Das heißt: Wenn man die Grammatik des Ausdrucks der Empfindung nach dem Muster von ›Gegenstand und Bezeichnung‹ konstruiert, dann fällt der Gegenstand als irrelevant aus der Betrachtung heraus.«[47]

Gegen Wittgensteins Darstellung sprechen zunächst zwei Gründe:

Erstens, es wird in ihr nicht in Betracht gezogen, dass ich aus eigener Erfahrung weiß, dass mein Schmerz bei mir spezifische Verhaltensweisen und Verhaltensdispositionen auslöst. Es gibt also eine Erfahrungsbasis auf meiner Seite, von der aus ich sagen kann, dass gewisse Verhaltensweisen *anderer* mit etwas spezifisch

»Privatem«, »Innerem« verknüpft sind, das *ich* als »Schmerz« unmittelbar kenne.

Deshalb ist auch nicht klar, warum hier das Muster »Gegenstand und Bezeichnung« inadäquat sein sollte. Etwa deshalb, weil der psychische »Gegenstand« (z. B. ein Schmerz) ausschließlich über seine äußeren Manifestationen (Verhaltensweisen und Dispositionen der schmerzgeplagten Person) intersubjektiv darstellbar ist? Doch Analoges gilt für alle physikalischen Gegenstände, die prinzipiell nicht beobachtbar sind und daher ausschließlich über die Effekte, die sie in der Wahrnehmungswelt verursachen, erschlossen werden müssen. Der Unterschied besteht bloß darin, dass die Gegenstände der Physik niemandem unmittelbar gegeben sind. Aber warum sollte gerade der Umstand, dass eine Empfindung dem, der sie empfindet, unmittelbar gegeben ist, die Redeweise davon, dass der Gegenstand des Wortes »Empfindung« eine Empfindung ist, als unsinnig erscheinen lassen?

Zweitens, meine Schlussfolgerung von äußeren Indikatoren auf »private« Ereignisse – es handelt sich offensichtlich um eine Art Analogieschluss – wird empirisch bekräftigt durch Wissenschaften wie Neurophysiologie, Genetik und Evolutionsforschung. Ich und die anderen sind uns biologisch so ähnlich, dass es vollkommen unplausibel schiene, anzunehmen, die Empfindungsqualitäten der anderen wären, bei Vorliegen vergleichbarer äußerer Indikatoren, entweder ganz anders als die meinen oder überhaupt nicht vorhanden.

Doch vielleicht ging es Wittgenstein um einen Aspekt des Fremdpsychischen, den Carnap gar nicht erwähnt. Ich könnte argumentieren, es sei, wenn auch höchst unwahrscheinlich, so doch immerhin *denkbar*, dass die anderen in Gefühlswelten leben, die mir für immer unbekannt bleiben werden. Denn jene mir fremden »inneren« Welten sind so beschaffen, dass die auf ihnen beruhenden Verhaltensweisen ein von meiner Art zu reagieren *ununterscheidbares* Muster zeigen. So zum Beispiel könnte ich spekulieren, ob die anderen nicht etwa qualitativ andersartige Erlebnisse haben als ich selbst, ohne dass es mir möglich wäre, das zu überprüfen. Wäre es nicht denkbar, dass – *ceteris paribus,* also bei gleicher physiologischer Konstitution – die anderen in einer Farbenwelt leben, die zu meiner eigenen komplementär ist? Was ich als blau sehe, sehen sie als gelb, *und das ist alles;* es gibt keinen *weiteren* Unterschied zwischen ihnen und mir, insbesondere keinen Unterschied im Verhalten bei vergleichbaren Reizen, nichts, was irgendjemand aufgrund irgendeiner Beobachtung als eine Differenz in unseren Farberlebnissen identifizieren könnte.

Diese Spekulation beruht freilich auf einem Trugschluss. Ich weiß, was es für mich bedeuten würde, wenn ich plötzlich alle Dinge, die ich bis jetzt als blau gesehen habe, gelb sehen würde. Ich kann mir sehr gut vorstellen, was sich in diesem Falle in meinen Erlebnissen *ändern* würde. Aber das Beispiel des Komplementärfarbensehers beruht darauf, dass sich in niemandes Erlebnissen etwas ändert und dabei auch alle begrifflichen Konventionen unverändert bleiben. Unter solchen Voraussetzungen hätte es zweifellos nur dann einen Sinn, davon zu reden, dass die Farbeindrücke des jeweils anderen durchgehend komplementär sind, wenn sich zumindest *vorstellen* ließe, *wie man so etwas feststellen kann*. Nun besteht aber der Witz des Beispiels gerade darin, dass sich nichts dergleichen vorstellen lässt.

Generalisiert man dieses Ergebnis, so erhält man kraft einer *reductio ad absurdum* folgende Konsequenz: Angenommen, die Erlebnisse der anderen differieren von den meinen qualitativ, es gibt aber *prinzipiell* keinerlei *feststellbare* Differenz. Dann gilt, dass die Behauptung, wonach die Erlebnisse der anderen von den meinen qualitativ differieren, ohne jeden Sachgehalt ist. *Folglich* hat es unter einer solchen Voraussetzung *keinen Sinn* zu behaupten, dass die Erlebnisse der anderen von den meinen differieren. Und hier nun wieder Wittgensteins Frage: Wenn die Dinge so liegen, warum sollte es dann nicht richtig und methodisch geboten sein, durch den »Käfer in der Schachtel« zu kürzen?

Aber obwohl dieses Argument richtig ist, betrifft es eben doch nur eine bestimmte Art von »Privatheit«, nämlich die jener Pseudo-Psycho-Käfer, deren An- oder Abwesenheit keinen wie immer gearteten öffentlichen Ausdruck finden *kann*. Die Privatheit hingegen, von der hier zunächst die Rede war, sozusagen die Allerweltsprivatheit von Erlebnissen, ist von ganz anderer Art. Sie betrifft psychische Vorkommnisse, deren An- oder Abwesenheit sich durch bestimmte öffentliche Charakteristika ausdrückt. Für derlei prinzipiell identifizierbare »private« Vorkommnisse gelten jedoch nicht nur die beiden bereits erwähnten Gründe gegen Wittgenstein, sondern auch noch ein weiterer, normativer Grund, von dem nun kurz die Rede sein soll.

V

DIE ETHISCHE DIMENSION DES FREMDPSYCHISCHEN – *Drittens* nämlich wäre es eine Katastrophe für unser Zusammenleben, wenn durch den wittgensteinschen »Käfer in der Schachtel« gekürzt werden müsste. Denn wenn wir von unseren Erlebnissen und Gefühlen, als tatsächlich und prinzipiell privaten Größen, *im praktischen Umgang miteinander* abstrahierten, dann gäbe es keinen Grund, warum wir uns den jeweils anderen gegenüber moralisch verhalten sollten. Es wäre nichts dabei, andere sensible Wesen, die mit Empfindungen und Bedürfnissen ausgestattet sind, zu quälen, denn diese wären ja, soweit sie empirisch und kognitiv überhaupt in Betracht kommen, bloß die Summe ihrer *physischen* Merkmale, ihrer Verhaltensreaktionen auf spezifische Reize *abzüglich* der privaten Käfer in der privaten Psycho-Schachtel.

Das wäre natürlich eine verrückte Position, die weder Wittgenstein noch Carnap unterschrieben hätten. Aber sowohl Wittgenstein als auch Carnap hielten das Gebiet der Ethik für irrational, da wir nach Ansicht beider Philosophen tun, was wir tun, ohne dafür vernünftige Gründe liefern zu können. Wittgenstein dachte sich den Gehalt moralischer Urteile als im »Transzendentalen« verankert, in der unaussprechbaren Sphäre des Religiösen; Carnap wiederum klassifizierte moralische Urteile als den Ausdruck von Gefühlen und Wünschen, der als solcher keinen Sachgehalt hat, ähnlich wie Schmerzenslaute oder Freudenrufe.

Aufgrund ihres ethischen Irrationalismus verfehlen jedoch beide, Wittgenstein wie Carnap, ein angemessenes Bild dessen, was unsere moralische Praxis überhaupt erst ausmacht. Die Idee der Ethik ist zugleich die Idee der Gerechtigkeit. Moralisch zu urteilen heißt immer auch, dem Beurteilten gerecht zu werden dadurch, dass wir zwischen seiner und unserer Art zu wollen, zu fühlen und die Dinge zu sehen keine Parteilichkeit eintreten lassen. Wir sind dazu angehalten, nach einem Verstehen des jeweils anderen und damit nach einem Standpunkt der *Unparteilichkeit durch Einfühlung* zu streben. Das klingt paradox und ist es auch. Ich kann meine Subjektivität mit der eines anderen ja nicht in der Weise vergleichen, wie ich unser Aussehen und Verhalten miteinander vergleichen kann. Dem gemeinsamen Bereich im Physischen entspricht kein gemeinsamer Bereich im Psychischen –

keine gemeinsame Subjektivität –, und dennoch ist es Letztere, auf die das ethische Ideal der Gerechtigkeit hindeutet. In diesem Ideal wird die Utopie der Humanitas, der menschlichen Solidarität, dadurch geadelt, dass sie auf die Ebene strenger Objektivität emporgehoben und so dem Irrationalismus entzogen wird.

Wollen wir im Bereich des Subjektiven auf eine »gemeinsame Welt« Bezug nehmen, bleibt uns nichts übrig, als auf die Psycho-Käfer in der eigenen Psycho-Schachtel zu »deuten«. Dass wir keinen Blick in die Schachteln der anderen tun können, ist nicht aus empirischen, sondern aus Gründen unmöglich, die in der Logik der Sache liegen. Begriffe wie »Erlebnis« und »Gefühl« sind nicht anders verstehbar, als dass es sich um die Erlebnisse oder Gefühle *des und des Subjekts* handelt. Dass man also immer nur seine eigenen Erlebnisse und Gefühle hat, ist eine apriorische Wahrheit (und dabei ähnlich jener, die besagt, dass materielle Gegenstände nicht außerhalb von Raum und Zeit existieren). Man kann *deshalb* keinen Blick in die Psycho-Schachtel des anderen tun, weil das *gleichbedeutend* damit wäre, dass die Empfindungen des anderen meine eigenen wären, das heißt aber: meine und nicht seine.

Die Konstruktion eines gemeinsamen ontologischen Bereichs setzt voraus, dass die Elemente des Bereichs intersubjektiv überprüfbar sind; *zumindest* muss ein entsprechendes Verfahren vorstellbar sein. Sind sie es nicht, dann verliert der Begriff der ontologischen Gemeinsamkeit seinen guten Sinn. So entsteht das Problem des Komplementärfarbensehers: Ich stelle mir vor, ich könnte meine Farbeindrücke mit denen des »Komplementaristen« vergleichen, ähnlich wie ich meine Verhaltensweisen mit den seinen vergleichen kann. Ich weiß, wie es ist, wenn ich etwas als gelb sehe, und ich weiß, wie es ist, wenn ich etwas als blau sehe. Und ich vergleiche nun diese beiden Erlebnisse, die aber *meine* Erlebnisse sind, und stelle mir vor, wie es wäre, wenn ich das, was ich jetzt als blau sehe, stattdessen als gelb sehen würde, und umgekehrt. Derart gewinne ich den Eindruck, ich könnte meine Farbeindrücke mit den seinen vergleichen, doch in Wahrheit vergleiche ich immer nur meine eigenen Erlebnisse miteinander. Ich tue so, als ob die Erlebnisse des anderen zu meinen eigenen geworden wären. Das erzeugt den Eindruck, es gäbe hier einen gemeinsamen ontologischen Bereich, dessen Elemente, obwohl verschiedenen Subjekten zugehörig, tatsächlich miteinander verglichen werden könnten.

Dieser Irrtum wird um so bedeutsamer, je mehr es sich bei den fraglichen Erlebnissen um Empfindungen handelt, die – im Gegensatz zu Farbeindrücken oder Zahnschmerzen – von der Gesamtpersönlichkeit des anderen, seiner Sicht der Welt und seinem Lebensgefühl nicht isolierbar sind. Obwohl Empfindungen, die »nachzuempfinden« nicht besonders problematisch sein mag, für unseren Umgang miteinander keineswegs bedeutungslos sind, spielen in der Ethik doch häufig Fragen eine Rolle, die mit der »Holistik« von Erlebnisweisen zu tun haben. Nicht, dass jemand aggressiv, ängstlich oder verliebt ist, ist der wichtige Punkt, sondern wie es wäre, wütend, ängstlich oder verliebt zu sein, *wenn man nicht man selbst, sondern der andere wäre.* Hier wird die Unmöglichkeit einer gemeinsamen Subjektivität offensichtlich. Da man ist, der man ist, ist es unmöglich zu wissen, wie es wäre, ein anderer zu sein. Deshalb endet alle Einfühlung dabei, dass man in einem unüberwindbaren Sinne immer nur weiß, wie es ist, wütend, ängstlich oder verliebt zu sein als der, der man selbst ist.[48]

Jetzt erst erfassen wir das *metaphysische* Problem des Fremdpsychischen. Die Idee der Ethik erzwingt um der Gerechtigkeit willen, der sie verpflichtet ist, die Annahme einer gemeinsamen Subjektivität, aber die apriorische Struktur alles Empfindungshaften verweist diese Annahme in den Rang einer regulativen Idee: Wir sollten uns bemühen, den Egozentrismus unseres Erlebens zu überwinden, und doch sind all unsere Bemühungen, den jeweils anderen zu verstehen, nur möglich aufgrund der Egozentrizität unseres Erlebens.

VI

Zwei Arten von Transzendenz – Sowohl das Realismusproblem als auch das Problem des Fremdpsychischen haben bestimmte Merkmale, die typisch dafür sind, dass es sich um metaphysische Probleme handelt.

Transzendenz Nr. I. Unser alltäglicher Begriff von Wirklichkeitserkenntnis hat einen Realitätsbegriff zur Voraussetzung, der seinerseits die Idee eines absoluten Blicks erfordert. Der Grund dafür ist klar: Nur eine Wirklichkeit, die vollkommen unabhängig ist von der Perspektive und der persönlichen Verfassung der Erkenntnissubjekte, stellt einen ontologischen Bereich dar, auf den sich alle gleichermaßen beziehen können. Doch auf diese Weise verhält sich die Wirklichkeit zu all unseren Erfahrungen transzendent. Tatsächlich behelfen wir uns damit, in immer neuen Abstraktionsanstrengungen aus den erfahrbaren Daten auf deren objektives Substrat zu schließen. Dabei nehmen wir instinktiv an, dass die Wirklichkeit (das objektive Substrat) unseren Erfahrungsinhalten hinreichend ähnlich ist. Der absolute Blick ist aber in Wahrheit der unmögliche Blick, der alle möglichen Sichtweisen in sich vereint – der Blick Gottes.

Transzendenz Nr. II. Unser alltäglicher Begriff des moralischen Urteilens impliziert eine Utopie der Gerechtigkeit, deren Einlösung eine gemeinsame Subjektivität erfordert. Die Existenz einer gemeinsamen Welt des Psychischen, der Erlebnisse und Gefühle, auf die sich alle Subjekte gleichermaßen beziehen könnten, widerspricht jedoch gerade der apriorischen Struktur unserer Subjektivität. Tatsächlich behelfen wir uns damit, aus dem Verhalten der anderen auf deren Empfindungen zu »schließen«, wobei wir instinktiv annehmen, dass die fremden Innenwelten unserer eigenen hinreichend ähnlich sind. Die gemeinsame Subjektivität, die wir als regulative Idee wechselseitig unterstellen, transzendiert ebenfalls alle uns möglichen Erfahrungen. Die Forderung nach einem absoluten Blick stellt sich hier dar als die Forderung nach einem *panpsychischen Subjekt des Erlebens*, also einer Instanz, welche die Seelen aller Wesen in sich vereint – mit einem Wort: einer göttlichen All-Seele.

§9
Wittgenstein: Es gibt Unsagbares

I

DIE GRENZEN DER WELT – Im Unterschied zu Carnap war Wittgenstein (1889-1951) niemals der Ansicht, dass es keine ernsthaften metaphysischen Probleme gebe. In einem Brief an Ludwig von Ficker, den Herausgeber der Innsbrucker Kulturzeitschrift *Der Brenner*, schrieb Wittgenstein über seinen *Tractatus logicophilosophicus*, seine *Logisch-philosophische Abhandlung*, Folgendes: »Ich wollte einmal in das Vorwort einen Satz geben, der nun tatsächlich nicht darin steht, den ich Ihnen aber jetzt schreibe, weil er Ihnen vielleicht ein Schlüssel sein wird: Ich wollte nämlich schreiben, mein Werk bestehe aus zwei Teilen: aus dem, der hier vorliegt, und aus alledem, was ich *nicht* geschrieben habe. Und gerade dieser zweite Teil ist der Wichtige.«[49]

Die Philosophie des *Tractatus*, der 1921 erscheint, soll klarmachen, dass das eigentlich Wichtige im Leben, nämlich das »Mystische«, in sinnvollen Sätzen *nicht* ausdrückbar sei. Damit beabsichtigte Wittgenstein, sich gegen alles metaphysische »Geschwätz« abzugrenzen. Wie für Carnap waren auch für Wittgenstein die Sätze der Naturwissenschaft die im strengen Verstande sinnvollen Sätze. Sie sprechen über bestimmte Sachverhalte der Welt. Stimmt ein wissenschaftlicher Satz seiner Struktur nach mit einem bestehenden Sachverhalt überein, dann ist er wahr, »ein Bild der Wirklichkeit« (*Tractatus*, Satz 4.021), sonst falsch.

Der Bereich des überhaupt Sagbaren ist der Gesamtbereich bestehender oder nicht bestehender Sachverhalte. Metaphysische Sätze hingegen sprechen nicht über bestimmte Sachverhalte der Welt. Sie wollen eine Aussage über den Bereich des Sagbaren insgesamt treffen, und über die »transzendentalen« Elemente, die den Bereich des Sagbaren begrenzen und bedingen. Mit anderen Worten: Metaphysische Sätze wollen etwas über das Unsagbare sagen, das »Mystische«. Deshalb stellt Wittgenstein am Ende des Traktats fest, dass auch seine eigenen Sätze unsinnig sind, denn sie sind keine naturwissenschaftlichen, sondern philosophische Sätze, die über die Grenzen der Welt sprechen. Die berühmte

Schlusspassage im *Tractatus*, 6.54 lautet: »Meine Sätze erläutern dadurch, dass sie der, welcher mich versteht, am Ende als unsinnig erkennt, wenn er durch sie – auf ihnen – über sie hinausgestiegen ist. (Er muß sozusagen die Leiter wegwerfen, nachdem er auf ihr hinaufgestiegen ist.)« Und: »Er muß diese Sätze überwinden, dann sieht er die Welt richtig.«

Der Bereich dessen, was sich nicht sagen lässt, wird im *Tractatus* sehr weit gezogen. Da der Bereich des Sagbaren durch die Gesamtsumme bestehender und nicht bestehender Sachverhalte, wie sie die Naturwissenschaften beschreiben, vollständig ausgeschöpft ist, sind Ethik und Ästhetik gleichermaßen »transcendental« (6.421). In der Welt, sagt Wittgenstein, kann kein Wert vorkommen, und käme einer vor, dann hätte er keinen Wert (6.41). Das ist ein dunkler Gedanke, aber Wittgenstein meint mit ihm vielleicht Folgendes: Gäbe es einen Wert, so wäre er eine bloße Tatsache und als solche *kontingent*, d. h. bedingt oder zufällig. Für jede Tatsache ist es wahr, dass auch ihr Gegenteil der Fall sein könnte, und sogar andere Naturgesetze als die bestehenden sind denkbar. Demgegenüber ist es ausgeschlossen, dass, wenn etwas einen Wert hat, auch das Gegenteil davon wertvoll sein könnte. Echte Werte sind nicht-kontingent und daher, so könnte man sagen, nicht von dieser Welt.

Dass es Werte gibt, zeigt sich; ausdrückbar sind sie nicht. Wie aber zeigt sich, dass es Werte gibt? Wittgenstein antwortet: Die Welt des Glücklichen ist eine andere als die des Unglücklichen. »Glück« bezeichnet bei Wittgenstein eine ethische Kategorie, das glückliche *ist* das gute Leben. Die Welt des bösen Wollens ist eine andere als die des guten Wollens. Damit soll *nicht* gesagt werden, dass sich die Tatsachen von Fall zu Fall änderten, je nachdem, ob man glücklich oder unglücklich, gut oder böse ist, vielmehr müssen sich die »Grenzen der Welt« selbst ändern. *Die Welt muss überhaupt eine andere werden*: »Sie muß sozusagen als Ganzes abnehmen oder zunehmen.« (6.43) Bei gleichbleibenden Tatsachen lebt also der gute (glückliche) Mensch in einer anderen Welt als der böse (unglückliche), und die Art und Weise, wie die Dinge werthaft oder unwerthaft sind, betrifft nicht ihre Tatsächlichkeit, sondern ihre unaussprechbare Abhängigkeit vom Subjekt.

Was ist das aber, dieses Subjekt, durch dessen ethisches So-oder-so-Sein, durch dessen Glück oder Unglück die »Grenzen« der Welt verändert werden? Gewiss ist hier nicht vom empirischen Subjekt die Rede, dem Subjekt, das unter anderem die Psychologie erforscht. Die Rede ist vom transzendentalen Subjekt, das allein für Wittgenstein gut oder böse sein kann. Nur dieses Subjekt nennt er »Subjekt«, und von ihm heißt es im *Tractatus*, 5.631: »Das denkende, vorstellende, Subjekt gibt es nicht.« Denn wenn ich, sagt Wittgenstein, ein Buch schriebe mit dem Titel *Die Welt, wie ich sie vorfand*, so wäre darin von mir als dem Subjekt, das die Welt so und so vorfand, doch *nicht* die Rede. Es könnte von ihm gar nicht die Rede sein. Das Ich ist kein Teil der Welt.

Mein Ich ist der Bezugspunkt aller meiner Bewusstseinsinhalte, insofern mir evident ist, dass es sich um *meine* Bewusstseinsinhalte handelt. Mein Ich lässt sich daher nicht auf einen (wie auch immer komplexen) Bewusstseinsinhalt *reduzieren*, weil mit Bezug auf jeden meiner Bewusstseinsinhalte gilt, dass *ich* es bin, dem er evident ist. Ich kann ihn mir als den *meinen* zuschreiben. Man hat diese Eigentümlichkeit als die *Transzendenz des Ego* charakterisiert. Sie ist es, die Wittgenstein vorschwebt, wenn er fortfährt: »Das Subjekt gehört nicht zur Welt, sondern es ist eine Grenze der Welt.« Und: »Es gibt also wirklich einen Sinn, in welchem in der Philosophie nicht-psychologisch vom Ich die Rede sein kann. Das Ich tritt in die Philosophie dadurch ein, daß die ›Welt meine Welt ist‹.«[50]

Doch das Absurde dieser Argumentation liegt auf der Hand: Um die Grenze des sinnvoll Sagbaren auf empirische Sachverhalte zu beschränken, Sachverhalte, die der naturwissenschaftlichen Forschung zugänglich sind, muss Wittgenstein eine ganze Metaphysik des Subjekts als Grenze der Welt etablieren. Wittgenstein muss eine Menge Unsinn – in seinem Verständnis des Wortes – reden, um als *Konsequenz* ein Kriterium des sinnvollen Redens entwickeln zu können.

Wir lernen daraus, dass es nicht zum Ziel führt, die Metaphysik mit Hilfe eines Sinnkriteriums zu bekämpfen. Denn ein solches Kriterium ist entweder trivial, weil es sich auf *offensichtlich* Sinnloses bezieht (etwa den Satz »Ludwig XIV. hatte eine Winkelsumme von 180°«), oder es schneidet aus dem Gesamtbereich des Redens, das wir *verstehen* und *daher* für sinnvoll halten, einen Teil als unsinnig heraus (etwa das philosophische Reden): Dann aber muss begründet werden, warum das augenscheinlich Verstehbare *in Wahrheit* nicht verstehbar ist. Dazu benötigt man ein Konzept, das den Bereich des Sinnvollen, des Nicht-Metaphysischen festlegt, etwa eine Abbildtheorie der Sprache oder eine Theorie des Subjekts. Doch so ein Konzept gehört, als *Meta*-Konzept, schon nicht mehr dem von ihm postulierten Bereich des Sinnvollen an. Es ist selbst metaphysisch und daher, nach Wittgenstein, ohne Sinn.[51]

Der wittgensteinsche Traktat taxiert das Problem denkbar genau und zieht doch nicht die richtige Konsequenz daraus. Statt die Metaphysik zu rehabilitieren, erklärt Wittgenstein am Schluss lieber seine eigenen Ausführungen für unsinnig. Bleibt die Frage, wie es dann überhaupt möglich war, Wittgensteins Argumenten zu folgen. Die Antwort ist einfach: Der Traktat besteht *nicht* aus unsinnigen, sondern aus *philosophischen* Sätzen.

II

Die logische Grammatik – Später räumte Wittgenstein ein, dass er im Traktat schwere Fehler begangen habe. Damit meinte er allerdings *nicht* seine Kritik des metaphysischen Redens, sondern seine Sprachtheorie. Er blieb immer der Idee verhaftet, dass die meisten philosophischen Probleme einem subtilen Missbrauch der Sprache, ihrer »logischen Grammatik« entstammten und dass der Ursprung des Missbrauchs in dem Bedürfnis liege, Unsagbares zu sagen.

Wittgensteins zweites, nicht mehr zu Lebzeiten veröffentlichtes Buch sind die *Philosophischen Untersuchungen* (*Philosophical Investigations*) – abgekürzt »PhU« –, zuerst publiziert 1953. Darin wird die Auffassung verworfen, dass die Bedeutung eines Satzes stets darin liege, ein mögliches »Bild der Wirklichkeit« zu sein. Ebenso verworfen wird die damit zusammenhängende Vorstellung, dass sich die Funktion eines Substantivs stets darin erschöpfe, einen Gegenstand zu bezeichnen.[52] Stattdessen wird nun behauptet: »Man kann für eine *große* Klasse von Fällen der Benützung des Wortes ›Bedeutung‹ – wenn auch nicht für *alle* Fälle seiner Benützung – dieses Wort so erklären: Die Bedeutung eines Wortes ist sein Gebrauch in der Sprache.« (PhU, §43) Demnach ist die richtige Methode des Philosophierens, stets darauf zu achten, wie ein Wort in einer Sprachgemeinschaft oder »Lebensform« verwendet wird. Man muss die »Logik« des »Sprachspiels« studieren, um dann zu zeigen, wie die Metaphysiker in ihrem

Drang, die Grenzen der Sprache aufzubrechen, gegen den regulären Gebrauch und damit gleichzeitig gegen die *logische Grammatik* des Wortes verstoßen.

Einer der sehr unklaren Begriffe, der hier enorme Bedeutung erlangt, ist jener der »logischen Grammatik«. Denn damit ist nicht einfach die Syntax, sind nicht die Formbildungsregeln der jeweiligen Sprache gemeint. Wenn nämlich die logische Grammatik etwas Konventionelles wäre, so wie die Regeln eines Spiels konventionell sind, und somit das Wörtchen »logisch« im vorliegenden Zusammenhang nicht viel zu bedeuten hätte, dann müsste man diese »Grammatik« bei Bedarf verändern können. Dann aber wäre auch nichts dagegen einzuwenden, dass sie im Sinne der Metaphysik verändert wird. Es scheint also, dass der wittgensteinsche Begriff der logischen Grammatik auf *nicht*-konventionelle, d. h. prinzipielle und unveränderliche Grenzen der sinnvollen Verwendung eines Wortes hindeutet. Wie kann man dann aber jene Grenzen erkennen?

Wir bewegen uns hier, bei Wittgenstein, schon weit hinter der Linie, wo die Positivisten noch dachten, Sinnkriterien formulieren zu können, die sie aus der Methodik der Naturwissenschaften beziehen wollten. Wittgensteins eigene Spätphilosophie legt eine ganz andere Verfahrensweise nahe: Man muss darauf achten, was die Leute tun, die eine Lebensform beherrschen und das dazugehörige Sprachspiel richtig spielen. Man muss zum Beispiel darauf achten, wie gläubige Menschen ihren Glauben praktizieren, sich dabei der heiligen Schriften bedienen, über religiöse Dogmen reden usw. Doch offensichtlich setzt so ein Verfahren voraus, dass wir schon wissen, welche Leute ein Sprachspiel *richtig* spielen und welche nicht. Gerade das freilich könnten wir erst wissen, wenn wir in der Lage wären zu sagen, was das ist – die »logische Grammatik« des jeweiligen Sprachspiels.

Damit beginnen wir uns ausweglos im Kreis zu drehen. Um zu wissen, was die logische Grammatik ist, müssen wir das Sprachspiel studieren, *insofern* es korrekt gespielt wird; um aber zu erkennen, *ob* es korrekt gespielt wird, müssen wir auf die logische Grammatik des Sprachspiels zurückgreifen. Das lässt den Verdacht aufkommen, dass die Sprachspiel-»Regeln« im Grunde genau dann erfüllt sind, wenn die Leute, die miteinander reden, das deutliche, unabweisbare *Gefühl* haben, sie könnten einander im großen und ganzen verstehen.

Demnach wäre es einfach die gemeinsame Evidenz, sich über alle Meinungsverschiedenheiten hinweg verständlich machen zu können, wodurch die logische Grammatik einer Lebensform konstituiert würde. Und ist es nicht tatsächlich so? Wittgensteins dunkle Rede von den Grenzen der Sprache, die zugleich die Grenzen der Welt seien, wäre dann, im Kontext seines Sprachspielgedankens, nichts weiter als leeres Gerede.

III

DIE METAPHYSIK ALS SPRACHSPIEL – Die Bedenken gegen den Begriff der logischen Grammatik bleiben nicht folgenlos für Wittgensteins Argumente gegen die Metaphysik. Diese Argumente, vorgetragen vom Standpunkt der Gebrauchstheorie sprachlicher Bedeutungen, sind nicht überzeugend, einmal abgesehen davon, ob die Theorie selbst überzeugt.

Erster Einwand: Was eigentlich ist ein Sprachspiel, was ist eine Lebensform? Angenommen, man antwortet im Sinne der *Ordinary-Language-Philosophy*: Das Sprachspiel des Alltags. Dann fragt sich doch, wo die Lebensform des Alltags beginnt und wo sie endet. Endet sie im Physikhörsaal, weil dort über Dinge gesprochen wird, die dem Sprachspiel aller wissenschaftlichen Laien vollkommen fremd sind, etwa über das Raum-Zeit-Kontinuum, den Teilchen-Welle-Dualismus, die heisenbergsche Unschärferelation, den Quantensprung, die Antimaterie etc.? Das kann nicht sein, vorausgesetzt, das Sprachspiel des Alltags legt die Bedeutung aller Begriffe, ihre mysteriöse logische Grammatik, erst fest. Wenn die Lebensform des Alltags *fundamental* ist, dann muss sie, wie immer erweitert und verfeinert, im Physikhörsaal weiterbestehen. Warum dann aber nicht auch im Philosophieseminar? So wie sich die Physik aus dem Sprachspiel des Alltags entwickelt, so auch die Metaphysik.

Zweiter Einwand: Wenn es *ein* Sprachspiel gibt, warum dann nicht mehrere? Metaphysiker reden anders als Bauarbeiter, und die afrikanischen *!Kung*-Buschleute anders als der euro-amerikanische Globalmensch. Vielleicht wird man einwenden, der Metaphysiker habe im Unterschied zu Bauarbeitern, Nomaden oder den Businesspeople keine Praxis. Wittgenstein will ja erst »das Ganze: der Sprache und der Tätigkeiten, mit denen sie verwoben ist«, ein »Sprachspiel« nennen (PhU. §7). Das Sprachspiel des Metaphysikers wäre demnach, sofern es überhaupt eines ist, *parasitär* zu dem des Alltags, der Wissenschaft, der Religion, der Kunst. Dagegen lässt sich jedoch zweierlei sagen:

(a) Angenommen, es ist parasitär, na und? Dann sind auch die Mathematik und die theoretische Physik parasitär in dem Sinne, dass sie mit Erfahrungen und Begriffen des Alltags beginnen. Doch dann gehen sie eben weiter, sie verändern das Vokabular, sie stoßen zu neuen Gedanken und neuen Kategorien vor. Wer wollte hier den Beckmesser der Alltagssprache mimen, und vor allem – warum?

(b) Gibt es wirklich einen guten Grund, den Begriff der Praxis so eng, so handgreiflich zu fassen? Der Mathematiker erlernt die Bedeutung seines Sprachspiels nicht am Bauplatz und auch nicht an einem Ort, der mit einer Stätte zur Ausführung religiöser Zeremonien vergleichbar wäre. Der Mathematiker lebt in der Welt der Logik und der formalen Operationen, seine »Lebensform« ist wesentlich immateriell. Dennoch *lernt* er den *korrekten* Gebrauch seiner Begriffe. Wenn also für den Mathematiker gilt, dass er ein Sprachspiel spielt, warum dann nicht auch für den Metaphysiker, der zunächst, als Student der Philosophie, ebenfalls lernt, die *philosophische* Begrifflichkeit *korrekt* zu handhaben?

Dritter Einwand: Aus vielen Stellen bei Wittgenstein geht hervor, dass er dachte, es gäbe nicht bloß *ein* Sprachspiel – das Sprachspiel des Alltags und seiner legitimen Ableger wie die Wissenschaft –, sondern viele Sprachspiele, darunter das der Religion. Wenn es aber mehrere oder sogar viele Sprachspiele und ihnen korrespondierende Lebensformen gibt, wie ist dann eine wechselseitige kritische Beurteilung und Abwägung möglich? Die Antwort lautet: Gar nicht, es sei denn, wir haben einen *universellen Standard*, der an *kein* bestimmtes Sprachspiel gebunden ist.

Was könnte ein solcher Standard sein? Die Logik vielleicht, doch sie ist viel zu schwach, um die Metaphysik zu eliminieren. Was also dann? Auf diese Frage gibt es, wie schon angedeutet, keine gute Antwort. Zwar mag es streng universelle Grundsätze des Denkens und Erfahrens geben, doch sind gerade sie der *Ausgangspunkt* des metaphysischen Fragens, nicht seine *Limitierung*. Man denke etwa an die Unterscheidung zwischen Schein und Realität, oder an die zwischen Gut und Böse, Schön und Hässlich, Wahr und Falsch, Körper und Geist.

Wittgensteins Angriff ist nicht, wie bei den Säkularisten, gegen die religiösen Momente in der Metaphysik gerichtet, im Gegenteil. Wittgenstein wollte das religiöse Erleben davor bewahren, an das rationalisierende Gängelband der Metaphysik gelegt zu werden. Die religiöse Haltung repräsentierte für Wittgenstein eine Lebensform, die das Sprachspiel des Erklärens und Begründens *ausschließt*. Hier ein charakteristisches Zitat aus den *Vermischten Bemerkungen*:

»Die Religion sagt: *Tu dies! – Denk so!* – aber sie kann es nicht begründen, und versucht sie es auch nur, so stößt sie ab; denn zu jedem Grund, den sie gibt, gibt es einen stichhaltigen Gegengrund. Überzeugender ist es, zu sagen: ›Denke so! – so seltsam dies scheinen mag.‹ Oder: ›Möchtest Du das nicht tun? – so abstoßend es ist.‹«[53]

Der Fehler der Metaphysik bestünde demnach gerade darin, das philosophische Räsonnement an die Sphäre des absoluten Geheimnisses heranzutragen. Die Religion hat ihr eigenes Sprachspiel – die Glaubenserzählung, die Verwendung von Gleichnissen, Gebete, Dichtung sowie die damit verzahnten Tätigkeiten, Rituale, Zeremonien. Doch es gehört zum *Wesen* dieses Sprachspiels, sich dem Göttlichen gegenüber demütig zu verhalten, es weder erklären noch begründen zu wollen. Das metaphysische Sprachspiel ist, so gesehen, hochmütig und daher, vom religiösen Standpunkt aus betrachtet, sündhaft.

§ 10
Ontologischer Relativismus

I

WELTERZEUGUNG DURCH SPRACHANWENDUNG? – Eine der Herausforderungen, denen sich der Realist heute stellen muss, ist der ontologische Relativismus, wie er nicht zuletzt durch Wittgensteins Theorie der Sprachspiele und Lebensformen provoziert wurde. Die grundlegende Behauptung des Relativisten lautet: Es gibt nicht bloß *eine* Art, die Welt in Begriffe zu fassen, sondern verschiedene Arten, dies zu tun.

Nehmen wir als Beispiel das Sprachspiel der Physik und stellen ihm das Sprachspiel des Alltags gegenüber. Die Grundbegriffe der Physik sind so gewählt, dass in der Welt, die durch sie »strukturiert« wird, keine Personen, kein Bewusstsein, keine Absichten, keine Verantwortlichkeit und keine Moral auftauchen können; stattdessen treffen wir auf Dinge und Ereignisse, für die wir im Alltag keine Begriffe haben: Teilchen, die Wellen sein können, die keinen exakten Ort haben oder reine Energie sind. Man kann die Welt des Alltags nicht auf die der Physik reduzieren und umgekehrt.

Es lässt sich innerhalb der Konvention der Alltagsbegrifflichkeit nicht ausdrücken, was es heißen soll, dass ein Körper unter bestimmten Bedingungen eine Welle *ist*. Um dem naturwissenschaftlichen Laien doch eine Ahnung von dem, worum es hier geht, zu vermitteln, wurde gesagt, dass sich gewisse Mikroteilchen bisweilen *wie* Wellen verhalten. Das klingt so, als ob die Teilchen eben doch immer Teilchen wären, die bloß in bestimmten Situationen eine Art Verwandlungskunststück aufführten. Aber diese Vorstellung ist falsch, sie ist das Ergebnis des misslingenden Versuchs, Tatsachen, die adäquat nur mittels der physikalischen Begrifflichkeit auszudrücken sind, in unsere gewöhnlichen Alltagsbegriffe zu übersetzen.

Dasselbe gilt, in gesteigertem Maße und mit umgekehrtem Vorzeichen, für den Versuch, das, was eine Person ausmacht, in einer physikalischen Sprache darzustellen. Auch hier steht der Übersetzer auf verlorenem Posten. Er weiß buchstäblich nicht, wie er innerhalb der physikalischen Begrifflichkeit ein wie auch immer schiefes Bild davon geben könnte, was eine Person *ist* – ein Wesen nicht nur mit Bewusstsein und Empfindungen, sondern mit Selbstbewusstsein und reflektierten Bedürfnissen.

Der ontologische Relativist nimmt nun den Umstand, dass wir die kategorialen Begriffssysteme nicht ineinander übersetzen können, zum Anlass, von der »Erzeugung verschiedener Welten« zu sprechen. Diese sind es, die den verschiedenen sprachlichen Rahmenwerken entsprechen sollen. Aber die Sache ist bei weitem nicht so klar, wie sie auf den ersten Blick zu sein scheint. Wenigstens drei kritische Punkte müssen hier erwähnt werden:

Erstens. Wir können uns innerhalb jedes »Sprachspiels« entschließen, bestimmte fundamentale Elemente auszublenden. Dann erhalten wir *anscheinend* eine neue Welt. So etwa können wir uns entschließen, innerhalb unserer Alltagsbegrifflichkeit über Personen fortan nur noch so zu sprechen, *als ob* Personen nichts weiter als lebende Organismen *wären*. Statt von Handlungen reden wir dann bloß von Bewegungen im Raum, statt von Absichten reden wir von Tendenzen des Körpers, sich unter bestimmten Bedingungen in einer bestimmten Weise zu verhalten, statt von Empfindungen sprechen wir von den physischen Reaktionen, die unter bestimmten äußeren Reizungen oder inneren Zuständen des Körpers eintreten. Wir können das tun, aber wir werden dabei wissen, dass die so entstehende »Welt« die Tatsachen verfälscht, falls sie *absolut* gesetzt wird, d. h., falls sie als *echte Alternative* zur vertrauten Alltagswelt ausgegeben wird. Personen sind keine bloßen Organismen oder Bio-Mechanismen, und das bleibt trivialerweise auch dann wahr, wenn die uns zur Verfügung stehende Begrifflichkeit bloß gestattet, Personen so zu beschreiben, als ob es sich bei ihnen um nichts weiter als Organismen oder lebende Mechanismen handelte.

Zweitens. Niemand käme in dem eben erwähnten Fall auf den Gedanken zu bezweifeln, dass das grundlegende und umfassendere »Sprachspiel« das des Alltags ist. Die Welt, so wie sie ist, umfasst demnach unbelebte Körper, Organismen und eben auch Personen. Betrachten wir nun aber das »Sprachspiel« der Physik als ein solches, das auf einem bestimmten Teil des kategorialen Begriffsapparats des Alltags aufbaut (Ausdehnung, Gewicht, Bewegung, Anziehung, Erwärmung usw.), dann ist klar, dass die physikalische Welt keine Alternative zu der des Alltags darstellt.

Sie ist ebenso spezialisiert wie von der Ontologie des Alltags abhängig. *Die Ontologie des Alltags ist fundamental.*

Drittens. Deshalb müssen wir auch folgenden Unterschied registrieren: Der Begriffsapparat des Alltags lässt sich erweitern – *und muss erweitert werden* –, wenn ganz neue und bisher ungeahnte Erfahrungssituationen auftreten, etwa wenn sich Elementarteilchen in bestimmten Situationen adäquat nur als Wellen darstellen lassen. Dabei darf jedoch der Rückbezug zur Alltagsbegrifflichkeit nicht verloren gehen, weil ansonsten die physikalische Begrifflichkeit ihren Erfahrungsgehalt einbüßen würde. Der Erfahrungsgehalt ist letztlich immer fundiert in den Erfahrungen, die Physiker machen, indem sie experimentieren. Obwohl also der Umstand, dass Teilchen Wellen sein können, in unserer Alltagsbegrifflichkeit, die an Körpern mittlerer Größenordnung orientiert ist, anfänglich eine semantische Unordnung erzeugt (Teilchen sind zunächst *per definitionem* keine Wellen), bedeutet die Anerkennung des physikalischen Tatbestandes nicht die »Konstitution« einer alternativen Welt. Stattdessen hat sie Nachjustierungen im Begriffsfeld des Alltags zur Folge: Dass Teilchen keine Wellen sind, wird schließlich nicht mehr als analytische (definitorische) Beziehung behandelt, sondern als eine empirische Gegebenheit, die nur für Körper mittlerer Größenordnung, nicht aber für Mikrophänomene gilt. Demgegenüber ist die Unausdrückbarkeit aller personalen und bewusstseinshaltigen Sachverhalte in der Sprache der Physik ein Zeichen dafür, dass diese Sprache bloß der spezialisierte Teil einer anderen, fundamentaleren ist. Denn es ist keine Frage der *Wahl* des Begriffssystems, ob es Personen *gibt*.

II

Zur Frage echter ontologischer Alternativen – Nun wurde in der Philosophie der neueren Zeit namhaft gemacht, es seien zu dem kategorialen Begriffsapparat des Alltags immerhin *gleichmächtige* Alternativen denkbar. Stephan Körner zum Beispiel hat in seinem Buch *Experience and Theory* (1966) dem »Dingschema« des Alltags ein von ihm so genanntes »Situationsschema« gegenübergestellt. Er spricht von alternierenden »Schemata des empirischen Differenzierens« und behauptet, beide seien ontologisch fundamentale, also kategoriale Begriffsrahmen (*categorial frameworks*).[54]

Das Dingschema gliedert die Welt in zwei grundlegende Arten von Individuen: einerseits Raumbereiche, in denen andererseits Dinge samt den ihnen »anhaftenden« Eigenschaften entweder in Ruhe verharren oder sich bewegen. Veränderungen, die sich an den Dingen vollziehen, sind keine Veränderungen des Raumes selbst. Im Dingschema wird individuelle Identität so konstruiert, dass man davon ausgeht, dass einem Ding bestimmte Merkmale als individuierende Merkmale zukommen, etwa dem Hund Fido das Merkmal, seit seiner Geburt eine bestimmte biographische »Weltlinie« zu durchlaufen, wie sie sonst kein anderes Wesen einnimmt. Von den Eigenschaften der Biographie Fidos jedoch bleiben die Eigenschaften des Raumes, in dem sich Fidos Leben entfaltet, unberührt.

Im Situationsschema hingegen existieren keine Dinge als autonome ontologische Größen. Die Qualitäten des Dinges erscheinen hier als Eigenschaften des Raumes, was zur Folge hat, dass es den Hund Fido nicht mehr gibt, wohl aber alle die Qualitäten, die ihm im Dingschema zukommen, nun allerdings konzipiert als Eigenschaften bestimmter Raumbereiche zu bestimmten Zeiten. Wenn man eine *façon de parler* der Physik verwenden wollte, schreibt Körner, könnte man sagen, dass, während sich im Dingschema Fido durch den Raum bewegt, sich im Situationsschema eine Qualitäten-Konstellation namens Fidoheit, die artmäßig eine Hundeheit ist, durch den Raum »fortpflanzt«. Das bedeutet, dass nebeneinander liegende Raumbereiche sukzessive zu »Trägern« der entsprechenden Qualitäten werden und sie dann wieder verlieren.

Körner fügt seinen Überlegungen hinzu, dass es vor dem Hintergrund des wissenschaftlichen Fortschritts eines Tages sinnvoll sein könnte, vom Ding- zum Situationsschema überzuwechseln. Ist es nicht zweckmäßiger, von einer statistisch charakterisierten Zuständlichkeit eines bestimmten Raumbereiches zu reden statt davon, dass ein Elektron über eben jenen Raumbereich »verschmiert« ist? Und könnte es nicht sein, dass wir es eines Tages für nützlich erachten, die Konzeption des »physikalischen Feldes« ontologisch zu generalisieren, um so eine Einheit zwischen der fortschrittlichsten wissenschaftlichen Beschreibung der Welt und unseren begrifflichen Alltagsgewohnheiten herzustellen?

Wenn Kräfte wie die der Gravitation oder des Elektromagnetismus als Raumzuständlichkeiten definiert werden, warum dann nicht auch die Körper, auf die sie wirken? Was sind, vom Standpunkt der allgemeinen Relativitätstheorie aus, die physischen Dinge (Massen) anderes als sphärische, nicht-euklidische Zustände *des* Raumes? Die Antwort auf diese Fragen erfordert einige Überlegungsschritte:

(a) Wenn in der Physik zwischen Feldern und Körpern (Massen) unterschieden wird, dann hat das einen zwingenden empirischen und theoretischen Sinn. Es gilt traditionell als Kennzeichen von Kräften, dass durch sie Körper ohne gegenseitige Berührung aufeinander einwirken, also nicht so wie die Billardkugel, die eine andere dadurch in Bewegung setzt, dass sie auf sie aufprallt. Die Beschreibung des Kraftfeldes ist eine bestimmte physikalische Art, den Raum zu beschreiben, indem angegeben wird, welche Kraft an einem bestimmten Punkt des Raumes auf einen Körper einwirkt. Worauf es hier ankommt, ist gerade das Wechselspiel zwischen Ding und Situation, zwischen Konstellationen von Körpern und sie umgebenden Raumbereichen. Natürlich kann sich die Situation ändern, zum Beispiel dadurch, dass man entdeckt, dass die geometrische Beschaffenheit des Raumes nicht unabhängig von den in ihm befindlichen Massen ist. Man sagt dann etwa, dass die Masse der Sonne den sie umgebenden Raum »krümmt« und daher die kürzeste Strecke eines nahe an der Sonne vorbeifliegenden Lichtstrahls keine euklidische Gerade mehr ist; oder dass die Masse eines Schwarzen Lochs eine »Raumkrümmung« erzeugt, aus der kein Licht mehr »entweichen« kann. Es mag also physikalische Entdeckungen geben, die es nahe legen, die strikte ontologische Unterscheidung zwischen Zuständen von Körpern im Raum und Raumzuständen, die auf Körper einwirken, zugunsten einer Konzeption aufzugeben, die Körners Situationsschema entspricht. Aber die Gründe dafür müssen dann *empirisch motiviert* sein, begründet in experimentellen Situationen und der ihnen zugeordneten Theorie. Es ist diese Art von Motivation, die den Übergang zum Situationsschema nicht trivial, sondern informativ erscheinen lässt.

(b) Der eben genannte Wandel in unserer Beschreibungsweise der Welt bietet dem ontologischen Relativisten *kein* Argument. Denn der Wandel ist, falls er stattfindet, die empirisch richtige oder jedenfalls beste Art, *die* Welt zu sehen, und nicht einfach eine unter mehreren möglichen und gleichermaßen annehmbaren Alternativen. Demgegenüber ist ein empirisch und theoretisch unmotivierter Übergang vom Ding- zum Situationsschema zwar vordergründig ein Punkt für den ontologischen Relativisten. Bei genauerem Hinsehen allerdings zeigt sich die Irrelevanz eines solchen »Relativismus«. Er verwendet nur verschiedene Worte, die in unterschiedlichen kategorialen Begriffsrahmen organisiert sind, um *dieselben* empirischen Tatbestände zu beschreiben. Ob sich in einem bestimmten Raumbereich eine Fidoheit um eine Eckheit so-und-so fortpflanzt oder ob Fido um eine Ecke läuft, ist, salopp gesprochen, gehupft wie gesprungen. Das macht einen Unterschied nur in den Worten, nicht in den Sachen.

(c) Der ontologische Relativist arbeitet mit der Idee, dass es keinen vorbegrifflichen Erfahrungsinhalt gibt. Diese Idee, die auf Kant zurückgeht, schließt ein, dass jeder Erfahrungsinhalt aus einer eigentümlichen Verschmelzung von sinnlichem Stoff und Begriffsrahmen resultiert. Während aber Kant von einem einzigen Rahmen ausging, den er für unwandelbar hielt (die newtonsche Konzeption von Raum und Zeit, bereichert um die reinen Kategorien des Verstandes), entspricht es dem Pluralismus der modernen Welt, sich vorzustellen, dass es nicht nur *ein* Produkt der Verschmelzung geben kann, sondern echte ontologische Alternativen – mehrere Welten. Dahinter steckt die Annahme, dass der sinnliche Stoff an sich keinen bestimmten Begriffsrahmen erzwingt, so dass unterschiedlichen menschlichen Lebensformen und Begriffskulturen buchstäblich unterschiedliche Wirklichkeiten korrespondieren können. Aus dem bereits Gesagten geht freilich hervor, in wie geringem Maße eine derartige Schlussfolgerung einleuchtet. Die Verwendung unterschiedlicher Wörter *als* Kategorien bedeutet keineswegs, dass man in unterschiedlichen Erfahrungswelten lebt. Das zeigt die Scheinalternative »Dingschema vs. Situationsschema« deutlich genug. Die Frage, ob jemand, der das Dingschema verwendet, die Welt anders *sieht* als jemand, der das Situationsschema verwendet, ist ein Pseudoproblem, solange sich aus der Anwendung der beiden Schemata kein anderer Unterschied ergibt als der, dass zur Bezeichnung derselben Sachen unterschiedliche *Wörter* verwendet werden.

Die Welt an sich und der putnamsche Relativist – Aber, so könnte man hartnäckig fragen, sind es denn dann noch *dieselben* Sachen? Nun, wenn jeder Satz »p« des Dingschemas eine genaue Entsprechung »q« im Situationsschema hat, und wenn kein Fall *konstruierbar* ist, in dem »p« wahr, aber »q« falsch wäre, dann muss die Frage bejaht werden. Der entscheidende Gedanke hier lautet: Zwei Welten W_1 und W_2 sind dann und nur dann empirisch divergent, wenn sie tatsächlich unterschiedliche Erfahrungsinhalte generieren. Dies aber führt notwendigerweise dazu, dass für W_1 das Auftreten von Erfahrungsinhalten immerhin vorstellbar sein muss, die in W_2 entweder überhaupt keine Entsprechung haben, oder dass eben diese Entsprechung für W_2 einen Inhalt liefert, der mit dem korrespondierenden Inhalt in W_1 nicht verträglich ist (und umgekehrt).

Doch der Relativist gibt sich hier womöglich nicht geschlagen. Er fragt, woher man denn wisse, dass die Unterschiede zwischen W_1 (Dingschema) und W_2 (Situationsschema) rein sprachlicher Natur seien? Tatsache ist, dass es im Situationsschema keinen Fido gibt und im Dingschema keine Fidoheit, usw. Was nun aber die Möglichkeit von bedeutungsidentischen Beschreibungen über die Schemata hinweg betrifft, so ist es – folgt man dem Relativisten – unmöglich, dafür einen Beweis zu liefern. Ein solcher Beweis wäre nur führbar vom Standpunkt eines noch grundlegenderen Schemas aus, auf das sich die Aussagen des Ding- wie des Situationsschemas gleichermaßen reduzieren ließen. Doch ein solches Schema ist inexistent, da sowohl das Ding- als auch das Situationsschema kategoriale Begriffsrahmen sind und daher die unhintergehbare Basis all unserer ontologischen Distinktionen bilden.

Nun, der Relativist hat Recht, wenn er sagt, dass es keine theorieunabhängige Beschreibung der Welt in genau folgendem Sinne gibt: (1) Wir müssen die Begrifflichkeit *entweder* des einen *oder* des anderen Schemas verwenden. (2) Die Aussagen, die mit Hilfe des einen Schemas gemacht werden, sind in einer bestimmten Weise »*falsch*«, wenn sie vom Standpunkt des anderen Schemas aus beurteilt werden. So gibt es vom Situationsschema aus gesehen ebenso wenig Hunde, wie es vom Dingschema aus Hundeheiten gibt. (3) Daher sind die Eigenschaften der Welt selbst

»*relativ*« zu einer Theorie bzw. einem Schema. In dieselbe Kerbe schlägt Hilary Putnam:

> »Das Problem – auf das Nelson Goodman seit langer, langer Zeit nachdrücklich hinweist – besteht darin, dass diese Doktrin [die des metaphysischen Realisten] DIE WELT zurückbehalten mag, aber um den Preis, jedwede verständliche Idee davon, *wie* DIE WELT ist, aufzugeben. Jede Aussage, die ihren Wahrheitswert ändert, indem sie von einer korrekten Theorie zu einer anderen korrekten Theorie überwechselt – z. B. eine äquivalente Beschreibung [equivalent description] –, wird bloß eine *zur jeweiligen Theorie relative* Eigenschaft DER WELT ausdrücken. Und je mehr solcher Aussagen es gibt, um so mehr [angebliche] Eigenschaften DER WELT werden sich als Theorie-relativ herausstellen.«[55]

Um nun aber zu sehen, wo der Schwachpunkt der relativistischen Argumentation liegt, konzentrieren wir uns zunächst auf die Behauptungen (1) und (2). Aus welchen Gründen ist es denn »falsch«, innerhalb des Situationsschemas die Existenz von Dingen zu behaupten? Doch gewiss nicht aus empirischen Gründen! Wenn das körnersche Situationsschema *universal* verwendet wird – und als solches ist es konzipiert –, dann lässt sich von Dingen überhaupt nicht sinnvoll reden. Der Begriffsapparat des Schemas kennt kein Konzept der Dinge (sowenig der Begriffsapparat der Physik das Konzept des Bewusstseins kennt). Die Aussage »Fido läuft ums Eck« ist im Rahmen des Situationsschemas *nicht* empirisch falsch, sondern *unverständlich*. Wird diese Aussage aber ins Situationsschema »übersetzt«, dann liegt eine *equivalent description* vor. Der Satz »Eine Fidoheit pflanzt sich um die-und-die Eckheit so-und-so fort« ist genau dann wahr, wenn Fido ums Eck läuft. Beide Aussagen bedeuten empirisch *dasselbe*, denn es gibt im einen Schema keine *denkbare* Annahme, die vom Standpunkt des anderen Schemas aus *empirisch* falsch wäre.

Das macht nun freilich die Rede davon, dass die Eigenschaften der Welt stets zu einer Theorie oder einem Schema relativ seien – Behauptung (3) –, nicht einfach unrichtig, aber banal. (3) bedeutet bloß, dass wir über die Eigenschaften der Welt nicht anders sprechen können als mit Hilfe eines kategorialen Begriffsrahmens, und dass, insofern es mehrere solcher Rahmenwerke gibt, die alternativ verwendet werden, wir für *dieselben* grundlegenden Eigenschaften *verschiedene* Ausdrücke haben. Es wäre absurd, deswegen die Existenz einer Pluralität von Welten zu postulieren. Gleichzeitig ist es weder sinnvoll noch notwendig, die Rückführung aller Begriffe auf ein einziges, das sozusagen absolut fundamentale *categorial framework* zu fordern.

Man kann mit Begriffen keine Welten erzeugen, denn es ist nicht die Funktion von Begriffen, Dinge und Eigenschaften hervorzubringen, sondern Dinge und Eigenschaften zu *bezeichnen*. Die Elemente, die ein kategorialer Begriffsrahmen bezeichnet, sind ihm gegenüber *ontologisch primär*. Das ist, wenn man so will, ein Teil der Bedeutung des Begriffs »Begriff«, und nicht etwa eine Hypothese, die sich durch die Entdeckung oder Konstruktion alternativer Schemata des empirischen Differenzierens widerlegen ließe. Wenn Begriffe einen Sinn haben sollen, dann muss es eine Welt geben, die unabhängig von ihnen existiert.

Durch diese Einsicht werden wir darauf verpflichtet, *in einem bestimmten Sinne* Realisten zu sein, und zwar in einem sehr bescheidenen. Auch die Welt des subjektiven Idealisten besteht, indem ihre ontologischen Basisdaten »Sinnesempfindungen« sind, aus Elementen, die unabhängig von den Begriffen existieren, die sie beschreiben. Dennoch besteht die Welt des Idealisten nicht unabhängig vom Subjekt der Sinnesempfindungen.

Für die regulative Idee einer gemeinsamen Wirklichkeit ist diese Art von Unabhängigkeit natürlich viel zu schwach. Putnams »metaphysischer Realist«[56] – kurz gesagt, der Alltags-Realist – muss behaupten, dass die Welt nicht nur unabhängig von ihren möglichen Beschreibungen, sondern auch unabhängig von den Subjekten, die irgendwelche Beschreibungen anfertigen, existiert. Aber der putnamsche Relativist, der von der Existenz verschiedener Begrifflichkeiten auf die Existenz verschiedener Welten schließt, kann zurückgewiesen werden, ohne die Welt des Realisten – DIE WELT – unterstellen zu müssen.

§ 11
Zwischenbilanz
Die Wirklichkeit als regulative Idee

Alle Versuche, metaphysische Probleme zu Scheinproblemen und die metaphysische Sprache für sinnlos zu erklären, gehen fehl. Denn metaphysische Probleme entstehen nicht, weil man gegen ein unumstößliches Sinnkriterium oder gegen die »Logik« eines Begriffs verstößt, sondern weil man durch die Sprache des Alltags auf ein Kategorienproblem stößt.

Wieso aber gibt es überhaupt Kategorienprobleme, die zu metaphysischen Fragen führen? Dafür sind vor allem zwei Schwierigkeiten verantwortlich. (1) *Die Reduktionsproblematik:* Sie ergibt sich aus dem Versuch, die ontologischen Fundamente unserer Weltsicht aufzuweisen. Ausgehend von der grundlegenden Unterscheidung zwischen Subjekt und Objekt, stehen wir vor dem Problem, dass unsere Primärdaten stets und notwendig subjektiv sind. Es droht die Gefahr des Solipsismus. (2) *Die Objektivitätsproblematik:* Wie lässt sich nichtsdestotrotz der Bereich des Objektiven, also der Bereich dessen, worauf wir uns alle gleichermaßen beziehen können, aus dem Bereich der Primärdaten aufbauen?

Wir scheinen hier in ontologische Sackgassen zu geraten: Erkennen wir den Primat des Subjekts an, wird alles objektiv Existierende zu einem unfassbaren, begrifflich unaufweisbaren Ding an sich: *Transzendenz der Wirklichkeit.* Wollen wir hingegen Realisten sein, dann müssen wir das Subjekt aus der Welt verschwinden lassen; es muss, wie Wittgenstein sagt, zu einem gleichsam ausdehnungslosen Punkt zusammenschrumpfen[57]: *Transzendenz des Ego.* Allerdings überwindet die Transzendenz des Ego den Primat des Subjekts erst dann, wenn das Subjekt tatsächlich aufgehört hat, die Quelle von ichhaften und daher perspektivischen Primärdaten zu sein. Dann aber können wir von der Welt (und uns selbst) gar nichts mehr wissen. Dem reinen Realismus korrespondieren, im Gegensatz zu Informationen der Art »Ich nehme wahr, dass . . .«, *subjektlose* Erkenntnisse als *Primärdaten* – also nichts, was uns jemals zugänglich wäre.

Die erkenntnistheoretische Reduktions- und die ontologische Objektivitätsproblematik führen in das Feld der metaphysischen Aporien. Diese sind das Ergebnis des Versuchs, unser Kategoriensystem so zu gestalten, dass wir über einen *gemeinsamen ontologischen Bereich* verfügen, und zwar sowohl im Theoretischen als auch im Moralischen. Die Aporie des Theoretischen wird ausgedrückt durch die Forderung nach einem absoluten Blick, die Aporie des Moralischen durch jene nach einem panpsychischen Subjekt. Man kann, mit einem kantischen Ausdruck, bei beiden Forderungen von *regulativen* Ideen sprechen: Obwohl wir wissen, dass ihre Einlösung unmöglich ist, sind wir dennoch angehalten, nach ihrer Einlösung zu *streben*.

Streng genommen, ist das eine sinnlose Anweisung. Denn sie verlangt nicht bloß Übermenschliches, also etwas, das für uns gleichsam im Unendlichen läge und deshalb unerreichbar wäre. Vielmehr verfügen wir *weder* über einen *widerspruchsfreien* Begriff des absoluten Blicks, *noch* einen des panpsychischen Subjekts. Dennoch können wir nicht existieren, ohne so zu tun, *als ob* so ein Blick möglich wäre und *als ob* wir so einen Standpunkt beziehen könnten. Denn von dieser Voraussetzung hängt es ab, ob wir in der Lage sind, theoretisch und moralisch *vernünftig* zu sein.

Dagegen ließe sich immerhin noch zweierlei einwenden:

Argument Nr. 1: Eine Orientierung an Begriffen, die wir nicht widerspruchsfrei konzipieren können, ist Unsinn. – Dieses Argument übersieht jedoch, dass die Vorstellung einer von den subjektiven Einzelperspektiven unabhängigen Welt, eines ontologisch autonomen und daher gemeinsamen Bereichs, die einzige Möglichkeit ist, dem theoretischen und moralischen Solipsismus zu entkommen. Auch wenn wir den autonomen Bereich niemals betreten werden, so gibt es doch Stufen, die sich uns als *Annäherungen* darstellen: wissenschaftliche Verallgemeinerungsstufen unserer Alltagserfahrungen ebenso wie ethische Verallgemeinerungsstufen unserer moralischen Affekte und Intuitionen, die zunächst an perspektivisch verengte Szenarien gebunden sind, dann aber ein hohes Maß an Abstraktheit und Unparteilichkeit erreichen.

Der Punkt, um den es hier geht, lautet: Wir können nicht mehr tun als das Menschenmögliche, auch wenn wir dadurch die regulative Idee einer gemeinsamen Wirklichkeit niemals einzulösen imstande sind. Die regulative Idee selbst – gesetzt, sie würde sich in einer menschlichen Begrifflichkeit ausdrücken lassen – wäre ohne Widerspruch. Widersprüchlich sind nur die Bilder, die wir verwenden, um auf sie hinzudeuten, nämlich der »Blick von nirgendwo« und das Subjekt, das alle Subjekte in sich vereint.

Argument Nr. 2: Selbst wenn man von der Widersprüchlichkeit der Begriffe absieht, welche die regulative Idee zum Ausdruck bringen, ist doch jede Orientierung an etwas, was sich gar nicht widerspruchsfrei ausdrücken lässt, ein Unfug. Es gibt eben Situationen, in denen das Menschenmögliche nicht genug ist. – Dieses Argument übersieht, dass die regulative Idee einer gemeinsamen Wirklichkeit zu den zentralen Kategorien unserer Alltagswelt gehört, oder es befürwortet einen ontologischen Umsturz, eine Revision unserer natürlichen Weltsicht durch eine grundlegende Veränderung unseres Begriffsrahmens.

Letzteres ist denn auch die Stoßrichtung der revisionären im Gegensatz zur deskriptiven Metaphysik, worüber in den nächsten Paragraphen ausführlicher die Rede sein soll.

§ 12
Revisionäre vs. deskriptive Metaphysik

Die Unterscheidung zwischen revisionärer und deskriptiver Metaphysik stammt von Peter Frederick Strawson. Sein Buch *Individuals* (1959) trägt den Untertitel »An Essay in Descriptive Metaphysics«. Dazu heißt es in der Einleitung:

>»Metaphysik wurde vielfach revisionär, weniger oft deskriptiv betrieben. Deskriptive Metaphysik begnügt sich damit, die tatsächliche Struktur unseres Denkens über die Welt zu beschreiben, revisionäre Metaphysik hat das Ziel, eine bessere Struktur hervorzubringen. [...] Revisionäre Metaphysik ist der deskriptiven Metaphysik verpflichtet. Vielleicht war kein wirklicher Metaphysiker nach Absicht und Wirkung jemals ausschließlich das eine oder das andere. Dennoch können wir allgemein Descartes, Leibniz, Berkeley als Vertreter der revisionären, Aristoteles und Kant als Vertreter der deskriptiven Metaphysik ansehen. Hume, der Ironiker der Philosophie, ist schwieriger einzuordnen. Er erscheint einmal unter diesem, das andere Mal unter jenem Aspekt.«[58]

Strawson bemerkt zu Recht, dass die revisionäre Metaphysik der deskriptiven verpflichtet ist. Ein Beispiel: Berkeley ist revisionär, weil er behauptet, es gebe keine materiellen Dinge. Um seinen Standpunkt plausibel zu machen, muss er jedoch zwei Argumente ins Treffen führen: Er muss erstens zeigen, dass unsere Alltagsmetaphysik schlecht oder sogar unhaltbar ist. Das tut er, indem er nachzuweisen versucht, dass der Begriff eines materiellen Dings einen Widerspruch in sich schließt (ein materielles Ding müsste aus sinnlichen Eigenschaften bestehen, also aus geistigen, immateriellen Komponenten). Zweitens aber muss er zeigen, dass seine eigene Metaphysik (*esse est percipi*) unsere fundamentalen Alltagsunterscheidungen *nicht* vernichtet, etwa die zwischen Dingen, die ich tatsächlich sehe, und Dingen, die ich mir bloß zu sehen einbilde, oder die Unterscheidung zwischen Dingen, die ich nicht wahrnehme, weil sie nicht existieren, und Dingen, die existieren, ohne dass ich sie wahrnehme.

Revisionäre Metaphysiker sind oft in der einen oder anderen Hinsicht *Monisten*. Aber jeder metaphysische Monismus ist *parasitär*. Er negiert einen Dualismus, der innerhalb unseres Kategoriensystems fundamental ist, und kann doch, eben weil es sich um eine fundamentale Unterscheidung handelt, auf sie nicht verzichten. Der Monist setzt also *einen* Teil des dualistischen Konzepts absolut und muss dann versuchen, mit dem absolut gesetzten Teil die ursprüngliche Unterscheidung in vollem Umfang zu rekonstruieren.

Wer beispielsweise sagt, dass das ganze Leben ein Traum sei, der kommt nicht umhin, sich zu bemühen, *innerhalb* des postulierten universellen »Lebenstraumes« jene Episoden, die wir im Wachen (gemäß der gewöhnlichen Auffassungsweise) durchleben, von jenen zu unterscheiden, die wir bloß träumen (gemäß der gewöhnlichen Auffassungsweise). Wer wie Berkeley sagt, alles sei immateriell, der muss uns trotzdem Merkmale angeben, die bloße Halluzinationen von realen Wahrnehmungen unterscheiden, und er muss uns sagen, wie es unter immaterialistischen Voraussetzungen möglich ist, dass jetzt auf der gegenüberliegenden Seite der Erde Menschen leben, dass einst Dinosaurier existierten und dass es ein Universum gibt, dessen tiefste Tiefen niemals ein menschliches Auge erblicken wird. So gesehen könnte man überhaupt bezweifeln, dass die revisionäre Metaphysik von Nutzen sei. Lebt sie nicht eigentlich davon, dualistische Begriffe *kategorialer* Art zu zerstören und durch eine monistische Begrifflichkeit zu ersetzen, die indessen bedeutungslos ist, weil die Bedeutung hier eben an der *Komplementarität* der Begriffe hängt? Man denke etwa an das rylesche Falschgeld-Argument.

Doch die Sachlage ist komplizierter. Wenn wir darüber spekulieren, ob das ganze Leben ein Traum sei, *dann setzen wir voraus*, dass es eine Zone des wahren Wachseins gibt, die wir vielleicht erst nach unserem Tod betreten werden. Wenn Berkeley sagt »esse est percipi«, *dann setzt er voraus*, dass es ein Sein gibt, das mehr ist als bloßes Wahrgenommenwerden, nämlich das absolute Subjekt (Gott), das alle Wahrnehmungen in sich vereint und koordiniert. Der metaphysische Monist will eine kategoriale Komplementärbegrifflichkeit nicht einfach vernichten, sondern ihr den rechten Ort zuweisen. Dazu mögen wir dann freilich stehen, wie wir wollen.

Das heißt aber zugleich, wir *können* uns gegenüber den Vorschlägen des revisionären Metaphysikers, der monistisch argumentiert, auch ablehnend verhalten. Wer nicht an ein wahres Leben jenseits des irdischen glaubt, der wird der Rede davon, dass unser ganzes Leben ein Traum sei, nichts abgewinnen können, und er wird deswegen keineswegs unvernünftig sein. Wer nicht an einen allmächtigen und guten Gott glaubt, der wird Berkeleys Behauptung, Gott selbst arrangiere unsere solipsistischen Individualwelten zu einer intersubjektiven Wirklichkeit, zurückweisen dürfen, ohne deswegen gegen die Vernunft zu verstoßen.

Mehr noch: Die methodische Crux des metaphysischen Monisten liegt, so könnte man sagen, darin, dass er die Kategorienprobleme des Alltags auf einer Ebene lösen will, die zu betreten von uns verlangt, *unbegründete* Glaubensinhalte zu akzeptieren. Weigern wir uns, in diesem Sinne irrational zu sein – was ein Gebot der Vernunft im allgemeinen und der Philosophie im besonderen ist –, dann verharren jene Probleme unauflösbar im Aporetischen. Sowohl die Reduktions- als auch die Objektivitätsproblematik bestehen weiterhin, und das Konzept einer gemeinsamen Wirklichkeit bleibt bloß eine regulative Idee, die, obwohl in sich widersprüchlich, praktisch dennoch unverzichtbar ist.

Im Folgenden werde ich ein zentrales Kapitel der revisionären Metaphysik eingehender betrachten. Es handelt sich dabei um den Versuch, die Existenz des Ich als einer eigenen, nicht-reduzierbaren Gegebenheit zu leugnen, und zwar zugunsten der Auffassung, alles, was das Bewusstsein eines Individuums ausmache, lasse sich darstellen, ohne das Wörtchen »ich« an irgendeiner Stelle verwenden zu müssen. Damit einher geht die Vorstellung, dass das, was die Existenz einer Person ausmacht, nicht an der Ichhaftigkeit des Bewusstseins liegen könne, mit anderen Worten: nicht an der personalen Identität.

§ 13
Personale Identität
Ein Lehrstück in revisionärer Metaphysik

I

IDENTIFIZIERENDE UND WESENTLICHE MERKMALE – Auf einer oberflächlichen Ebene scheint nichts leichter zu sein, als zu sagen, wer man ist. Ich heiße Peter Strasser, bin am 28. Mai 1950 in Graz geboren, und mein Pass, ausgestellt von der österreichischen Behörde, trägt die Nummer T 0229394. Auf einer tieferen Ebene aber ist es ein Rätsel, wer ich bin. Die eben genannten Merkmale erlauben es, mich zu *identifizieren*, doch sie alle sind für mich *nicht* wesentlich. Ich könnte auch Hans Meier heißen, in Wahrheit am 29. Juni 1951 geboren sein (das Datum in meiner Geburtsurkunde muss nicht stimmen), eine andere Passnummer haben, und ich wäre doch immer noch ich. Oder?

Eine naheliegende Antwort auf die Frage »Kann man wissen, wer man ist?« lautet also: »Nur unter der Voraussetzung, dass man zumindest einige der Eigenschaften kennt, die für die eigene Identität *wesentlich* sind.« Was aber sind das für Eigenschaften? Ein Name hat die Funktion, eine und nur eine Person zu bezeichnen. Welche Person der Name bezeichnet, lässt sich in aller Regel durch identifizierende Merkmale angeben. Es ist der Unterschied zwischen identifizierenden und wesentlichen Merkmalen, der Schwierigkeiten bereitet.

Die Beschreibungstheorie der Namen – auch Theorie der singulären Kennzeichnung genannt – geht davon aus, dass man die Bedeutung eines Namens durch die Angabe identifizierender Merkmale festlegen kann.[59] Gemäß Bertrand Russell kann man sagen, dass der Name »Aristoteles« genau jene Person bezeichnet, die der Erzieher des späteren Alexander des Großen war. Das hat freilich zur Folge, dass der Name nicht mehr notwendigerweise die Person bezeichnet, die wir meinen, wenn wir von Aristoteles sprechen, sondern bloß noch die Person, die der Erzieher Alexanders des Großen war. Angenommen, eines Tages stellt sich heraus, dass Aristoteles gar nicht der Erzieher Alexanders des

Großen war. Nach Russells Theorie bleibt dann nur eine Antwort: Man muss zugeben, dass Aristoteles (also die Person, die wir im Auge hatten, wenn wir von Aristoteles sprachen) tatsächlich *nicht* Aristoteles war (d. h. nicht die Person, die Alexander den Großen erzog). Das ist kein akzeptables Ergebnis.

Daher mag man versuchen, die Theorie der singulären Kennzeichnung zu retten, indem man die Angabe nicht bloß eines einzigen, sondern eines möglichst großen Bündels identifizierender Merkmale verlangt. Das war der Vorschlag, den John R. Searle in seiner Abhandlung *Eigennamen* aus dem Jahre 1958 machte.[60] Stellt sich heraus, dass ein Bedeutungsfaden reißt, dann werden eben die anderen halten. Schließlich war Aristoteles nicht nur der Lehrer Alexanders des Großen. Er war außerdem der Mann, der von 384-322 v. Chr. lebte, an Platons Akademie studierte, nach Alexanders Thronbesteigung in Athen eine eigene Schule, das Lykeion, gründete, eine Familie hatte, 323 nach Chalkis auf Euböa floh, als Vater der modernen Logik gilt usw.

II

KRIPKE: NAMEN ALS STARRE DESIGNATOREN – Gegen alle Varianten der Beschreibungstheorie der Namen hat nun aber Saul A. Kripke in *Naming and Necessity* (1972) einen Einwand vorgebracht, der von ihm selbst als prinzipiell bezeichnet wird. Namen, sagt Kripke, sind »starre Designatoren« (*rigid designators*). Das bedeutet, dass sie eine und nur eine Person bezeichnen, *und zwar in allen möglichen Welten, nicht nur in der Welt, die tatsächlich die unsere ist.*

Am Ende meines Lebens wird man meine Biographie von meiner Geburt bis zu meinem Tod angeben können. Sie wird die raum-zeitliche Erstreckung beschreiben, die ausschließlich die meine ist – sozusagen mein Weg durch die Welt. Dennoch wird sich auch dann nicht leugnen lassen, dass der Mensch, der einst unter dem Namen Peter Strasser firmierte, einen ganz anderen Lebensweg *hätte nehmen können*. Dasselbe gilt für den Menschen, den wir unter dem Namen »Aristoteles« kennen: Er hätte weder ein Philosoph noch der Lehrer Alexanders des Großen werden müssen, und er hätte dabei doch Aristoteles sein können; es ist eine Welt vorstellbar, in der Aristoteles nichts Außergewöhnliches getan hätte. Mit Hilfe des Konzepts möglicher Welten arbeitet Kripke den Unterschied zwischen identifizierenden und wesentlichen Eigenschaften scharf heraus. Alle Theorien der singulären Kennzeichnung leiden darunter, von sich aus diesem Unterschied nicht Rechnung tragen zu können.

Aber auch Kripke kommt am Problem der wesentlichen Eigenschaften nicht vorbei. Jeder Nennung einer angeblich wesentlichen Personeigenschaft droht ja im Gegenzug die Entwicklung einer möglich erscheinenden Eventualwelt, worin jemand auftaucht, der bei Wahrung seiner Identität eben jene Eigenschaft nicht hat. Das Konzept der möglichen Welten bietet dagegen keinen effektiven Schutz. Denn Kripkes mögliche Welten sind nichts Feststehendes, wo man bloß nachzuschauen brauchte, ob die Änderung einer Eigenschaft dazu führt, dass ihr Träger seine Identität verliert und damit zu existieren aufhört. Mögliche Welten müssen *festgelegt* werden. Die Festlegung darf aber nicht dazu führen, dass in einer der möglichen Welten mein *Name* der Name einer *anderen Person* – also nicht mehr *mein* Name – wäre. Hier kommt den wesentlichen Eigenschaften eine Schlüsselfunktion zu. Sie begrenzen die Variabilität möglicher Welten. Wenn es für mich wesentlich ist, wer meine Mutter und mein Vater sind, dann ist keine Welt möglich, in der meine Eltern nicht meine Eltern wären.

Ist der biologische Ursprung tatsächlich eine wesentliche und individuierende Person-Eigenschaft? Kripke stellt die Frage anhand eines Beispiels: Hätte die Queen, also jene ganz bestimmte Frau, die wir heute als die Königin von England kennen, von anderen Eltern abstammen können als von denen, die wir als ihre tatsächlichen Eltern kennen? Wäre es möglich anzunehmen, dass die Queen aufgrund einer abenteuerlichen Verwechslung das Kind, sagen wir, von Mr. und Mrs. Truman wäre? Darauf erwidert Kripke: Auch wenn sonst keine empirischen Beschränkungen einen solchen Fall als unmöglich erscheinen lassen, so ist doch der Umstand, dass Mr. und Mrs. Truman *tatsächlich nicht* die leiblichen Eltern der Queen sind, Grund genug, die *Möglichkeit,* dass sie es sind, auszuschließen. »Sie hätten ein Kind haben können, dass ihr in vielen Eigenschaften ähnlich ist. Vielleicht hatten in einer bestimmten möglichen anderen Welt Mr. und Mrs. Truman sogar ein Kind, welches tatsächlich Queen von England und sogar als das Kind anderer Eltern ausgegeben wurde. Doch wäre das immer noch nicht eine Situation, in der *diese Frau selbst* *[this very woman]*, die wir ›Elisabeth II.‹ nennen, das Kind von Mr. und Mrs. Truman wäre, so scheint es mir jedenfalls.«[61]

Nach Kripke stammt die Frau, die wir »Elisabeth II.« nennen, entweder von der Königinmutter und/oder ihrem Gemahl ab, oder sie existiert nicht. »Wie könnte eine Person, die von anderen Eltern abstammt, die aus einer ganz anderen Samen- und Eizelle entstanden ist, *diese selbe Frau [this very woman]* sein?«[62]

Aber Kripkes Position ist keineswegs so einleuchtend, wie es auf den ersten Blick scheinen mag. Für *this very woman* namens Elisabeth II. mag es nämlich eine Fülle von Charakteristika geben, die sich uns nachhaltig eingeprägt haben. Diese Charakteristika können für uns ein kompaktes und dauerhaftes Bild der Person ergeben, angefangen mit ihren ersten Photos in Zeitungen bis heute, da sie eine viel beschriebene Gestalt des öffentlichen Lebens ist. Dagegen wird dann der Mangel des rechten Ursprungs sehr wohl als zweitrangig empfunden werden. Ob die Königinmutter und ihr Gemahl tatsächlich die leiblichen Eltern der Queen sind oder nicht, ist zwar eine Frage, die den Nerv der monarchischen Erbfolge berührt. Doch die Frage nach der Existenz von Elisabeth II. ist durch Feststellungen über ihre Herkunft nicht ohne weiteres zu entscheiden.

Oder betrachten wir folgenden Fall: Mein Freund Hans Meier wurde im Zweiten Weltkrieg geboren. Es konnte nie geklärt werden, ob er das Kind der Meiers ist – wie diese behaupteten, bevor sie von einer Bombe getötet wurden – oder aber das Kind der jüdischen Schmidts, wofür ebenfalls einige Anhaltspunkte sprechen. Fest steht nur, dass die Schmidts mit den Meiers gut befreundet waren, jedoch nach Hansens Geburt unter ungeklärten Umständen verschwanden. Möglicherweise hatten die Meiers das Kind bei sich aufgenommen und ihm dadurch das Leben gerettet. Wie auch immer, für die Identität dieser bestimmten Person, auf die sich der Name »Hans Meier« bezieht, kann es nicht wesentlich sein, ob sie das leibliche Kind der Meiers oder der Schmidts ist.

Doch das Kriterium des Ursprungs wird kein Philosoph missen wollen, der wie Kripke davon überzeugt ist, dass letzten Endes die Naturwissenschaften entdecken, was die wesentlichen Eigenschaften von Dingen, also auch von Personen, sind. Wodurch wird, wissenschaftlich gesehen, die Identität einer Person festgelegt? Nehmen wir an, durch den Chromosomenbestand der mütterlichen Ei- und der väterlichen Samenzelle. Demnach ist der genetische Code einer Person der Schlüssel zu ihrer Identität – er gibt an, wer man *ist* –, so wie etwa die chemische Struktur von Wasser angibt, was Wasser *ist*: H_2O. Das bedeutet, dass man in den vergangenen Zeiten nicht wissen konnte, was Wasser ist (obwohl man natürlich in der Lage war, Wasser zu identifizieren). Und das bedeutet außerdem, dass man nicht wissen kann, wer man ist, wenn man seine eigene DNA nicht kennt. *Zumindest* muss ich etwas kennen, was mit ihr kausal eng verknüpft ist, zum Beispiel meine leiblichen Eltern als Träger jener beiden unverwechselbaren Genpools, denen sich meine Zeugung verdankt. So gesehen wäre es tatsächlich nicht statthaft, eine Welt für möglich zu halten, in der meine Eltern nicht meine Eltern wären. Denn in einer solchen Welt würde ich aufgehört haben, zu *sein*.

Kripkes Ursprungskriterium überzeugt einigermaßen, solange es auf Dinge angewandt wird, die keine Personen sind. Betrachten wir den Tisch vor mir: Was macht sein Wesen aus? Was begründet seine Identität? Es ließe sich sagen, wenigstens dreierlei: erstens seine chemische Struktur, zweitens seine Funktion, drittens aber sein Ursprung. Und es ist wohl Letzterer, der diesen Tisch gegenüber allen anderen tatsächlichen und möglichen Tischen *individuiert*.[63]

Darüber hinaus sind Personen mit Tischen nicht vergleichbar. Zur Identität von Personen gehört, dass sie sich selbst als individuiert *erfahren*. Sie haben ein Ich- oder Selbstbewusstsein. Dieses Bewusstsein ist vom Wissen um den eigenen Ursprung unabhängig. Es ist auch weitgehend unabhängig von anderen empirischen Merkmalen, die *faktisch* Merkmale einer bestimmten Person sind. Daraus ergibt sich eine Situation, in der das Konzept des Namens als eines »starren Designators« weitgehend ins Leere läuft.

III

KÖNNTE ICH AUCH ANDERE ELTERN HABEN? – Bevor wir auf die Gründe für das soeben vorgebrachte Leerlauf-Argument näher eingehen, sollten wir noch einen Augenblick bei Kripkes Argumentation verweilen. Könnte der Fall Hans Meier nicht Folgendes bedeuten: *Wer immer Hans Meiers Eltern sein mögen, es ist un-*

möglich, dass in irgendeiner möglichen Welt W irgendwelche anderen Personen als Hans Meiers *tatsächliche* Eltern seine tatsächlichen Eltern sind, weil andernfalls Hans Meier nicht existieren würde? Das ist, genauer betrachtet, eine ziemlich komplizierte Frage.

(a) Wir können Kripke dahingehend zustimmen, dass sich die wesentlichen Individualeigenschaften einer Person durch die Festlegung ihrer »Transworld-Identity« bestimmen lassen, *falls* es solche Eigenschaften überhaupt gibt. Transworld-Identity meint die Aufrechterhaltung der Identität einer bestimmten Person *durch alle möglichen Welten hindurch*. Das wirft die Frage nach der Limitierung möglicher Welten auf.

Nehmen wir an, die in einer möglichen Welt W festgehaltenen Eigenschaften von mir lassen keinen Zweifel daran, dass tatsächlich von mir die Rede ist. Meine Identität wird durch eine Vielzahl von Eigenschaften sichergestellt, aus denen sich ein *kompaktes Bild* meiner Person ergibt (äußere Erscheinung, Charakter, Lebenslauf, biologische Verfassung). Allerdings weise ich in W auch einige Unterschiede zur faktischen Welt auf. Angenommen, ich habe in W eine andere Haarfarbe und außerdem eine andere Blutgruppe; darüber hinaus aber bin ich der, der ich tatsächlich bin. Dann werde ich auch in W der sein, der ich tatsächlich bin: An dem kompakten Bild meiner Person wird sich trotz der vorliegenden Unterschiede nichts ändern.

Doch diese Unterschiede gegenüber der faktischen Welt eröffnen mit Bezug auf meine Eltern scheinbar mehrere Optionen:

Option I: Meine faktischen biologischen Eltern existieren in W, weisen aber einige W-spezifische Veränderungen auf, die meine W-spezifische Haarfarbe und Blutgruppe erklären.

Option II: Meine faktischen biologischen Eltern existieren in W nicht, stattdessen habe ich in W biologische Eltern, die meinen faktischen Eltern *gleichen*, bis auf jene genetischen Unterschiede, die meine W-spezifische Haarfarbe und Blutgruppe erklären.

Welche der beiden Optionen ist nun die richtige? Um dies zu entscheiden, müssen wir uns an *Argumenten des kontrafaktischen Räsonierens* orientieren. Im vorliegenden Fall kommen zwei Argumente *gleichermaßen* in Betracht:

A1: Wenn ich andere Gene hätte, dann hätten auch meine Eltern andere Gene.

A2: Wenn ich andere Gene hätte, dann hätte ich andere Eltern.

Das kontrafaktische Räsonieren findet hier unter der Voraussetzung statt, dass ich meine Identität behalte. Dann erzeugt A1 *Option I* und A2 *Option II*. Was nun allerdings die daraus resultierenden Folgen betrifft, so zeigt sich bei näherem Hinsehen, dass diese *informativ gleichwertig* sind. Denn sie bestehen ausschließlich in unterschiedlichen Identitätsbehauptungen, die sich ihrerseits in keiner Weise auf das Vorliegen irgendwelcher unterschiedlichen empirischen Merkmale zurückführen lassen. Wenn ich daher sage, dass ich in W andere, nämlich genetisch veränderte Eltern habe, dann sage ich im Grunde nicht mehr, als dass ich in W dieselben, bloß genetisch veränderte Eltern habe.

Ein sachlicher Unterschied zugunsten *Option II* würde erst vorliegen, wenn die genetische »Nachjustierung« meiner faktischen Eltern in W zur Folge hätte, dass diese einer ihrer wesentlichen Eigenschaften verlustig gingen. Das scheint im vorliegenden Fall nicht plausibel, zumindest nicht auf den ersten Blick, lässt sich aber auch nicht von vornherein ausschließen.

(b) Es ist wichtig zu bemerken, dass sich Kripkes Beispiel auf die bisher dargelegte Weise nicht analysieren lässt. Kripke fragt, ob die englische Königin Elisabeth II. das Kind des Ehepaares Truman hätte sein können. Hier handelt es sich auf beiden Seiten um faktisch existierende Personen. Es ist daher in einem banalen Sinne wahr, dass die Trumans nicht die Eltern der Queen hätten sein können, insofern ihnen die hierfür nötigen genetischen Voraussetzungen fehlten. In diesem Sinne aber ist es auch wahr, dass nicht *irgendein* real existierendes Paar X mein biologisches Elternpaar hätte sein können. Doch das ist vollkommen trivial. Um Kripkes Beispiel auf eine diskutable Ebene zu bringen, müssen wir von einer weiteren Option Gebrauch machen.

Option III: Man könnte sich vorstellen, dass das Paar X seinerseits Eltern Y (und Großeltern Z usf.) gehabt hätte, also eine Menge an Vorfahren, die X mit Genen ausgestattet hätten, die geeignet gewesen wären, mich hervorzubringen, d. h.: *zumindest* jenes Wesen, das ich bin, abzüglich aller meiner unwesentlichen Eigenschaften (welche immer das sein mögen). In W sind demnach jene Personen, die meine tatsächlichen biologischen Eltern sind, nicht meine Eltern, sondern das genetisch entsprechend »nachjustierte« Paar X.

Das Problem dieser Option besteht nun darin, dass in ihr die realen Verhältnisse so weit abgeändert werden müssen, dass wir nicht mehr wissen, was daraus folgt. Auch wenn man sich vorzustellen vermag, dass meine Eltern mich nie gezeugt haben, und selbst wenn man sich darüber hinaus noch vorzustellen bereit ist, dass ein tatsächlich existierendes Paar X genetisch »nachjustiert« wird (was im Zeitalter der Science Fiction nicht allzu schwer sein sollte), dann ist es doch unmöglich zu wissen, *wie* eine solche Nachjustierung für den konkreten Fall auszuschauen hätte: Denn weder ich noch sonst jemand weiß, wie das Wesen beschaffen sein müsste, das ich abzüglich aller meiner unwesentlichen Eigenschaften wäre.

Das aber ist eine grundsätzlich andere Art der Limitierung als diejenige, die Kripke vorschwebt, wenn er sagt, dass ich in keiner möglichen Welt andere als meine tatsächlichen biologischen Eltern haben könnte. Es handelt sich um eine Limitierung des möglichen Wissens, nicht der möglichen Welten.

Die eleganteste Demonstration dafür, dass ich auch andere Eltern haben könnte, lässt sich geben, indem man für W annimmt, dass mich nicht meine tatsächlichen Eltern gezeugt haben, sondern das Paar X, bestehend aus den eineiigen Zwillingsgeschwistern meiner Eltern. *Option III* fordert allerdings, dass X tatsächlich existiert (so, wie die Trumans tatsächlich existieren). Das wird, wenn überhaupt, selten genug der Fall sein, ist jedoch keine prinzipielle Schranke dafür, dass ich auch andere Eltern haben könnte. Dagegen einzuwenden, dass sogar die Zwillingsgeschwister-Option nichts taugt, weil ich bereits biologische Eltern habe, bedeutet freilich nur, als unumstößlich vorauszusetzen, was doch gerade erst zur Diskussion steht: nämlich, ob ich auch andere Eltern haben könnte.

Sieht man also von der trivialen Behauptung ab, dass nicht jedes faktisch existierende Paar als mein biologisches Elternpaar in Frage kommt, dann verbleiben die genannten Optionen. Aber weder *Option II* noch *Option III* sind, bei aller Unterschiedlichkeit, Beleginstanzen für Kripkes Argument, wonach mein faktischer biologischer Ursprung einen notwendigen Teil meiner Transworld-Identity bildet.

DER PRIMAT DES SELBSTBEWUSSTSEINS – Ich liege auf dem Diwan und versuche mir auszumalen, ich welch abenteuerliche Zustände ich geraten und welche Metamorphosen mir widerfahren könnten, ohne dass ich deswegen ein anderer würde als der, der ich bin. Ich beginne also, mich in meiner Phantasie zeitlich nach vorwärts und rückwärts zu »beamen«. Das ist leicht, aber es ist kein sehr interessantes Spiel. Denn da ich es bin, der sich durch die Gegenden und Epochen beamt, bin es eben ich und kein anderer, der die Gestalt eines Steinzeitmenschen, eines mittelalterlichen Mönchs, eines Mitglieds von Raumschiff Enterprise annimmt usw. Es ist unmöglich, aus solchen Gedankenexperimenten Limitierungen für mögliche Welten zu gewinnen.

Um das möglichst klar zu zeigen, denken wir uns folgenden Fall: Ich stelle mir vor, der Empfänger eines Gehirntransplantats zu sein. Mein eigenes Gehirn ist von einem schrecklichen Tumor befallen und so bekomme ich ein neues. Stop, sage ich mir, das geht nicht! Wenn mein Gehirn stirbt, sterbe auch ich. Hier liegt tatsächlich eine klare Grenze des Überdauerns meiner Identität. Wie uns die Wissenschaft zeigt, hängt mein Bewusstsein, und damit auch mein Selbstbewusstsein, vom Funktionieren meines Gehirns ab. Doch was bedeutet das? Eigentlich nur, dass ich bei meinen Gedankenspielen auf dem Diwan nicht so weit gehen darf, Bedingungen herzustellen, unter denen ich notwendigerweise aufhöre zu existieren. Einige solcher Bedingungen kenne ich genau, über andere mag ich mich täuschen, etwa wenn ich es für möglich halte, mich in eine längst vergangene Zeit zurückzubeamen. Was mir jedoch grundsätzlich nicht gelingen kann, das sind Umbauarbeiten an mir selbst, die mich sozusagen dabei zuschauen lassen, wie ich ein anderer werde. Was immer mir passiert, entweder bin ich es, dem es passiert, oder ich höre durch das, was mir passiert, überhaupt zu existieren auf. Dass mein Ich sich in das Ich eines anderen verwandelt, ist eine ebenso unsinnige Vorstellung wie die, dass mein Zahnschmerz sich in den Zahnschmerz eines anderen verwandelt. Es gehört, wie wir wissen, zum Wesen meines Schmerzes, mein Schmerz zu sein oder aufzuhören. In der gleichen Weise gehört es zum Wesen meines Ich-Bewusstseins, meines zu sein oder aufzuhören.

Natürlich ist es hier notwendig, zwischen meinem Ich und mir als Persönlichkeit zu unterscheiden. Ich kann mir ausmalen, dass ich großen psychischen Änderungen unterliege. Angenommen, ich bin depressiv und dauernd selbstmordgefährdet. Durch einen operative Eingriff in mein Gehirn werde ich, wie man sagt, zu einem »ganz anderen« Menschen. Ich werde dumm, aber lustig. Meine alten Interessen und Vorlieben schwinden. Ich wechsle die Umgebung und beginne ein neues Leben mit neuen Bekannten und neuen Hobbys. Einen großen Teil meines alten Lebens habe ich vergessen, ich kann mich kaum noch an mein altes Selbst erinnern. Wenn nun die Leute sagen: »Das ist nicht mehr Peter Strasser«, muss ich das wortwörtlich zugeben? Ganz und gar nicht. Ich weiß doch, dass ich ein anderer geworden bin, d. h. eine andere Persönlichkeit mit einem anderen Lebensstil. Und selbst wenn ich mich an den, der ich vor der Operation war, kaum noch erinnern kann, so weiß ich doch gleichzeitig, dass *ich* dieser andere war. Durch alle Veränderungen hindurch ist an mir dasjenige existent geblieben, wodurch ich erst existiere: Ich bin in der Lage, verständig »ich« zu sagen und daher auch zu sagen, wer ich war und wer ich bin. Ich bin in der Lage, mir eine Biographie zuzuschreiben, wie fragmentiert sie auch sein mag. Ich habe Selbstbewusstsein.

Es gibt seltsame Fälle von Bewusstseinsverlust und Bewusstseinsspaltung. Verschärfen wir die traurige Geschichte von Dr. Jekyll und Mr. Hyde. Sagen wir, der eine weiß nichts vom anderen und umgekehrt. Wenn Dr. Jekyll von Mr. Hydes bösem Treiben keine Ahnung hat, sind nicht bloß zwei Persönlichkeiten im Spiel, sondern zwei Personen, die sich in einem Körper abwechselnd etablieren. Ob Dr. Jekyll durch geeignete Aufklärung oder Behandlung dazu gebracht werden kann, schließlich zu sagen: »Schrecklich, Hyde – das bin ja ich!«, hängt davon ab, ob er sich Hydes Taten als die seinen wird zuschreiben können. Wovon das im Einzelnen abhängt, braucht uns hier nicht zu beschäftigen. Wesentlich ist, dass eine solche Zuschreibung nicht in Frage kommt, solange man davon ausgeht, dass zwei Personen existieren.

Die Unterscheidung zwischen Person und Persönlichkeit ist umgangssprachlich nicht besonders deutlich. Das Gefühl für sie kann aber philosophisch geschärft werden, und damit auch der Sinn für die Frage: Worauf bezieht sich der Name einer Person? Die Antwort lautet trivialerweise: Er bezieht sich auf die Person.

Eine Person jedoch ist in einem ontologisch erheblichen Sinne mehr als die Summe ihrer körperlichen und psychischen Merkmale. Es ist für sie maßgebend, dass sie Ich-Bewusstsein hat. Dieses kann über alle möglichen Änderungen körperlicher und psychischer Merkmale hinweg bestehen bleiben, und auch so grundlegende Merkmale wie die biologische Herkunft verhalten sich zur Kontinuität des Ich-Bewusstseins marginal.

Namen sind in der Tat starre Designatoren. Sie beziehen sich stets auf eine und nur eine Person. Was das bedeutet, lässt sich durch ein Konzept der möglichen Welten nicht erläutern. In allen möglichen Welten muss mein Name *mich* bezeichnen. Aber wir wissen jetzt, dass das nicht darauf hinausläuft, eine Begrenzung möglicher Welten durch die Fixierung bestimmter empirischer Eigenschaften als mir wesentlicher Merkmale vorzunehmen. Natürlich gibt es Eigenschaften, die überhaupt erst gewährleisten, dass ich mir meiner selbst bewusst sein kann. Mein Herz muss schlagen, mein Gehirn muss funktionieren. Doch vielleicht ist es in Zukunft einmal möglich, die Funktionen des menschlichen Gehirns durch künstlich hergestellte Organe, also Biomaschinen, verrichten zu lassen. Das zeigt nur, wie abwegig es wäre anzunehmen, der Name »Peter Strasser« *bedeute* den Mann, der mein faktisches Gehirn hat (obwohl man mich anhand meines Gehirns bis auf weiteres verlässlich identifizieren kann).

Worauf es wirklich ankommt, ist, dass ich *this very human being* bin, eine Person, die sich ihrer selbst bewusst ist. Und Selbstbewusstheit schließt zwar die Kenntnis einer Reihe empirischer Merkmale ein: Ich kann mir meiner selbst nur dann bewusst sein, wenn ich in der Lage bin, mir verschiedene Merkmale als die meinen zuzuschreiben, sie also als vergangene oder gegenwärtige (oder zukünftige) Bestandteile meines In-der-Welt-Seins zu identifizieren. Jedoch folgt daraus *nicht*, dass eines der Merkmale, die ich mir als die meinen zuschreibe, mir wesentlich sein muss. Im Gegenteil, der Umstand, dass ich durch den Wandel meiner Eigenschaften hindurch über Ich-Bewusstsein verfüge, ist entscheidend dafür, dass meine Existenz als *this very human being* von meiner Fähigkeit, mir Eigenschaften zuzuschreiben, abhängt, nicht aber von den Eigenschaften, die ich mir zuschreibe.

Aus all dem ergibt sich folgendes Postulat der deskriptiven Metaphysik: *Personen sind Identitäten ohne Identitätskriterium, jedoch mit Ich-Bewusstsein.* Deswegen hat man auch das Gefühl, dass jede noch so tiefschürfende psychologische Untersuchung das tiefere Wesen des eigenen Selbst nicht erfasst. Gewiss, man hat eine bestimmte Persönlichkeit, die man nicht auswechseln kann. Gleichzeitig spürt man aber, dass man frei ist. Diese Freiheitsevidenz, die sich nicht beseitigen lässt, rührt von dem eigenartigen Charakter des Ich-Bewusstseins her. Es begreift sich intuitiv und unabdingbar als hinter den empirischen Merkmalen der Person angesiedelt. Selbstbewusstheit erfährt sich durch den Wechsel der empirischen Merkmale der Person hindurch als transzendent (oder »transzendental«).

Das hat sogar ein radikaler Reduktionist wie David Hume zugegeben. Zwar bekämpft er die cartesische Lehre vom Ich als einer immateriellen, geistigen Substanz (*res cogitans*). Er argumentiert, unter allen seinen Bewusstseinsinhalten sei ihm noch niemals sein Ich begegnet. Der Zustand indessen, in dem er gar keiner Bewusstseinsinhalte gewärtig sei, bestehe nicht in der reinen Wahrnehmung seines Ich, sondern darin, dass er traumlos schlafe. Selbst wenn er, Hume, neben seinen sinnlichen und geistigen Erlebnissen ein Ich hätte, könnte dieses gar nicht unter seinen Erlebnissen auftauchen. Denn es müsste ja *die* Instanz sein, auf welche er alle seine Erlebnisse bezöge. »Ich, Hume, sehe, denke, fühle, usw.« So gelangt er zu einem aufschlussreichen Vergleich: Die Erlebnisse seien wie Schauspieler und das Ich sei wie eine leere Bühne, auf der die Schauspieler agierten. Weil aber Hume offenkundig befürchtet, dass sein Vergleich doch noch zu einer Aufwertung der *res cogitans* führen könnte, fügt er sogleich hinzu, dass die Bühne, um die es sich handle, nämlich das Ich-Bewusstsein einer Person, eigentlich *nichts* sei.[64]

Das berührt den Leser doch eigenartig. Wie ist es möglich, Erlebnisse oder Merkmale sich selbst zuzuschreiben, wenn es nichts gibt, dem sie zugeschrieben werden könnten, nicht einmal eine gleichsam leere Bühne? Die Beantwortung dieser Frage zwingt uns, vom humeschen – und allgemein: vom empirischen oder psychologischen – Reduktionismus Abstand zu nehmen.

V

»ICH« ALS FUNDAMENTALER TERM – Ich-Bewusstsein ist tatsächlich nichts, was bestehen könnte ohne eine mehr oder minder komplexe und kontinuierliche Reihe von Merkmalen, die sich eine Person selbst zuschreibt. Aber wenn sich eine Person ein Merkmal zuschreibt, dann tut sie etwas, was sich nicht in unpersönlicher Ausdrucksweise darstellen lässt. Sie erzeugt durch den Akt der Selbstzuschreibung nicht einfach ein weiteres empirisches Merkmal, sondern einen Sachverhalt, in dem das Wörtchen »ich« als fundamentaler Term auftritt.

Dem widersprechen freilich Autoren, die meinen, dass das Ich-Bewusstsein einer Person keine fundamentale, nicht weiter analysierbare ontologische Einheit sei. Derek Parfit zum Beispiel schreibt, dass das Wörtchen »ich« auf eine Weise ersetzt werden könne, die sich den selbstbezüglichen Gebrauch des Demonstrativpronomens »dieser, diese, dieses« zunutze mache.[65]

Nun ist aber nicht ohne weiteres einsichtig, wie das möglich sein sollte. Denn der selbstbezügliche Gebrauch sprachlicher Einheiten kann sich logischerweise wiederum nur auf sprachliche Einheiten beziehen, also zum Beispiel auf Sätze, Propositionen, Gedanken. Selbstbezüglichkeit ist eine Relation zwischen Zeichen oder Bedeutungen, allerdings mit jener wichtigen Ausnahme, die darin besteht, dass ich mich auf mich selbst beziehe. Hier einige Möglichkeiten des selbstbezüglichen Gebrauchs von »dieser, diese, dieses«: »Diese Aussage, die ich gerade niederschreibe, wird in deutscher Sprache gemacht.« »Dieser Gedanke, den ich soeben denke, ist weder wahr noch falsch.« »Dieses ›dieses‹ hier ist das zweite Wort dieses Satzes.« Personen sind nun aber weder Gebilde aus Wörtern noch aus Bedeutungen.

Was uns Parfit sagen will, ist also vermutlich das Folgende: So wie meine Aussagen oder Gedanken sich auf sich selbst beziehen können, indem ich sie mittels des Demonstrativpronomens reflexiv auf sich selbst verweisen lasse, so kann ich mich auf mich selbst beziehen, indem ich das Demonstrativpronomen in derselben Weise einsetze. Doch ist das wahr? Könnte derart auf die Verwendung des Wörtchens »ich« überhaupt verzichtet werden?

Um zu zeigen, dass das Wörtchen »ich« fundamental ist, betrachten wir die folgende Liste von Sätzen. Diese Liste könnte so aufgefasst werden, als ob in ihr das Personalpronomen »ich« schrittweise durch unpersönliche Wendungen ersetzt würde. Dann müsste der letzte Satz der Liste, (e), mit Satz (a) bedeutungsidentisch sein.

(a) Ich stehe hier und deute auf mich selbst und sage »Ich stehe hier«.

(b) Ich stehe hier und deute auf mich selbst und sage »Dieser, der jetzt auf sich deutet, steht hier«.

(c) Ich stehe hier und deute auf meinen Brustkorb und sage »Dieser, der jetzt auf seinen Brustkorb deutet, steht hier«.

(d) Der Mann namens P. S. steht hier und deutet auf seinen Brustkorb und sagt »Dieser, der jetzt auf seinen Brustkorb deutet, steht hier«.

(e) Der Mann namens P. S. steht hier und deutet auf seinen Brustkorb und sagt »Dieser, der jetzt auf seinen Brustkorb deutet, steht hier«, und der Mann namens P. S. *weiß*, dass der, der hier steht und auf seinen Brustkorb deutet und sagt »Dieser, der jetzt auf seinen Brustkorb deutet, steht hier«, der Mann namens P. S. ist.

Der letzte Satz (e) stellt uns vor die Frage, warum der Mann namens P. S. weiß, was er weiß. Und darauf lässt sich antworten, dass er nicht wissen könnte, was er weiß, wenn er nicht (a) wüsste. Diese Antwort impliziert jedoch, dass der Satz (e) keineswegs so aufgefasst werden kann, als ob er eine Übersetzung des Satzes (a) in die unpersönliche Redeweise wäre.

Wie sollen wir die Wendung »Dieser, der jetzt auf seinen Brustkorb deutet ...« im Satz (d) auffassen? Hier gibt es tatsächlich mehrere Möglichkeiten. Eine Möglichkeit wäre die folgende: »Dieser Organismus, der jetzt auf seinen Brustkorb deutet ...« Eine solche Möglichkeit lässt sich nicht ausschließen, solange wir nicht *von vornherein* unterstellen, dass P. S. ein Selbstbewusstsein hat. (d) ist jedoch verträglich mit der Annahme, dass P. S. ein Biocomputer ist, der ohne über Bewusstsein zu verfügen auf sich selbst deutet und dabei ohne irgendein Bedeutungsverstehen die Worte spricht: »Dieser, der jetzt auf seinen Brustkorb deutet ...« Auch eine andere Möglichkeit ist immerhin theoretisch denkbar und darüber hinaus mit (d) verträglich: P. S. könnte besessen sein. Eine andere, dämonische Person könnte von meinem Körper Besitz ergriffen haben. Dann wäre »dieser, der jetzt auf seinen Brustkorb deutet« nicht ich, Peter Strasser, sondern jener Dämon in mir, der mit Hilfe meines Körpers und meiner Stimme auf sich selbst Bezug nimmt.

Um die genannten Möglichkeiten auszuschalten, muss unterstellt werden, dass P. S., der gemäß (d) auf seinen Brustkorb deutet und sagt, dass er auf seinen Brustkorb deutet, zugleich auch weiß, dass *er selbst* es ist, der das tut und sagt. P. S. muss also Folgendes wissen, wenn der Übergang von (d) zu (e) gewährleistet sein soll: »Ich, Peter Strasser, stehe hier, deute auf meinen Brustkorb und sage ›Dieser, der jetzt auf seinen Brustkorb deutet, steht hier‹, wobei ich damit *meine*, dass *ich* es bin, der jetzt auf seinen Brustkorb deutet.« Dieses Wissen impliziert klarerweise das Wissen um (a).[66]

Nun sind heutige Reduktionisten im allgemeinen nicht weniger differenziert, als es David Hume zu seiner Zeit war. Sie werden also zugeben, dass Personen *in einer bestimmten Hinsicht* mehr sind als die Summe ihrer physischen und psychischen Merkmale. Auch Parfit macht da keine Ausnahme:

»Vom reduktionistischen Standpunkt aus, den ich verteidige, existieren Personen. [. . .] Aber Personen sind keine eigenständigen Entitäten. Die Existenz einer Person besteht zu jeder Zeit bloß in der Existenz ihres Gehirns und Körpers, im Denken ihrer Gedanken, im Ausführen ihrer Handlungen, und im Sich-Ereignen vieler anderer physischer und geistiger Ereignisse.«[67]

Parfit sucht seinen Standpunkt zu verdeutlichen, indem er uns auf den Gebrauch eines Wortes wie »Frankreich« hinweist. Frankreich existiert sicherlich nicht unabhängig von seiner Regierung, seiner Bevölkerung oder seinem Territorium. Aber das Wort »Frankreich«, so argumentiert Parfit, bedeutet weder ein Territorium, noch eine Bevölkerung, noch eine Regierung, *und es bedeutet auch nicht alle drei Elemente zusammen.*[68] Wendet man dieses Argument auf Personen an, dann ergibt sich Folgendes: Personen existieren nicht unabhängig von ihrem Gehirn, ihrem Körper, ihrem Bewusstsein; sie existieren nicht unabhängig von ihren physischen oder psychischen Merkmalen. Doch sie sind weder ihr Gehirn, noch ihr Körper, noch ihr Bewusstsein, und sie sind auch nicht alles das zusammen: Sie sind nicht einfach die Summe ihrer physischen und psychischen Merkmale.

Doch es ist schwer zu verstehen, was damit gemeint sein könnte, es sei denn etwas, was schlechthin für *alle* Dinge, ob Tische, Personen oder Nationen, gilt. Alle Dinge sind, insofern sie als die »Träger« ihrer Eigenschaften aufgefasst werden, nicht bloß die Summe ihrer Eigenschaften. In genau diesem Sinne kann

Strawson sagen, dass Personen Entitäten sind, denen sich sowohl physische als auch mentale Merkmale zuschreiben lassen, was bedeutet, dass die Frage, ob Personen etwas Physisches oder Psychisches sind, mit Weder-noch beantwortet werden muss.[69]

Man kann der Redeweise von den Dingen als den Trägern ihrer Merkmale bisweilen einen durchaus pragmatischen Sinn geben. Sie bedeutet dann, dass Dinge einer bestimmten Art von Fall zu Fall identifizierbare Individuen sind, für die allerdings keine genauen Identitätskriterien vorliegen. Das ist wohl auch der springende Punkt bei Nationennamen. Eine Nation ist ein komplexes Gebilde mit einem verwickelten Zusammenspiel unterschiedlicher Elemente (Regierung, Bevölkerung, Territorium), nicht zuletzt zu dem Zweck, sich gegen die Umwelt wie gegen innere Krisen zu behaupten. Es ist daher naheliegend, dass »Frankreich« keine scharfen Identitätsgrenzen hat. Viele der empirischen Merkmale einer Nation können sich wandeln, und sie wird deshalb dennoch nicht aufhören zu existieren.

Das alles hat freilich wenig zu tun mit jener Art von »Trägerschaft«, wie sie uns bei Individuen begegnet, die Personen sind. Denn in diesem Fall meint Trägerschaft so viel wie *Transzendenz des Selbstbewusstseins.*

VI

»ICH BIN MEIN GEHIRN« – Reduktionisten neigen dazu, das Selbstbewusstseins für ein empirisches Faktum wie jedes andere zu halten. Als ein solches wäre es gehirnphysiologisch rekonstruierbar. Thomas Nagel sagt, er möchte – »mit einer gewissen Übertreibung« – die These, dass ich mein Gehirn *bin*, als Hypothese vorschlagen.[70] Dahinter steckt erstens die Auffassung, dass die Erkenntnis dessen, was ich bin, abhängig ist von den Ergebnissen der Wissenschaft, besonders von der Gehirnforschung, und zweitens, dass meine gesamte Persönlichkeit durch mein Gehirn festgelegt wird. Nagel will sagen, dass ich ohne mein Gehirn buchstäblich nichts bin.

Was kann der Antireduktionist darauf erwidern? Ich kann erwidern, dass meine Persönlichkeit nicht nur durch mein Gehirn festgelegt ist, sondern mein Gehirn auch durch die Gene meiner Eltern und diese, letzten Endes, durch den Urknall. Die Verbindung zwischen mir und meinem Gehirn ist zwar wesentlich enger als die zwischen mir und dem Urknall. Aber wenn es sich dabei um eine *kausale* Verbindung handelt, dann scheint die Überlegung, dass ich ohne den Urknall genauso nichts wäre wie ohne mein Gehirn, zwingend. Ebenso wenig jedoch, wie ich der Urknall bin, bin ich mein Gehirn. Ich bin nicht alles, wodurch ich verursacht werde. Und streng genommen bin ich überhaupt nichts von all dem, wodurch ich *verursacht* werde, sondern höchstens die psychische *Wirkung* meiner physischen Ursachen.

Der Reduktionist freilich neigt häufig dazu, den Zusammenhang zwischen Gehirn und Psyche strenger zu konzipieren als Nagel, nämlich nicht bloß kausal. Er sagt dann, dass Gehirn und Psyche die zwei Seiten ein- und derselben ontologischen Medaille, also *irgendwie* identisch sind. Doch derlei Identitätstheorien sind ebenso unannehmbar wie Nagels Hypothese. Ich bin nicht mein Gehirn, und dies unbeschadet der Frage, ob irgendwelche meiner psychischen Eigenschaften physiologisch definierbar sind. Der Grund dafür liegt in der Nichtreduzierbarkeit meines Ich-Bewusstseins auf das Insgesamt meiner psychischen Merkmale, also all jener Merkmale, die *ich* mir im Prinzip als *meine* psychischen Merkmale *zuschreiben* kann. (Abgesehen davon gibt es massive Einwände gegen die Versuche, bewusstseinsartige Phänomene auf ihr physiologisches »Substrat« zu reduzieren.)

VII

PARFIT: UNSERE IDENTITÄT IST NICHT DAS, WAS ZÄHLT – Parfit ist, ähnlich wie Hume, psychologischer Reduktionist. Das führt zu überraschenden Ergebnissen. Was die Existenz einer Person betrifft, so zählt für Parfit nicht ihre personale Identität, sondern der innere Zusammenhang und/oder die Kontinuität der Bewusstseinsdaten einer Person, *gleichgültig*, wie es dazu kommt. Parfit konstruiert dramatische Beispiele, die zeigen sollen, dass meine personale Identität vernichtet werden kann, aber der psychologische Nachfolgezustand trotzdem so gut ist, als ob ich überlebt hätte.

Beispiel 1: Ich und mein Replikat. Denken wir uns den utopischen Fall, dass von mir eine Blaupause gemacht wird, die es gestattet, mich in Biomaterial exakt zu replizieren. Dann gibt es mich, und es gibt eine zweite Person, die so gut wie ich ist – oder, wie man auch sagen könnte, ich bin so gut wie sie. Wir beide sind genetisch und psychisch identisch. Wir haben das gleiche Aussehen, den gleichen Charakter, die gleichen Interessen und Absichten, und anfangs die gleichen Erinnerungen. Angenommen nun, ich sterbe. Muss ich mich angesichts meines Replikats sehr darum bekümmern? Parfit sagt nein. Denn ich lebe als mein Replikat weiter. Meine Existenz ist durch den Zusammenhang und/oder die Kontinuität meiner Bewusstseinsdaten gewährleistet. Und diese Bedingung wird durch mein Replikat erfüllt.

Die personale Identität hingegen zählt für den Reduktionisten nicht. »Gewöhnliches Überleben ist ungefähr so gut oder schlecht wie zerstört und repliziert zu werden.«[71] Das ist eine typisch parfitsche Pointe. Sie ist angewandte revisionäre Metaphysik, und sie ist abwegig. Denn solange ich lebe, werde ich keinen Zweifel darüber hegen, dass ich ich bin und nicht mein Replikat. Es mag zwar gespenstisch sein, dass mein Replikat denselben physischen und psychischen Status hat wie ich, aber durch *ein* Phänomen bin ich von meinem Replikat wohlunterschieden: Meine Gedanken sind nicht seine Gedanken, und wenn sich meine und seine Erinnerungen zunächst auch bis aufs i-Tüpfelchen gleichen, so sind meine Erinnerungen doch nicht die seinen. Mein Ich-Bewusstsein gründet in meiner Fähigkeit, mir physische und psychische Merkmale *als die meinen* zuzuschreiben. Wenn es die meinen sind, dann sind es nicht die seinen. Mein Ich-Bewusstsein kann also unmöglich das meines Replikats sein.

Was nun die Frage meines Fortlebens betrifft, so ist für mich die Übertragbarkeit meines Ich-Bewusstseins von größter Bedeutung. Solange ich lebe, kann von einer derartigen Übertragung auf mein Replikat gar nicht die Rede sein. Dann aber erst recht nicht unter der Voraussetzung, dass ich sterbe und *mein* Bewusstsein *erlischt*! Was immer mein Replikat dann noch von mir besitzt, und seien es »Erinnerungen«, die einst zu meinen intimsten gehörten, stets und notwendig handelt es sich dabei um etwas, das einem Wesen gehörte, welches nun nicht mehr existiert.[72]

Beispiel 2: Amöboide Reduplikation. Parfits Erwiderung lautet, dass es entgegen der üblichen Auffassung für das Überleben einer Person gar nicht auf ihre personale Identität ankomme. Verändern wir das obige Beispiel so, dass ich in meine Replikate vollständig »übergehe«. Betrachten wir den grotesken, aber immerhin denkbaren Fall einer amöboiden Teilung beim Menschen. Plötzlich beginne ich, mich in zwei Personen zu teilen, die mir genetisch und psychisch vollkommen gleichen. Jede Nachfolgerperson hat dann laut Parfit *das gleiche Recht* zu behaupten, sie sei ich, nämlich Peter Strasser. Deshalb kann uns in einem solchen Fall das Kriterium der personalen Identität nicht helfen. Da sind nun zwei und nicht bloß einer, und für mich ist es genauso gut, als der eine wie als der andere zu überleben.

Das ist auf den ersten Blick eine sehr suggestive Sicht der Dinge. Dennoch ist sie falsch. Ob ich nämlich in der einen oder anderen Nachfolgerperson weiterlebe, hängt davon ab, ob mein Ich-Bewusstsein *transportabel und spaltbar* ist. *Das ist es aber nicht.* Solange meine Existenz daran hängt, dass ich über ein Bewusstsein verfüge, das hinlänglich große Strecken meiner *Existenz* als *meine* Existenz konstituiert, bin ich nicht teilbar. Daher höre ich auf zu existieren, wenn ich mich teile, und zwar auch dann, wenn meine Nachfolger das Gefühl haben sollten, sie seien, jeder für sich, Peter Strasser. Entsprechende Aufklärung wird sie damit vertraut machen, dass sie gar nicht ich sein können, *weil* sie aus mir *entstanden* sind.

Wenn Parfit sagt, dass es auf den Zusammenhang und/oder die Kontinuität der Bewusstseinsdaten ankomme, nicht aber auf die personale Identität, dann unterstellt er eine Alternative, die niemals besteht: Eine reflexive Einheit der Bewusstseinsdaten kann es ohne Ich-Bewusstsein nicht geben. Dieses aber ist unteilbar – und dass es unteilbar ist, bildet einen fundamentalen Tatbestand der deskriptiven Metaphysik.

Beispiel 3: Ich werde unmerklich ein anderer. Ein weiteres utopisches Beispiel von Parfit behandelt chirurgische Eingriffe in mein Gehirn, die bewirken, dass meine eigene psychische Kontinuität schrittweise aufgelöst wird. An keinem Punkt habe ich das Gefühl, meine Identität zu verlieren, aber die Gesamtsumme der Eingriffe führt schließlich dazu, dass ich zu einer anderen Persönlichkeit werde, die sich eine eigene, von meiner ursprünglichen grundverschiedene Biographie zuschreibt.[73] Parfit argumentiert folgendermaßen: Am Anfang des Substitutionsprozesses bin ich noch immer ich, aber am Ende des Prozesses eindeutig ein anderer, und dazwischen gibt es Phasen, wo niemand sagen kann, ob ich noch ich bin oder schon ein anderer.

Parfit gesteht an einer Stelle, dass ihn eine solche Konsequenz tröstlich berührt. Denn sie bedeutet, dass es zwischen ihm und anderen Personen keine unverrückbare Grenze gibt und dass folglich die Trennung zwischen den Menschen nicht so grundsätzlich ist, wie der Antireduktionist, vor allem der Cartesianer, annehmen muss. Auch der Tod verliert nach Parfit seinen absoluten Schrecken. Denn wir oder Teile von uns können in anderen mehr oder weniger weiterleben.

»[...] es kam mir vor, als ob ich in mir selber eingeschlossen wäre. Mein Leben ähnelte einem Glastunnel, durch welchen ich mich Jahr für Jahr schneller bewegte und an dessen Ende Dunkelheit war. Als ich aber meine Sichtweise änderte, verschwanden die Wände des Tunnels. Nun lebe ich im Freien. Es gibt noch eine Differenz zwischen meinem Leben und dem Leben der anderen, aber sie ist geringer geworden. Ich mache mir weniger Sorgen um den Rest meines Lebens, und kümmere mich mehr um das Leben der anderen.«[74]

Trotz dieser berührenden Worte bleibt festzuhalten: Solange ich überhaupt in der Lage bin, die Ergebnisse des chirurgischen Eingriffs als *an mir Platz greifend* zu registrieren, gibt es keinen Grund zu behaupten, dass ich dabei sei, ein anderer zu werden – ein anderer *in dem Sinne*, dass mein Ich-Bewusstsein sukzessive aufhörte zu existieren.

Es ist also keineswegs *notwendig* der Fall, dass ich am entfernten Ende der chirurgischen Prozedur so gut wie gestorben bin. Aber ich werde während des Umbaus meiner selbst in eine andere Persönlichkeit wahrscheinlich Zustände krasser Bewusstseinszerrüttung durchmachen. Es wird Phasen geben, in denen mein Ich zu zerfallen droht und ich nicht mehr weiß, ob ich noch ich oder sonst wer bin. Ich werde vielleicht wahnsinnig werden, sei es für eine gewisse Zeit oder für immer. Die Zerstörung einer Person ist jedoch etwas ganz anderes als das Entstehen einer neuen.

Beispiel 4: Zwei Personen in einem Körper. Angenommen, die Verbindung zwischen meinen Gehirnhälften, der sogenannte Balken (*Corpus callosum*), wird chirurgisch gekappt. Das hat, wenn die vorliegenden medizinischen Befunde stimmen, dramatische Auswirkungen auf meine Art, die Welt zu erfahren. Zwar kann meine jeweils eine Gehirnhälfte viele Funktionen der jeweils anderen mehr oder minder substituieren; aber meine beiden Gehirnhälften wissen nichts mehr voneinander. Fortan werden in meinem Körper zwei »Bewusstseinsströme« fließen, von denen abwechselnd immer nur einer bewusst erlebt wird. Aber von wem erlebt?

Parfits Kommentar legt nahe, dass der Antireduktionist behaupten muss, dass wir es in diesem Fall mit *einer* Person, nämlich Peter Strasser, zu tun haben, in der es zwei Erfahrungssubjekte gibt, die selbst *keine* Personen sind; und Parfit fügt hinzu, dass sich so etwas schwer glauben lasse.[75] Doch der Antireduktionist wird ohnedies eher zu der Behauptung neigen, dass das, was einst Peter Strasser war, nun in *zwei* Personen oder, besser, Personfragmente zerfallen ist, die in *einem* Körper hausen.

Wahr ist, dass der geschilderte Fall für den Antireduktionisten schwierige Fragen aufwirft; aber dasselbe gilt für den Reduktionisten. Dessen Standardargument, wonach es bei der Frage, was für das Überleben zählt, gar nicht auf die personale Identität ankomme – was hilft es uns *hier*, wo wir auf drastische Weise erleben, wie zwei Bruchstücke von Personen mit jeweils seltsam gestückeltem Selbstbewusstsein in einem Menschen wirken, ohne voneinander zu wissen? Man kann, wenn man will, einen solchen Menschen nach wie vor als »Person« bezeichnen, denn wir haben zumindest einen Körper und eine Biographie als massive Anhaltspunkte. Wir können von diesem Menschen behaupten, er sei *der* Peter Strasser, der am 28. Mai 1950 geboren wurde, usw. Das freilich kann nichts daran ändern, dass es jenen Peter Strasser, der einst sagte, *er* sei Peter Strasser, nicht mehr gibt. Und das ist das einzige, was hier zählt, nicht, wie viel von dem, was einst mein Bewusstsein war, in Personfragmenten, die ich nicht bin, noch weiterflackert.

§ 14
Schlussfolgerung

Auch die Metaphysik der Person führt in eine Art Aporie: Einerseits können wir unsere Identität nicht anders festlegen als dadurch, dass wir auf eine Reihe von *empirischen* Merkmalen Bezug nehmen, von denen wir behaupten, dass sie für uns wesentlich sind. Andererseits sind alle diese Merkmale insofern unwesentlich, als unsere Identität davon abhängt, dass wir ein Ich-Bewusstsein haben. Dieses ist selbst *kein* empirisches Merkmal, sondern transzendent (oder »transzendental«). Gleichzeitig ist es der unerlässliche Bezugspunkt, von dem aus wir uns bestimmte Merkmale überhaupt erst zuschreiben können.

Der Begriff des Ich ist kategorial. Aufgrund der empirischen Leere des Begriffs jedoch wird man leicht dazu bewogen, ihn auf fundamentalere Einheiten reduzieren zu wollen, vornehmlich auf psychische Elemente, die kausal miteinander verknüpft sind und in einer kontinuierlichen Beziehung zueinander stehen. Das ist der Kern von Humes und Parfits revisionärer Metaphysik. Sie ist freilich ihrerseits nicht geeignet, das Konzept des Selbstbewusstseins zu rekonstruieren oder zu ersetzen. Auch wenn man davon ausgeht, dass es eine Erfahrung der Einheit des Bewusstseinsstromes gibt, stellt sich dann immer noch die Frage, *wer* die Erfahrung einer solchen Einheit macht. Diese Frage bleibt auf der Ebene empirischer (psychischer) Merkmale, von denen nicht schon von vornherein feststeht, *wer sie sich als die seinen zuschreibt*, prinzipiell unbeantwortbar.

Die revisionäre Metaphysik der Person versucht, eine unlösbare Problematik zu lösen und die Aporie von inhaltslosem Ich-Bewusstsein gegenüber ich-losen Bewusstseinsinhalten wegzuerklären. Aber diese Aporie ist für die metaphysische Situation von Personen *definitiv*: Personen sind Identitäten mit Selbstbewusstsein, jedoch ohne Identitätskriterium. Daraus folgt, dass wir durch die Bezugnahme auf empirische Daten die Frage, wer wir sind, nicht beantworten können. Die Welt gibt uns hier keine Antwort, und wir, als Teile der Welt, können daher auch keine geben. Unser Wesen ist es, keines zu haben.

So gesehen ist die revisionäre Metaphysik nicht der Widerpart zur deskriptiven, sondern beide sind Ausdruck *einer* Bemühung: der Bemühung, uns jenseits der Grenzen unseres Denkens zu postieren. Wir suchen nach einem absoluten Punkt der Erkenntnis – einem *gehaltvollen* Begriff des absoluten Blicks, des panpsychischen Subjekts, des Selbstbewusstseins. Dabei erkennen wir, dass das nur Gleichnisse für den Platz sind, den Gott einnimmt. Wir begreifen, dass wir nicht bloß von dieser Welt sind, aber auch nicht göttlich. Und mehr lässt sich auf dem Wege der philosophischen Reflexion nicht erreichen.

Teil C
Religiöses Denken

§ 15
Zum Begriff des religiösen Denkens

Religiöses Denken ist nicht das gleiche wie religiöses Fühlen oder der schlichte Glaube an religiöse Dogmen. Religiöses Denken wird durch Annahmen bestimmt, die, wenigstens dem Anspruch nach, allgemein verständlich sind. Es arbeitet mit Argumenten, deren Wahrheit ohne Berufung auf irgendeine privilegierte Erkenntnisquelle, etwa die Gnade oder Inspiration Gottes, einsehbar sein sollte. Von der Metaphysik im allgemein philosophischen Sinne unterscheidet sich das religiöse Denken nicht durch irgendeine Methode oder spezielle »übernatürliche« Befähigung, sondern durch den Gegenstand des Nachdenkens: Gottes Existenz, Wesen und Wirken.

Wenn man religiöses Denken so versteht – und wie sollte man es sonst verstehen? –, dann wird eine Voraussetzung gemacht, die ganz und gar nicht mehr selbstverständlich ist. Man geht dann nämlich davon aus, dass sich mit der natürlichen Vernunft – d. h. der Denkfähigkeit, die jedem normalen Mensch eignet – etwas Positives über Glaubensdinge aussagen lässt, etwas, das über die Feststellung, von solchen Dingen nichts wissen zu können, hinausgeht.

Die Menschen der aufgeklärten Welt meinen gewöhnlich, dass der Glaube reine »Privatsache« sei, eine Sache des Herzens und nicht des Verstandes, dass er – um eine besonders scheußliche Redensart zu bemühen – »aus dem Bauch« komme. Es gibt demnach kein argumentier- und lehrbares, kein allgemein verbindliches Wissen über Gott. Der religiöse Glaube wird als ein Phänomen eingestuft, das seinem Wesen nach *nicht* rational sei. Mit Glaubensdingen müsse es daher jeder nach Belieben halten, wie er eben möchte.

Was demgegenüber religiöses Denken bedeutet hat und noch immer bedeuten kann, soll im Folgenden am Beispiel der Frage nach der Existenz Gottes dargestellt werden.

§ 16
Die Frage nach der Existenz Gottes

I

CREDO UT INTELLIGAM – »Ich versuche nicht, Herr, Deine Tiefe
zu durchdringen, denn auf keine Weise stelle ich ihr meinen Verstand gleich; aber mich verlangt, Deine Wahrheit einigermaßen
einzusehen, die mein Herz glaubt und liebt. Ich suche ja auch
nicht einzusehen, um zu glauben, sondern ich glaube, um einzusehen. [*Neque enim quaero intelligere ut credam, sed credo ut intelligam.*] Denn auch das glaube ich: ›wenn ich nicht glaube,
werde ich nicht einsehen‹.«

Diese Stelle findet sich in dem gebetsartigen Auftakt des
Proslogion von Anselm von Canterbury (geboren 1033/34 in
Aosta/Piemont, gestorben 1109 in Canterbury). Anselm, eine der
zentralen Gestalten der Frühscholastik, stammte aus einer wohl-
habenden lombardischen Familie, zog aber nach einem Zerwürf-
nis mit seinem Vater unglücklich durch Frankreich, bis er 1060
Novize der Benediktinerabtei Bec und dort schließlich 1078 zum
Abt gewählt wurde. In dieser Zeit entstand auch das *Proslogion*,
dessen Titel »Anrede« bedeutet.

Die zitierte Stelle lässt keinen Zweifel daran, dass Anselm aus
einer Haltung gläubiger Demut heraus spricht. Sie steht am Ende
einer berührenden Klage über die Ferne Gottes: »Nie habe ich
Dich gesehen, Herr, mein Gott, ich kenne Dein Antlitz nicht. Was
soll tun, höchster Herr, was soll tun dieser Dein in die Ferne Ver-
bannter? Was soll tun Dein Knecht, der ängstlich besorgt ist um
die Liebe zu Dir und weit hinweg ›von Deinem Antlitz verstoßen
ist‹?«[76] Die Antwort darauf lautet, zumindest teilweise: Sich des
fernen Gottes, nach dessen Gegenwart sich das gläubige Herz ver-
zehrt, durch den Gebrauch der Vernunft zu vergewissern.

In dieselbe Kerbe schlägt auch das berühmte »credo ut intelligam«: Glaube und Vernunft, weit davon entfernt, Gegenspieler
zu sein, *ergänzen einander*. Es ist die Not und die Tiefe des Glaubens, welche die Vernunft zu ihren tiefsten Einsichten bringt. Im
zweiten und dritten Kapitel des *Proslogion* wird eine solche Einsicht ausgebreitet. Es handelt sich um den einflussreichsten aller

Gottesbeweise, der später von Kant als der »ontologische« bezeichnet wurde.

II

DER ONTOLOGISCHE GOTTESBEWEIS – Die Wiedergabe des ontologischen Gottesbeweises erfolgt nachstehend in möglichst einfachen Schritten, wobei die zwei Versionen, die sich bei Anselm finden, zu einer Argumentation verschmolzen werden.

1. Schritt. »Und zwar glauben wir, dass Du etwas bist, über dem nichts Größeres gedacht werden kann [*Et quidem credimus te esse aliquid quo nihil maius cogitari possit*].«[77] Auch der Tor, sagt Anselm, der Gott leugnet[78], versteht die Wendung »aliquid quo nihil maius cogitari potest«. Was aber schließt die Idee ein, die durch diese Wendung zum Ausdruck gebracht wird?

2. Schritt. Ein an sich guter Gegenstand, der jedoch bloß ein möglicher ist, hat einen ontologischen Mangel: Ihm fehlt reale Existenz. Zu jedem solchen Gegenstand gibt es einen, der »größer«, weil mit mehr Sein ausgestattet ist. Das ist derselbe Gegenstand *als* existierender, d. h. als solcher, der das bloß mögliche Gute tatsächlich verwirklicht.

Erläuterung. Der Begriff des Seins wird hier in einem Sinne verwendet, der für die Tradition des religiösen Denkens von großer Bedeutung war. Je mehr Wert durch Existierendes realisiert wird, um so mehr Sein kommt dem Existierenden zu. Da das Böse keinen Wert realisiert, existiert es nur in der Form eines Mangels an Sein, als eine mehr oder minder große Abwesenheit an Gutem. Das ist die sogenannte Privationstheorie des Bösen. Wenn also das Böse aus der Möglichkeit in die Realität übergeht, so bedeutet das nicht eine Vermehrung von Sein, sondern dessen Verminderung; das Existierende insgesamt, die Welt, wird durch den Hinzutritt des Bösen ontologisch depotenziert, »verringert«. Thomas von Aquin hat den entscheidenden Punkt in seiner *Summa theologica* (I 5,3) folgendermaßen ausgedrückt: *Omne ens, inquantum est ens, est bonum.* »Alles Seiende, insofern es Seiendes ist, ist gut.« Und: *Nullum ens dicitur malum inquantum est ens, sed inquantum caret quodam esse.* »Kein Seiendes wird schlecht genannt, insofern es ist, sondern nur insofern, als ihm ein gewisses Sein mangelt.«

3. Schritt. Angenommen, die Idee »aliquid quo nihil maius cogitari potest« existiert nur im Kopf des Toren und die Existenz des Wesens, über das hinaus nichts Größeres gedacht werden kann, ist eine bloß mögliche: Dann würde es notwendig etwas geben, was größer wäre als der bloß mögliche Gegenstand jener Idee im Kopf des Toren, nämlich der real existierende Gegenstand, über den hinaus nichts Größeres gedacht werden kann. Folglich: Die Idee im Kopf des Toren *widerspricht sich selbst,* solange sie bloß die mögliche und nicht die tatsächliche Existenz des Wesens, über das hinaus nichts Größeres gedacht werden kann, voraussetzt. Diese Voraussetzung ist ein notwendiger Bestandteil jener Idee, insofern sie sich nicht selbst widerspricht.

4. Schritt. Indem der Tor *die Idee versteht,* die durch die Wendung »aliquid quo nihil maius cogitari potest« zum Ausdruck gebracht wird, muss er schließlich einsehen, dass es *unmöglich* ist, dass der Gegenstand, auf den sich diese Idee bezieht, *nicht* existiert. Mit anderen Worten: Dieser Gegenstand, auf den sich jene Idee bezieht, *existiert notwendig;* und der Name dieses Gegenstandes ist »Gott«. Denn Gott allein ist das Wesen, das wir nicht anders denken können als so, dass über es hinaus nichts Größeres gedacht werden kann.

III

DISKUSSION DES ANSELMSCHEN BEWEISES – Anselms Beweis ist ein Musterbeispiel für religiöses Denken. Gerade deshalb wurde er von Anfang an als allzu rationalistisch kritisiert. Abgesehen davon, hat man seine formale Korrektheit und inhaltliche Gültigkeit immer wieder bestritten.[79]

(1) Der anselmsche Beweis unterstellt ein Prinzip, das folgendermaßen lautet: »Ein Gutes (Gott), das bloß der Möglichkeit nach existiert, ist weniger gut als dasselbe Gute (Gott), sofern es tatsächlich existiert.« Man kann fragen, ob es sich hier um ein gültiges Prinzip handelt. Und man mag antworten, dass dieses Prinzip in einem bestimmten Sinne überflüssig oder sogar irreführend ist. Zweifellos ist ein Almosen, das gegeben wird, »besser« als ein Almosen, das zwar gegeben werden könnte, aber nicht gegeben wird. Doch das hat damit zu tun, dass ein Wert eben nur durch ein

Almosen entsteht, das tatsächlich gegeben wird. Hingegen ist ein »mögliches Almosen« entweder überhaupt irrelevant – es ist nichts weiter als ein Begriff, ein *flatus vocis* –, oder aber es ist relevant deshalb, weil es auf eine tatsächliche Unterlassung des Almosens, d. h. ein *alternatives Verhalten* deutet, das weniger wertvoll ist als die Almosengabe, die immerhin möglich gewesen wäre.

Eine andere Betrachtungsweise mag das Prinzip dennoch als einleuchtend erscheinen lassen. Man vergleicht den Weltzustand, in dem das Almosen gegeben wird (W_1), mit jenem, in dem es nicht gegeben wird (W_2), und fragt, welcher besser sei. Wenn die Almosengabe tatsächlich einen Wert realisiert (und dabei nicht auch zugleich irgendwelche Unwerte), dann folgt daraus, dass W_1 besser ist.

Wird nun aber die Existenz Gottes ausdrücklich berücksichtigt, dann kompliziert sich die Sachlage. Der Weltzustand W_1 sei so geartet, dass in ihm genau dieselben Werte realisiert sind wie in W_2. Für W_1 gelte jedoch im Gegensatz zu W_2, dass »außerhalb« oder »jenseits« von W_1 nicht nichts ist, sondern Gott existiert. Rekonstruieren wir die Situation *auf diese Weise*, dann bedeutet Gottes Existenz dennoch so gut wie nichts. Die Summe der Werte in W_1 und W_2 bleibt dieselbe, unabhängig davon, ob Gott existiert oder nicht. Gott wird zwar als das höchst vollkommene Wesen gedacht, aber das ändert nichts an der Identität der Summe der Werte *innerhalb* von W_1 und W_2.

Freilich wird das höchst vollkommene Wesen hier auf den Status einer göttlichen Monade fixiert, einer wirkungslosen Entität, die – gleichsam eingeschlossen wie das fossile Insekt im Bernstein – vollkommen selbstgenügsam »jenseits« der Welt existiert, ohne deren Wesen zu berühren. Das ist jedoch gewiss nicht die Art, wie Anselm die Beziehung zwischen Gott und der Welt auffasst. Gott ist, jedenfalls für das abendländische Denken, schon *seinem Begriff nach* der wie immer auch rätselhafte Grund der Welt. Und erst durch die Existenz Gottes entsteht die *ontologische* Basis dafür, dass es Werte *innerhalb* der Welt geben kann, einmal abgesehen von der Existenz der Welt selbst.

Macht man die Gegenprobe, so findet man auf der Seite der christlichen Gnosis die Vorstellung eines höchsten Gottes, der mit der Welt nur über vielerlei Vermittlungen zu tun hat, etwa indem er, wie bei Plotin, Lichtfunken aus sich heraus in die Nacht der Materie sinken lässt. Man kann den gnostischen Alptraum zu Ende führen und sich einen Gott denken, der tatsächlich in keinerlei Beziehung zur Welt steht: Ist für einen solchen Gott das anselmsche Prinzip, die reale göttliche Existenz sei etwas »Größeres« als die bloße Möglichkeit Gottes, noch plausibel? Man zögert, die Frage zu bejahen, weil ein solcher Gott *für uns* so gut wie nichts wäre, selbst wenn er existierte.

Es gibt also eine Einschränkung des Prinzips »Ein Gutes (Gott), das bloß der Möglichkeit nach existiert, ist weniger gut als dasselbe Gute (Gott), wenn es tatsächlich existiert.« Sie lautet: »Ein Gutes, das bloß der Möglichkeit nach existiert, ist nicht schlechter als dasselbe Gute, wenn es tatsächlich existiert, sofern dieses Gute (Gott) nichts Gutes will und/oder bewirkt.« Eine derartige Einschränkung ist vermutlich ohnehin bloß grammatikalischer Natur; sie unterstreicht die Bedeutung, der gemäß wir die Begriffe des Gutseins und des Existierens verwenden.

Wir werden nur dann sagen, dass etwas gut ist, wenn es sich in irgendeiner Weise entsprechend *äußert*. Man kann nicht gut sein, ohne jemals etwas Gutes herbeigeführt oder wenigstens gewollt zu haben. Darüber hinaus stellt sich die Frage, was es heißen soll, von der Existenz eines Wesens zu reden, wenn kein Indikator dafür namhaft gemacht werden kann, *dass* es existiert, weil es eben nichts weiter tut, »als bloß zu existieren«. Es gibt demnach keinen Effekt, keine Wechselwirkung mit anderen Existenzen, keine erkennbare Eigenschaft, nur die reine Existenz. Ist das aber nicht dasselbe, als ob so ein Existierendes gar nicht existierte, ja ist es in Wahrheit nicht so, dass hier mit dem Begriff der Existenz die Nichtexistenz des in Frage stehenden Wesens (Gott) kaschiert wird?

(2) Man könnte Zweifel daran anmelden, ob die Idee »aliquid quo nihil maius cogitari potest« wirklich verständlich sei. Warum soll jene Idee mehr einleuchten als die zu ihr komplementäre Vorstellung, es gebe zu jedem Großen etwas, das noch größer ist? Das ist ja keine Frage der Tatsachen, sondern der bloßen widerspruchsfreien Denkbarkeit vor dem Hintergrund der Regel, dass es zu jeder numerischen Größe x einen Nachfolger $x + 1$ gibt.

Obwohl das Argument stimmt, bleibt Anselms Idee intakt, solange das »Große, über das hinaus nichts Größeres gedacht werden kann«, im Sinne des »Vollkommenen« interpretiert wird:

»aliquid quo nihil *melius* cogitari potest«. Über das Vollkommene hinaus kann es logischerweise nicht etwas noch Vollkommeneres geben. Freilich bleibt dann zu fragen, ob wir tatsächlich eine Idee des (moralisch) vollkommenen Wesens haben. Und das ist keine leichte Frage.

Man hat gesagt, Gottes Vollkommenheit schließe ein, dass *Gottes Wesen* vollkommen gut sei. Demnach ist Gott seinem Wesen nach unfähig, etwas Böses zu wollen oder zu tun. Doch ist das nicht auch eine Art von Mangel? Fehlt Gott, der auf diese Weise vollkommen ist, nicht die Möglichkeit, sich frei zu entscheiden und zu handeln? Das spricht dafür, sich Gott so vorzustellen, dass sein Wesen böse Antriebe *nicht* ausschließt, er jedoch stets und notwendig um das Gute weiß und daher niemals das Böse tut. Aber darf man denn von einem Wesen, in dem böse Antriebe existieren, sagen, es sei vollkommen?

Wie auch immer: Wir haben mehrere Prima-facie-Vorstellungen davon, was es heißt, moralisch vollkommen zu sein, und wir sind uns nicht sicher, welche von ihnen vorzuziehen ist. Doch das heißt eben gerade nicht, dass wir *keinerlei* Idee moralischer Vollkommenheit hätten.

(3) Auch wenn man Anselm zugibt, dass wir Gott nicht anders denken können denn als das Wesen, über das hinaus sich nichts Größeres denken lässt, werden wir uns vielleicht doch fragen, wie aus der bloßen Idee von einem Wesen dessen tatsächliche Existenz zu folgen vermag. Hier ist man auf den ersten Blick geneigt zu antworten, dass so etwas gar nicht zu begreifen ist. Aus dem Konzept des vollkommensten Wesens im Sinne Anselms folgt doch wohl nur, dass, *wenn* ein solches Wesen tatsächlich existiert, es dann *notwendig* existiert. Auch wenn wir die unabänderliche Idee Gottes haben, die da lautet, Gott sei das Wesen, über das hinaus nichts Größeres gedacht werden könne, bleibt immer noch die Frage, *ob* Gott existiert.

Wie sich indessen zeigen lässt, stellt sich diese Frage *nicht*. Der Normalfall des Existierens besteht darin, dass es sowohl möglich ist, dass ein Wesen existiert, als auch möglich, dass es nicht existiert. Das versteht man unter »kontingenter« Existenz bzw. Nichtexistenz. Wir wissen, was ein Junggeselle ist, indem wir die ihn definierenden Merkmale kennen: »männlich« und »unverheiratet«. Nun kann man sowohl sagen »Es gibt ein Wesen, das männlich und unverheiratet ist«, als auch »Es gibt kein solches Wesen.« Weder die eine noch die andere Behauptung impliziert einen Widerspruch. Daher mutet es gänzlich unproblematisch an zu sagen: »Wenn es einen Junggesellen gibt, dann ist er männlich und unverheiratet.«

Betrachten wir demgegenüber die anselmsche Gottesdefinition, so stellen wir fest, dass ihr zufolge Gott das Wesen ist, zu dessen *definierenden* Merkmalen es gehört, notwendig zu existieren. Welchen Sinn hat aber der Satz: »*Wenn* Gott existiert, dann existiert er *notwendig*«? Als *echter* Bedingungssatz schließt er die Behauptung ein: »Es ist möglich, dass Gott *nicht* existiert.« Damit jedoch widerspricht er sich selbst, denn es ist logisch unmöglich, dass das Wesen, das notwendig existiert, möglicherweise nicht existiert. Kurz gesagt: Es ist ein logisches Merkmal der notwendigen Existenz, nicht konditionalisierbar zu sein.

(4) Es gibt ein berühmtes Argument gegen den ontologischen Gottesbeweis, das von einem Zeitgenossen Anselms, dem Mönch Gaunilo vorgetragen wurde.[80] Das Argument besagt, dass die Idee eines Etwas, über das hinaus kein Größeres gedacht werden könne, nicht nur verwendbar sei, um die Existenz Gottes zu beweisen, sondern darüber hinaus, um die Existenz eines jeden beliebigen vollkommenen Gegenstandes zu beweisen, auch solcher Gegenstände, die gar nicht existieren. Gaunilo beansprucht also, Anselms Beweis durch eine *reductio ad absurdum* zu widerlegen, d. h. dadurch, dass gezeigt wird, dass, wenn der Beweis gilt, dies zu unannehmbaren Konsequenzen führt.

Denken wir uns, sagt Gaunilo, eine Insel, von der niemand weiß, wo sie liegt (und die tatsächlich auch gar nicht existiert), von der es aber heißt, sie sei mit allen Arten von Reichtümern und Genüssen in einer unüberbietbaren Weise ausgestattet, gleich dem Paradies. Kein Eiland ist vorstellbar, das besser oder vollkommener sein könnte. Aus der Sichtweise Gaunilos folgt dann, gemäß der anselmschen Argumentation, dass dieses Eiland existieren muss, denn wenn es nicht existierte, wäre es nicht vollkommen. Hat Gaunilo recht? Dazu einige Bemerkungen:

(a) Nicht jede Art von Vollkommenheit ist von einer Art, die es wünschenswert erscheinen ließe, dass die ihr entsprechenden Gegebenheiten auch tatsächlich realisiert werden. Man denke bloß an das *vollkommen Böse*. Wir können etwa die Idee der perfekten Folter bilden, die so schmerzhaft wie nur überhaupt möglich wäre, ohne dabei das Leben und damit die Qualen des Gefolterten im geringsten zu verkürzen.

(b) Aber auch die Existenz von *moralisch neutralen* Dingen wird in der ihnen gemäßen Idee von Vollkommenheit nicht notwendig eingeschlossen sein. Im Gegenteil, bisweilen ist das Vollkommene ja gerade das, was aus praktischen Gründen *nicht* zu verwirklichen ist. Als Beispiel möge die Idee des »vollkommenen handgezeichneten Kreises« dienen. Wir kennen die Merkmale eines solchen Gegenstandes: Alle Punkte auf der Kreislinie sind vom Mittelpunkt exakt gleich weit entfernt. Weil wir aber diese Merkmale kennen, wissen wir auch, dass es praktisch unmöglich ist, einen vollkommen Kreis mit der Hand zu zeichnen. Daraus folgt, dass es keinen vollkommenen handgezeichneten Kreis gibt. Dennoch schließt die Idee eines solchen Kreises keinen logischen Widerspruch in sich.

(c) Vielleicht ist mit dem eben Gesagten Gaunilos Argument schon widerlegt. Doch nehmen wir an, Gaunilos Insel *sollte* verwirklicht sein, d. h., ihre Etablierung ist moralisch nicht neutral, sondern wünschenswert oder sogar geboten. Was dann? Die Antwort darauf ist einfach: Dann *sollte* Gaunilos Insel existieren, was natürlich *nicht* impliziert, dass sie *tatsächlich* existiert. Und Gott? Nun, Gottes Vollkommenheit ist *singulär*: Sie und nur sie schließt ein, was sonst kein Vollkommenheitsbegriff irgendeines Dinges oder Wesens einschließt, nämlich, dass das Vollkommene (Gott) auch tatsächlich existiert! Andernfalls würden wir von einem vollkommenen Wesen reden, dessen Existenz wünschenswert wäre – wie zum Beispiel die Existenz des moralisch untadeligen Menschen –, nichtsdestotrotz aber von einem Wesen, das nicht Gott sein könnte.

IV

DIE BEDEUTUNG DER EXISTENZ GOTTES – Was soll man von all dem halten? Zweifellos lässt sich die Idee Gottes als des Wesens, *quo nihil maius cogitari potest*, nicht anders darlegen als mit Hilfe des Begriffs der notwendigen Existenz. Es ist undenkbar, die Existenz Gottes abhängig zu machen von der Existenz anderer, kontingenter Gegebenheiten. Denn Gott ist von seinem Begriff her der letzte Grund aller Dinge, der seienden wie der nichtseienden. In den Worten von Iris Murdoch: »Die Beziehung Gottes zum Universum ist *ex hypothesi* einzigartig. Ein kontingenter Gott würde ein Dämon und nicht Gott sein.«[81] Doch der Skeptiker wird fragen, was mit dem Begriff des Existierens hier denn eigentlich gemeint sein könnte.

(a) Die Existenz eines Dämons, etwa eines die Menschen erschaffenden Demiurgen, hängt davon ab, ob es ein Wesen gibt, das bestimmte Eigenschaften hat. In unserem Beispiel wäre das unter anderem die Eigenschaft, die ersten Menschen aus Ton geformt zu haben. Man kann die Frage nach der Existenz eines Wesens nicht verstehen, wenn man sie nicht als eine Frage nach der Existenz bestimmter Eigenschaften oder Gegebenheiten versteht, die das fragliche Wesen *individuieren* (weil es sich entweder um Wesensmerkmale oder um Merkmale handelt, die eine Identifikation des Wesens gestatten). Der Mythos weiß das wohl, indem er Gott mit handfesten Eigenschaften ausstattet, ihn über den Wassern schweben, die Welt einrichten, den Menschen Gebote auferlegen, die Guten belohnen und die Bösen bestrafen lässt.

(b) Aber Anselms Gott ist in hohem Maße *entmythologisiert*, denn es geht um das Wesen Gottes hinter den Bildern, die wir uns von Gott machen. Die göttliche Existenz hinter den Bildern muss so gedacht werden, *dass sie unabhängig ist von allen kontingenten Merkmalen* (Bedingung der Notwendigkeit der Existenz). Das hat zur Folge, dass die Attribute, die Gott zugeschrieben werden, in ihrem Bestehen ebenfalls unabhängig sein müssen von den Tatsachen, wie immer diese beschaffen sein mögen. Keine Ungerechtigkeit der Welt kann etwas daran ändern, dass Gott höchst gerecht ist, kein Leid der lebenden Kreatur kann Gottes Makellosigkeit beeinträchtigen, obwohl notwendig gilt, dass alles, was geschieht, letzten Endes von Gott abhängt. Es hat also keinen Sinn zu sagen, die Existenz Gottes sei abhängig davon, ob Gott irgendwelche Attribute zukommen oder nicht. Denn die Attribute, die Gott zukommen – höchst weise, höchst gerecht, höchst liebevoll –, kommen ihm ebenfalls *notwendig* zu und sind daher *nicht* kontingent (empirisch). Die Bedeutung ihrer kontingenten moralischen Äquivalente machen wir uns klar, indem wir fragen, wann sie zutreffen und wann nicht – etwa, unter welchen Bedingungen jemand weise, gerecht oder liebevoll handelt.

(c) Weil die Existenz der Attribute Gottes, wie Gottes Existenz selbst, nicht davon abhängt, *wie* die Welt ist, wissen wir auch nicht, was sie *bedeuten*. Die Behauptung ihrer Existenz leistet daher keinen Beitrag zur Klärung der Frage, was es bedeutet, von der Existenz Gottes zu sprechen.

(d) Dieses Ergebnis der skeptischen Argumentation wurde in der hier vorgetragenen Schärfe allerdings selten akzeptiert. So ist die Theodizee, von der noch zu reden sein wird, davon ausgegangen, dass zwischen den Attributen Gottes und den entsprechenden Prädikaten der menschlichen Moral eine »Analogie« besteht. Das hat dann aber zur Folge, dass die Übel der Welt Gott angelastet werden können, es sei denn, ihre Existenz lässt sich mit guten Gründen als notwendig erweisen.

V

Die Bedeutung der Attribute Gottes – Auch Thomas von Aquin hat den zuletzt genannten Punkt gebührend hervorgehoben, freilich in gänzlich anderer Absicht als der Skeptiker. Sein Gedankengang in der *Summa theologica* verläuft folgendermaßen:

(a) Prinzipiell lässt sich nicht bezweifeln, dass die Existenz Gottes notwendig ist, obwohl nicht jedermann einleuchten wird, dass der Begriff der Existenz im Begriff Gottes mitenthalten sein müsse – man denke nur an die philosophisch Ungebildeten oder die Leugner Gottes. Thomas sagt: *Deus est suum esse*, »Gott *ist* sein Sein«. Das bedeutet, dass bei Gott Wesen (Begriff) und Sein (Existenz) zusammenfallen. Es kann keinen Unterschied geben zwischen dem Sein Gottes, seiner Existenz, und den Eigenschaften, die ihm kraft seines Begriffs zukommen. Deshalb antwortet Thomas auf die Frage, ob es »in Gott« Eigenschaften gebe, mit einem klaren Nein: *manifeste apparet quod in Deo accidens esse non potest* (I 3,6).

(b) Damit gerät Thomas in die Schwierigkeit zu erklären, was wir meinen, wenn wir sagen, Gott sei weise, gerecht usw. Zwischen Gott und den Menschen, sagt Thomas, besteht zwar eine gewisse Ähnlichkeit gemäß *Genesis* 1,26: »Lasst uns Menschen machen als unser Abbild, uns ähnlich.« Gleichzeitig jedoch ist der Abstand Gottes von den Menschen so groß und sind sich Schöpfer und Geschöpf so unähnlich, dass wir alle Prädikate, die wir auf Gott anwenden, nicht in *derselben* Bedeutung verwenden dürfen wie in ihrer Anwendung auf uns selbst.

(c) Wenn wir das Prädikat »weise« auf einen Menschen anwenden, dann ist damit eine Eigenschaft bezeichnet, die von anderen Tugenden und von der Existenz dieses Menschen wohlunterschieden ist; wenn wir hingegen von Gott sagen, er sei höchst weise, so wollen wir damit nicht etwas bezeichnen, was von seinem Wesen, seiner Macht oder seiner Existenz verschieden ist (*non intendimus significare aliquid distinctum ab essentia vel potentia vel esse ipsius*). Mit anderen Worten: Wir bezeichnen, mit welchem Prädikat auch immer, ob wir nun sagen, Gott sei »weise«, »gerecht« oder »mächtig«, stets die unauflösbare Einheit Gottes, und es bleibt daher, wie Thomas selbst erklärt, das Bezeichnete unbegriffen (*sed relinquit rem significatam* [. . .] *incomprehensam* [I 13,5]).

VI

DIE UNANGEMESSENHEIT DES SPRECHENS ÜBER GOTT – Hier wird eine Crux aller Gottesbeweise sichtbar. Sie gründet nicht in den Beweisen selbst, sondern in dem »Gegenstand«, von dem sie handeln. Dieser Gegenstand, Gott, ist der menschlichen Sprache unzugänglich, insofern er dem menschlichen Denken unzugänglich ist. Alles in Gott soll unendlich und gleichzeitig absolut einfach, Gott selbst soll eine vollkommene und grenzenlose Einheit sein.

Das menschliche Denken, das mit Unterscheidungen, Grenzziehungen, Klassifizierungen, Abstufungen, Vergleichen arbeiten *muss*, um seine Gegenstände und die Welt zu beschreiben, *ist dem Wesen Gottes unangemessen.*

Wenn Thomas dennoch darauf beharrt, eine Erkenntnis Gottes sei möglich, ja die Weisen könnten Gottes Wesen sogar *schauen*, so hat das mit zwei metaphysischen Annahmen zu tun: zum einen mit der Vorstellung, das *lumen naturale*, die natürliche Vernunft des Menschen, sei eine Ausstrahlung göttlicher Kraft; zum anderen aber mit der Überzeugung, der Mensch werde durch die *Gnade* Gottes über die Begrenzungen seiner natürlichen Vernunft hinausgehoben und erlange so, durch Glaubenserleuchtung, Einsicht in das göttliche Wesen. Doch derlei Argumente lösen nicht das Problem, *wie eine menschliche Sprache von Gott möglich sein soll.*

Das rückt auch den ontologischen Gottesbeweis in ein eigenartig zwiespältiges Licht. Zwar gilt, dass die Idee, die wir von Gott haben, *nicht* beliebig ist. Wir können die Idee Gottes nicht nach Gutdünken abändern, da ansonsten aus Gott ein kontingentes Wesen, ein Dämon wird. Wir können Gott nicht anders denken, als dass er die absolute, selbst unbedingte Bedingung der Welt ist. Aber diese Absolutheit Gottes erzwingt den Gedanken seiner notwendigen Existenz. Und so ergibt sich das Paradox der Gottesbeweise: Wir können *wissen,* dass Gott existiert, doch wir können nicht sagen, was dieses Wissen *bedeutet.*

Deshalb sind wir machtlos gegen den Skeptiker, der sagt: »Genau genommen weißt du hier gar nichts.«

VII

DIE THOMASISCHEN GOTTESBEWEISE – Thomas von Aquin, Dominikaner, Heiliger, Patron aller höheren kirchlichen Lehranstalten mit dem Beinamen »Doctor angelicus«, wurde 1224/25 auf der Burg Roccasecca bei Neapel als Sohn adeliger Eltern geboren, und starb 1274 in der Abtei Fossanuova. Thomas verfasste von 1267 bis 1273 seine monumentale *Summa theologica.* Dieses Werk, obwohl unvollendet, stellt den für die europäische Geistesgeschichte einflussreichsten Versuch dar, eine Vermittlung zwischen christlichem Glauben und aristotelischem Rationalismus zu stiften. Wie Anselm, so ging auch Thomas davon aus, dass kein Widerspruch zwischen der Offenbarung und der natürlichen Erkenntnis möglich sei. Nichtsdestotrotz legte er schließlich seine philosophischen Arbeiten nieder, weil ihm nach einer mystischen Vereinigung mit Gott alles, was er geschrieben hatte, »als Spreu« erschien.

In seiner *Summa* (I 2,3) formuliert Thomas nicht weniger als fünf Gottesbeweise, seine berühmten »fünf Wege«:

Beweis Nr. 1. Es gibt Bewegung. Es ist aber unmöglich, dass irgendein Gegenstand der Welt sich selbst bewegt. Alles, was bewegt wird, muss durch etwas anderes bewegt werden. Die Kette der Beweger kann jedoch unmöglich bis ins Unendliche fortgehen, daher muss man ein erstes Bewegendes, das selbst nicht mehr bewegt wird, annehmen. Dieses *primum movens, quod a nullo movetur,* nennen wir »Gott«.

Beweis Nr. 2. Es gibt Wirkursachen. Nichts aber kann sich selbst bewirken, und so bedarf jede Wirkursache ihrerseits wieder einer anderen. Das ergäbe eine unendliche Reihe von Ursachen, was anzunehmen unsinnig wäre. Daher muss es eine erste Wirkursache geben. Diese *prima causa efficiens* nennen wir »Gott«.

Beweis Nr. 3. Es gibt Dinge, die dem Entstehen und Vergehen unterworfen sind. Solche Dinge sind möglich, aber nicht notwendig. Jedoch nicht alle Dinge können entstanden sein, denn dann hätte es eine Zeit gegeben, in der nichts da gewesen wäre – die Zeit, in der noch keines der Dinge, die im Laufe der Zeit entstanden sind, bereits entstanden war. Aus nichts freilich hätte nichts entstehen können. Also muss es Dinge geben, die notwendig sind. Wenn nun jedes notwendige Ding seinen Grund in einem anderen notwendigen Ding hätte, dann würde das ins Unendliche führen, was anzunehmen absurd ist. Daher muss es ein Sein geben, das den Grund seiner Notwendigkeit nicht in einem anderen Sein hat, sondern in sich selbst, ein notwendiges, unbedingtes Sein, das der Grund aller anderen Dinge ist (*causa necessitatis aliis*). Dieses Sein nennen wir »Gott«.

Beweis Nr. 4. Alle Dinge sind mehr oder weniger gut, ihr Sein ist mehr oder weniger vollkommen. Das wäre nicht möglich, wenn es nicht ein in höchstem Maße Gutes gäbe, an dem alle Dinge in unterschiedlicher Weise teilhaben. Die höchst gute Ursache des Gutseins der Dinge aber nennen wir »Gott«. (*Ergo est aliquid quod omnibus entibus est causa esse, et bonitatis, et cujuslibet perfectionis: et hoc dicimus Deum.*)

Beweis Nr. 5. Es gibt eine Ordnung der Dinge. Auch jene Dinge, die kein Bewusstsein haben, erreichen ihr Ziel – aus Samen werden Pflanzen, die Tiere sind mit allem ausgestattet, um zu überleben etc. Daher muss es eine lenkende Instanz geben, welche die Naturdinge auf ihr Ziel hinordnet. Diese Instanz nennen wir »Gott«.

Kommentar zu den Beweisen. Man hat alle fünf Beweise kritisiert und sie für ungültig erklärt, sei es aus formalen Gründen oder wegen der Annahmen, die sie machen. Nichtsdestotrotz sind sie keineswegs reine Rhetorik, sondern ernsthafte Beispiele religiösen Denkens.

(a) Auch heute noch sind wir mit der Frage konfrontiert, an welchem Punkt unsere Versuche, die Gegebenheiten der Welt zu erklären, ein angemessenes Ende finden könnten. Klarerweise provoziert jedes physikalische Grundgesetz die Frage, was denn der Grund seiner Geltung sei; und selbstverständlich ist mit dieser Frage auch die heutige Urknall-Theorie des Universums konfrontiert.

Der Wissenschaftler, der hier lächelnd abwehrt, weil er glaubt, der Laie habe nicht verstanden, was ein physikalisches Grundgesetz oder ein Anfangszustand der Welt sei, missversteht seinerseits das Problem. Das Problem ist die *Existenz* der Welt. Dieses kann man nicht dadurch lösen, dass man den Anfang und die gesetzmäßige Entfaltung der Welt studiert.

Angenommen, es wäre uns möglich, die heute bekannten Grundgesetze morgen auf noch grundlegendere zurückzuführen und übermorgen auf abermals noch grundlegendere usw. usf., und entsprechend dazu hinter den Urknall zurückzugehen und den finalen Zustand einer Welt vor unserer Welt zu postulieren, die ihrerseits aus einem Ur-Urknall hervorgegangen wäre usw. usf.: all das angenommen, würde sich doch auf jeder neuen Stufe das Problem der Existenz des Ganzen wieder stellen. Die Wissenschaft kann darauf keine angemessene Antwort geben, selbst wenn ihr ein unendlicher Regress der Gesetze und Anfangszustände begrifflich fassbar wäre.

(b) Aber ein solcher Regress ist nicht nur nicht zu durchlaufen. Als historisches Phänomen hätte er außerdem zur Folge, dass jedes Glied in der Kette der Weltereignisse, wie weit entfernt es auch von unserer Gegenwart wäre, noch immer unendlich viele Schritte durchlaufen müsste, um zum Anfang zu kommen. Das bedeutet jedoch, dass der Prozess an keinem Punkt in der Vergangenheit zum Stillstand gelangen könnte, dass es also gar keinen Anfang geben könnte, und dass daher niemals überhaupt etwas hätte beginnen können. Zu sagen, der Anfang liege im Unendlichen (er sei unendlich viele Schritte weit von uns entfernt), heißt zu sagen, es gebe keinen Anfang. Aber ohne Erstes kein Zweites, ohne Anfang der Welt keine Welt.

(c) Das Gesagte erfordert einen Anfang der Welt nach dem *Modell* einer »Ursache«, die zugleich ein »Subjekt« ist, das aus sich selbst heraus nach Maßgabe guter Gründe handelt. Der entscheidende Punkt dabei ist, dass Hervorbringungen nach dem

Modell autonomen Handelns, also gelingende intentionale Akte mit normativ richtigen Ergebnissen, *keiner weiteren Erklärung* bedürfen. Wenn die Welt gut und vernünftig ist als Folge der willentlichen Unternehmung eines Subjekts, das die Welt gut und vernünftig machen wollte, dann erübrigt sich jede weitere Frage nach dem Warum der Welt.

Wenn ich gute Gründe dafür habe, einen Papierflieger zu basteln – ich habe eine kleine Tochter, der es Freude bereitet, Drachen steigen zu lassen –, dann erübrigen sich weitere Fragen, zum Beispiel die nach meinem Charakter, meiner Herkunft, meinen Genen. Man darf diese Situation allerdings nicht mit der Tabu-Frage schlechthin verwechseln: »Warum existiert Gott?« Es ist sinnlos nach den Gründen für die Existenz jenes Wesens zu fragen, das den Grund seiner Existenz »in sich selbst trägt«. Ebenso sinnlos wäre es zu fragen, warum das *absolut* Vollkommene existiert. Solche Fragen zu stellen heißt, nicht begriffen zu haben, wovon die Rede ist.

Den Beweisen von Aquin liegt nun deutlich der Gedanke zugrunde, dass die Existenz der Welt nicht anders verständlich gemacht werden kann als durch eine personale »Endursache«. Das ist ein Ergebnis, das Anselms Beweisführung um einen wichtigen Aspekt ergänzt. Der letzte Grund allen Seins ist nicht nur ein Wesen, dessen Existenz notwendig ist, es ist darüber hinaus ein Wesen, das nach dem *Modell menschlicher Subjekthaftigkeit* gedacht werden muss.

(d) Die Betonung liegt dabei nicht nur auf dem Begriff »Subjekt«, sondern auch auf dem Wort »Modell«. Denn indem wir uns Gott als Subjekt denken, reden wir doch von etwas, was sich unserem Vorstellen und Begreifen *entzieht*. So ist unsere Situation beschaffen: Wir wissen, dass alle unsere Begriffe fehlgehen, aber wir glauben nichtsdestotrotz zu erkennen, dass einige Begriffe dem Unsagbaren *gerechter* werden als andere. Das rechtfertigt unsere Weigerung, im Agnostizismus zu verharren.

VIII

Kants Kritik der Gottesbeweise – Eine reflektierte Ablehnung des Agnostizismus bringt uns zu Kant. Seine Auseinandersetzung mit den Gottesbeweisen findet sich in der *Kritik der rei-*

(a) Kants Analyse des von ihm so genannten ontologischen Beweises von Anselm gipfelt in der Behauptung, dass zur Definition eines Begriffs niemals das »Merkmal« der Existenz dessen, was mit dem Begriff bezeichnet wird, gehören könne. »Sein« ist kein reales Prädikat, so lautet die Formel Kants. Sonst nämlich würde der Begriff »hundert Taler« jeweils etwas anderes *bedeuten*, je nachdem, ob es sich um hundert mögliche oder hundert tatsächliche Taler handelt. Analog dazu würde etwa der Name »Napoleon« einen jeweils anderen Menschen bezeichnen, je nachdem, ob Napoleon lebt oder gestorben ist. Vom toten Napoleon wäre es dann, entgegen der historischen Wahrheit, falsch zu sagen, er sei Kaiser der Franzosen gewesen.[82]

Die ganze Kritik Kants geht allerdings fehl, sofern sie sich auf Anselms Beweis richtet. Denn im Gegensatz zu allen anderen Begriffen bezeichnet der Ausdruck »Gott« ein Wesen, das *ebendieses* Wesen nur ist, *solange und insofern* es als notwendig existierend gedacht wird. Ein nicht oder möglicherweise nicht existierendes Wesen namens »Gott« kann nicht das Wesen sein, das wir meinen, wenn wir von Gott sprechen.

(b) Nun hat aber Kant über seine spezielle Kritik an Anselm hinaus eine Argumentation gegen jeden möglichen Gottesbeweis vorgetragen. Hier die entscheidende Stelle aus der *Kritik der reinen Vernunft*, A 695 ff./B 723 ff.:

»Frägt man denn also (in Absicht auf eine transzendentale Theologie) *erstlich*: ob es etwas von der Welt Unterschiedenes gebe, was den Grund der Weltordnung und ihres Zusammenhanges nach allgemeinen Gesetzen enthalte, so ist die Antwort: *ohne Zweifel*. Denn die Welt ist eine Summe von Erscheinungen, es muß also irgendein transzendentaler, d. i. bloß dem reinen Verstande denkbarer Grund derselben sein. Ist *zweitens* die Frage: ob dieses Wesen Substanz, von der größten Realität, notwendig usw. sei; so antworte ich: *daß diese Frage gar keine Bedeutung habe*. Denn alle Kategorien, durch welche ich mir einen Begriff von einem solchen Gegenstande zu machen versuche, sind von keinem anderen als empirischen Gebrauche, und haben gar keinen Sinn, wenn sie nicht auf Objekte möglicher Erfahrung, d. i. auf die Sinnenwelt angewandt werden. [...] Ist endlich *drittens* die Frage: ob wir nicht wenigstens dieses von der Welt unterschiedene Wesen nach einer *Analogie* mit den Gegenständen der Erfahrung denken dürfen? so ist die Antwort: *allerdings*, aber nur als Gegenstand in der Idee und nicht in der Realität, nämlich nur, sofern er ein uns unbekanntes Substratum der systematischen Einheit, Ordnung und Zweckmäßigkeit der Welteinrichtung ist [. . .].«

Aus Kants Überlegungen resultiert das Verbot, sich Gott als eine Art empirische Hyperperson vorzustellen, deren Beziehungen zur Welt buchstäblich als innerweltlich, als *empirisch* kausal und intentional zu denken wären. Aber dem hätte weder Anselm noch Thomas widersprochen. Für den einen wie für den anderen wäre es nicht überraschend gewesen, dass Gott als Gegenstand nur »in der Idee und nicht in der Realität«, als »unbekanntes Substratum« der Weltordnung oder, wie es anschließend bei Kant heißt, als »regulatives Prinzip« gedacht werden darf.

Das kantische Postulat, Gott sei »in Analogie« zu den Gegenständen der Erfahrung, aber niemals selbst als eine Art Erfahrungsgegenstand zu denken, ist die Essenz und freilich auch die Crux *aller* Gottesbeweise. Ob allerdings jenes Postulat, wie Kant meinte, die endgültige Widerlegung der Gottesbeweise mit sich bringt, hängt davon ab, ob man den Beweisen zugestehen will, in Analogien zu denken. Selbst von der Warte Kants aus ist nicht leicht zu sehen, warum man hier ein Zugeständnis grundsätzlich verweigern sollte. Denn für Kant steht zweifellos fest, dass es einen göttlichen Grund der Weltordnung geben müsse und dass, weil dieser Grund von der Weltordnung verschieden sei, man über ihn nur in Analogie zu den Gegenständen der Erfahrung denken könne und dürfe.

(c) Man soll Gottesbeweise nicht deshalb kritisieren, weil sie nicht aufhellen, was nicht aufzuhellen ist. Weder Anselm noch Thomas noch alle anderen ernsthaften religiösen Denker stellen das Mysterium in Frage, d. h. im Rahmen der Gottesbeweise: das Mysterium der Notwendigkeit und Selbstgenügsamkeit der Existenz Gottes. Agnostiker nehmen das Mysterium der göttlichen Existenz zum Anlass, die Erklärungskraft der physikalischen Theorie gegen die Irrelevanz der Gotteshypothese auszuspielen. Es ist wahr, die Annahmen der Gottesbeweise sind keine naturwissenschaftlichen Hypothesen. Das wäre allerdings nur dann ein stichhaltiger Einwand, wenn alles Denken, das nicht naturwissenschaftlich ist, deshalb auch schon ohne Gehalt und Stringenz und insofern irrelevant wäre.

ZUR SCHLÜSSIGKEIT UND RELEVANZ RELIGIÖSER ARGUMENTE
– Warum aber sollten wir eine solche, ihrem Wesen nach szientis-
tische Einschränkung akzeptieren, wenn das religiöse Denken
unser Verstehen der Welt und unser Dasein bereichert? Um diese
Frage – die Frage der Bedeutsamkeit eines Denkens jenseits des
wissenschaftlichen Naturalismus – zu beantworten, müssen wir
auf einige Problempunkte im Detail eingehen.

(1) Man kann zeigen, dass bestimmte Beweise kaum Überzeu-
gungskraft haben, weil die metaphysischen Annahmen, auf die sie
sich stützen, weitgehend unplausibel sind. Betrachten wir den
Gottesbeweis, den René Descartes in seinen *Meditationes de
prima philosophia* aus dem Jahre 1641 vorlegt, und zwar in der
dritten Meditation: Kein Mensch, so lautet das zentrale Argument, wäre in der Lage, die Idee Gottes – die Idee einer unendlichen, unveränderlichen, allweisen und allmächtigen Substanz –
selbständig zu bilden.

Dahinter steht, kurz gesagt, das Prinzip, dass in der gesamten
Wirkursache mindestens ebenso viel Realität oder Seinsvollkom-
menheit enthalten sein müsse wie in dem von ihr Bewirkten (*ma-
nifestum est tantumdem ad minimum esse debere in causâ effi-
ciente & totali, quantum in ejusdem causae effectu*). Daraus
folgert Descartes, dass der menschliche Geist, der ja endlich und
unvollkommen ist, niemals in der Lage wäre, die Ursache für die
Idee Gottes zu sein. Nur Gott allein hat demnach genügend Realität, um eine Idee von sich selbst im menschlichen Geist hervor-
zurufen, zu »bewirken«; also existiert Gott.

Die Mängel dieser Argumentation sind offenkundig. Zum einen ist das cartesische Prinzip unklar und jedenfalls teilweise unrichtig. So etwa können böse Ursachen gute Wirkungen haben,
weshalb man auch bisweilen sagt, dass die Zwecke die Mittel heiligen. Zum anderen ist die Beziehung zwischen der menschlichen
Bewusstseinstätigkeit und dem *Gehalt* von Ideen überhaupt
keine kausaler. Ein Beispiel: *Dass* die Folge aller natürlichen Zahlen tatsächlich unendlich ist, ist nicht die Wirkung irgendwelcher
psychischen Vorgänge im Kopf eines Mathematikers, obwohl natürlich der entsprechende *Denkakt* die Wirkung irgendwelcher
Vorgänge in irgendeinem Kopf ist.

(2) Man mag sich darüber streiten, welchen erkenntnistheoretischen Status die Gottesbeweise haben. In der Tradition werden die Beweise gerne so vorgetragen, als ob sie aus evidenten metaphysischen Prinzipien deduktiv folgten. Damit wollte man die Beweise als überzeugend präsentieren, aber in Wahrheit hat man nur die Zweifler auf den Plan gerufen. Denn welches metaphysische Prinzip lässt sich nicht in Frage stellen, sobald es nur *gehaltvoll* genug ist, um daraus die Existenz Gottes *logisch* abzuleiten.

Sieht man einmal vom Sonderfall des anselmschen Beweises ab, dann stellen sich dem methodisch geschulten Blick die Gottesbeweise viel eher als *Plausibilitätsargumente* dar. Sie sind nicht logisch zwingend, aber sie formulieren Gründe, die es vernünftig erscheinen lassen, an die Existenz Gottes zu glauben. Es gibt zumindest eine gewichtige religionsphilosophische Stimme, die dafür plädiert, die Gottesbeweise als ein komplexes induktives Argument zu entfalten. In seinem Buch *The Existence of God* kommt Richard Swinburne angesichts der Existenz und komplexen Struktur des Universums, einschließlich der Existenz und komplexen Struktur des menschlichen Bewusstseins, zu folgendem Ergebnis:

»Die Tatsachen der Welt, die uns beschäftigen, sind verwirrend und seltsam. Der Theismus macht ihr Auftreten nicht sehr wahrscheinlich; aber nichts anderes macht ihr Auftreten im allermindesten wahrscheinlich, und sie schreien geradezu nach einer Erklärung. *A priori* ist der Theismus vielleicht sehr unwahrscheinlich, aber er ist um vieles wahrscheinlicher als irgendeine alternative Hypothese. So gesehen liefern uns die Tatsachen eine substantielle Evidenz für die Wahrheit des Theismus.«[83]

Unabhängig von der Frage, ob es neben der deduktiven auch eine induktive Logik gibt, ist Swinburns Überlegung eine typische Plausibilitätsargumentation. Von einem strikten Beweis kann hier ebenso wenig die Rede sein wie bei den Analogien, die im religiösen Denken eine wichtige Rolle spielen. Dennoch haben wir nicht den Eindruck, es würden uns durch Plausibilitätsargumente überhaupt keine stichhaltigen Gründe geliefert. Charakteristisch für diese Art des Arguments ist allerdings, dass seine Gründe nicht zwingend sind in dem Sinne, dass sie aus unbezweifelten Prämissen logisch folgten.

Im Falle des Analogiearguments muss die Situation, die zu einer anderen in Analogie gesetzt wird, Letzterer *hinreichend* ähnlich sein, so etwa, wenn Gottes Wirken nach dem Modell personalen Handelns aufgefasst wird. Auf vergleichbare Weise sind wir beim induktiven Räsonieren darauf angewiesen, gewisse Evidenzen als *hinreichend* schlüssig für die Gewinnung der Konklusion zu betrachten, so etwa, um die Existenz eines Weltschöpfers anzunehmen. In dem Wörtchen »hinreichend« verbirgt sich dabei die eigentliche Problematik der Plausibilitätsargumente. Ob nämlich gewisse Fakten, Evidenzen oder Ähnlichkeiten epistemisch hinreichend sind, bleibt eine Frage der *intuitiven Gesamtbeurteilung* der Situation. Wir müssen hier tatsächlich auf unsere Intuition (die manche als »Wertung«, andere eher als »instinktive Reaktion« sehen) *vertrauen*, unbeschadet des Umstandes, dass wir die Sachgehalte, auf die sie sich stützt, im Einzelnen analysieren und diskutieren können.

Das geht dem Begründungspuristen gegen den Strich. Er wird womöglich darauf beharren, dass jedes Argument, um gültig zu sein, nicht das Ergebnis irgendwelcher global-intuitiver Abschätzungen sein darf. Doch das bedeutet im Ergebnis bloß, das Unmögliche zu fordern. Auf diese Weise würde nicht nur das religiöse Denken lahmgelegt, sondern auch ein großer Teil unserer Alltagsdiskurse, die weder ohne Analogieargumente noch ohne induktives Räsonieren auskommen.

Ein anderes Bedenken kommt vielleicht von der Seite des Gläubigen. Er wird sagen, Glaube sei nur dort vorhanden, wo es eine »totale Gestimmtheit«[84] des gläubigen Herzens gebe. Zu solcher Gestimmtheit aber gelange man niemals auf dem moderaten Weg der Plausibilität, die stets unter Irrtumsvorbehalt stehe. Das ist zweifellos richtig. Doch daraus folgt nicht, dass der Glaube, soweit er nach *rationaler* – im Gegensatz zu mystischer – Selbstvergewisserung strebt, ohne Plausibilitätsargumente auskommen könnte.

(3) Aber auch unter dem Vorzeichen bloßer Plausibilität gilt, was bereits weiter oben gesagt wurde: Alles Sprechen über Gott erfordert, unsere Begriffe radikal metaphorisch und streng analog zu verwenden. Es handelt sich stets um den Versuch, das Unsagbare zu sagen. Wenn wir von der »Personhaftigkeit« Gottes reden, so wissen wir doch gleichzeitig, dass Gott keine Person im menschlichen Sinne ist, lokalisiert in Raum und Zeit, mit einem Körper ausgestattet usw. Und wenn wir davon reden, dass Gott

»höchst gerecht« sei, so kann es sich dabei nicht um *jene* Art von Gerechtigkeit handeln, die sich zu Recht darüber empört, dass die Welt voll von unverschuldetem Unglück und Schmerz ist.

Ein ständiger Stachel und eine unaufhebbare Schwäche der Gottesbeweise bleibt es, dass sie mit Begriffen vorlieb nehmen müssen, von denen sich bloß *hoffen* lässt, dass sie an das Mysterium rühren.

§ 17
Die Krise des rationalen Glaubens

I

Problematisierung der Glaubensquellen – Religionen, die wie das Juden- und Christentum von der Existenz eines persönlichen Gottes ausgehen, sind sich von Anfang an dessen bewusst, mit einem Wesen zu tun zu haben, das der menschliche Verstand nur äußerst unzulänglich, eben »per speculum in enigmate«, zu erfassen vermag. Besonders die Mystiker des Glaubens betonen die rational unfassliche Seite Gottes, die nur in außergewöhnlichen Erlebnismomenten aufblitzt. Das erlebende Subjekt muss sich in einem Zustand der Ekstase befinden, das Normalbewusstsein muss aufgehoben, die Grenze des alltäglichen Ich verschwunden sein. Nur in einem Zustand seliger Selbstvergessenheit kann die *unio mystica*, die Vereinigung und Einheit mit Gott »erfahren« und Gottes inneres Wesen »geschaut« werden.

Was in der religiösen Ekstase erlebt wird, lässt sich mit den Begriffen des Alltags nicht ausdrücken. Es ist im strengen Sinne unsagbar. Wenn es dennoch ausgedrückt wird, dann nur in paradoxen Wendungen, die zu verstehen geben, dass vom eigentlich Unsagbaren die Rede ist. In der mystischen Diktion wird Gott mit der dunkelsten Dunkelheit, die hellstes Licht ist, verglichen. Oder er wird, wie bei Nikolaus von Cues, mit einem Kreis verglichen, dessen Radius unendlich ist, so dass seine Bogenlinie zu einer Geraden wird, usw. Im *Cherubinischen Wandersmann* des Angelus Silesius *vulgo* Johann Scheffler, geboren 1624 in Breslau, heißt es: »Gott ist ein lauter Nichts, ihn rührt kein Nun und Hier: / Je mehr du nach ihm greifst, je mehr entwird er dir.« (Erstes Buch, Vers 25) In diesem Erlebnisraum gedeiht ein Sprechen, das von Sprengmetaphern durchsetzt ist, also Bildern, die sich in ihrer Entfaltung zugleich aufheben oder zerstören. »Es wird eine Intentionalität der Anschauung überdehnt, um ihre Vergeblichkeit in ihr selbst auszusprechen, im Vorgriff zugleich die Zurücknahme des Übergriffs zu vollziehen.«[85]

Dennoch besteht zunächst kein Zweifel daran, dass Glaube und Vernunft einander nicht widersprechen, wobei die Möglichkeit, von der Existenz Gottes Beweise zu geben, keine große Sache zu sein scheint. Sie wird erst in dem Augenblick wirklich wichtig, in dem ernsthafte Kritiker (a) die *überlieferten* Quellen und Inhalte der religiösen Erkenntnis in Frage zu stellen beginnen und (b) bestreiten, dass es *überhaupt* Erkenntnisquellen des Transzendenten gibt.

II

KRITIK DER RELIGIÖSEN ÜBERLIEFERUNG – In seinem Buch *The Discovery of Evolution* schildert der Biologe und Wissenschaftshistoriker David Young, wie im ausgehenden Mittelalter der Prozess eines erfahrungsgeleiteten Wissenserwerbs wieder in Gang gesetzt wurde. Die Autorität der Bibel (und gewisser klassischer Autoren, besonders Aristoteles) war noch weitgehend ungebrochen. Gleichzeitig jedoch sammelten sich immer mehr naturkundliche Befunde an, die einer Interpretation durch die biblischen, besonders alttestamentarischen Erzählungen nicht nur widerstanden, sondern ihnen zum Teil offen widersprachen. Ein dramatisches Beispiel lieferte der Versuch, das Alter der Erde zu bestimmen.

»Mit der Wiederbelebung der Studien im 16. und 17. Jahrhundert wurde der Versuch auf Dauer gestellt, Rückdatierungen selbst bis zum Anfang der Welt vorzunehmen. Die Bibel war nach wie vor als Teil des gesellschaftlichen Gemeinwissens akzeptiert, und ihre Erzählung wurde als eine Quelle der Information über die entfernte Vergangenheit benutzt. Die kritischen Methoden der theologischen Bibelauslegung, die diese Situation ändern sollten, lagen noch zweihundert Jahre in der Zukunft. Innerhalb der gegebenen Situation wurden die Datierungen verbessert mit Hilfe der Keplerschen Zyklen hinsichtlich von Sonnenfinsternissen und anderer neuer Quellen. [. . .] Als 1620 Erzbischof James Usher seine *Sacred Chronology* veröffentlichte mit ihrer berüchtigten Festlegung der Schöpfung auf das Jahr 4004 v. Chr., runzelte niemand die Stirn wie über ein Stück religiöser Bigotterie, im Gegenteil, man begrüßte dieses Ergebnis als ein feines Beispiel zeitgenössischen Gelehrtentums.«[86]

Wir haben uns heute längst daran gewöhnt, die Aussagen der Bibel, besonders die des Alten Bundes, nicht mehr wörtlich zu nehmen. Aber das war nicht immer so. Die wissenschaftlichen Entdeckungen, die unser modernes Weltbild bestimmen, mussten zunächst als ungeheuerliche Provokationen erscheinen. Man musste zur Kenntnis nehmen, dass die geozentrische Sicht des Himmels, eine logische Folge des Buches *Genesis*, ein Unding war. Man hatte versucht, das Alter der Erde aus der Bibel zu bestimmen, und musste schließlich feststellen, dass die errechnete Zeitspanne in einem grotesken Missverhältnis zu den geologischen Daten der Erdabkühlung stand. Um die Mitte des siebzehnten Jahrhunderts waren bereits so viele Tierarten bekannt, dass die Geschichte von der Arche Noah in den Augen der naturkundlich Gebildeten zum Ammenmärchen degenerierte. Man fing an, die Fossilfunde zu verstehen, und wusste fortan, dass es Tiergattungen in großer Anzahl gegeben hatte, die alle längst ausgestorben waren. Die empirischen Befunde, die einen evolutionären Stammbaum der Lebewesen nahe legten, begannen sich zu verdichten, bis hin zu Darwins Theorie.

Man konnte es drehen und wenden, wie man wollte, eine wörtliche Lesart der Bibel ergab nichts als Unsinn. Wie aber sollte man sie dann lesen? Diese Frage war deshalb enorm irritierend, weil in den heiligen Schriften religiöse Aussagen mit empirischen Feststellungen *unauflösbar* verknüpft sind. Wenn die ägyptischen Plagen, der Turmbau zu Babel und die Sintflut Folgen des göttlichen Zorns waren, keines dieser Ereignisse aber so stattgefunden hat, wie in der Bibel berichtet, was war dann von den Berichten über Gottes Zorn selbst zu halten? Und wie glaubwürdig waren dann andere Berichte, etwa der über den vierzigtägigen Aufenthalt von Moses am Berg Sinai, wo Gott dem Volk der Israeliten, *seinem* Volk, die ewig gültigen Gesetze offenbarte?

Analoge Fragen wurden schließlich an das Neue Testament und damit an die zentralen Glaubensangelegenheiten des Christentums gerichtet. Dabei wurde die sogenannte »Leben-Jesu-Forschung« nicht nur von irgendwelchen Feinden der Religion ins Leben gerufen. Ihr einflussreichster Mentor und Popularisator war ein moderner protestantischer Christ: Albert Schweitzer (1875-1965).[87] Die neutestamentliche Textkritik musste viele Christen niederschmetternd berühren. Denn es stellte sich heraus, dass die Evangelisten mit der historischen Wahrheit entweder gar nicht vertraut waren oder sie entsprechend vorgefasster Absichten gebeugt hatten, etwa indem sie die Juden als Gottesmörder brandmarkten. Was Jesus wirklich gesagt hat und wer er wirklich gewesen ist, erwies sich zunehmend als *terra incognita*.

III

<small>Kritik der religiösen Erkenntnisquellen überhaupt</small> –
Mit der Aufklärung mehren sich auch die Stimmen jener Wissenschaftler und Philosophen, die nicht mehr daran glauben, Fragen der Erfahrung und der Naturgeschichte durch Berufung auf die Bibel lösen zu können. Fragen der Erfahrung erheischen Erfahrungsbefunde und Theorien, wobei Letztere ihrerseits an der Erfahrung überprüfbar sein müssen. So dringt das neue Erkenntnisideal auf eine klare *Hierarchisierung der Erkenntnisquellen*: Religiöse Quellen haben zurückzustehen, wenn sie den Erfahrungsbefunden und ihren theoretischen Ausdeutungen widersprechen.

Darüber hinaus werden im 18. Jahrhundert die Stimmen der Empiristen und Positivisten laut. Sie lassen, abgesehen von den formalen Leistungen der Logik und Mathematik, als *inhaltliche* Erkenntnisquelle *einzig* die Erfahrung gelten. Sie bestreiten nicht, dass es religiöse Visionen gibt, aber sie leugnen, dass diese im religiösen Sinne beweiskräftig sind. Alles, was wir von einer Welt »jenseits« der Sinne wissen könnten, müsse sich uns über unser Bewusstsein mitteilen, als Bild, Stimme oder Gedanke. Deshalb, so das Argument, habe jedes (angebliche) Jenseits-Wissen letzten Endes immer nur Erfahrbares, also »Sinnliches«, zum Gegenstand, und es bleibe dann stets die Frage, ob es sich dabei nicht um bloße Einbildung handle.

Dem aufgeklärten Geist erscheint denn auch die Hypothese der Einbildung als die plausibelste, insofern unser Bewusstsein entweder direkt, als Bild, oder indirekt, als Inhalt von Stimmen oder Gedanken, phantastische sinnliche Szenarien registriert – Teufelserscheinungen, Himmelseinblicke, Wunderheilungen, hörbare Direktiven Gottes. Nichts hindert uns prinzipiell daran, das Zustandekommen all dieser Phänomene auf natürliche (wissenschaftliche) Weise zu erklären. Soweit wir sie aber im Augenblick noch nicht erklären können, ist es das Vernünftigste, sie für wissenschaftlich *erklärbar* zu halten.

IV

DAS IMMANENZPOSTULAT – Weder mit den Mitteln der Erfahrung noch mit denen der Vernunft lässt sich, vom modernen Standpunkt aus, jemals ein übernatürlicher Ursprung irgendeiner unserer Ideen oder Eindrücke belegen. Dabei stört es die modernen Denker wenig, dass das hierbei zur Anwendung gelangende *Postulat der Immanenz aller Bewusstseinsinhalte* seinerseits nicht beweisbar ist, es sei denn zirkulär. Man muss nämlich das erst zu Beweisende – die Unfähigkeit unserer Bewusstseinsinhalte, auf tatsächlich Transzendentes Bezug zu nehmen – immer schon voraussetzen. Der Zirkelschluss lautet dann in jedem Fall, es handle sich bei Bewusstseinsinhalten eben um *nichts weiter als* Bewusstseinsinhalte. Obwohl diese Redeweise schon mit unserer Alltagsannahme kollidiert, der zufolge Bewusstseinsinhalte uns über die Außenwelt informieren können, machte das Immanenzpostulat Furore. Es inspirierte sogar die Transzendentalphilosophie Kants, die sich zwar ausdrücklich als eine Alternative zum Empirismus verstand, gleichzeitig aber eine rigorose Kritik der spekulativen Theologie im Namen der Erfahrung und Naturwissenschaft betrieb.

Heute ist das Postulat ein Eckpfeiler des Naturalismus, der alle Lebewesen, einschließlich des Menschen, als Biomaschinen konzipiert. Dabei wird auch das menschliche Bewusstsein als Teil einer genetisch determinierten Apparatur begriffen, die ganz auf Anpassung und Überleben angelegt ist. Bewusstseinsprozesse erscheinen als Funktionen innerhalb eines geschlossenen Systems, des Gehirns, das alle internen und externen Impulse in einen feststehenden neurochemischen Code übersetzt. Dieser wird seinerseits zu einem winzigen Teil in Bilder umgewandelt, die das Subjekt spontan als Gegebenheiten der Außenwelt interpretiert. (Wie freilich chemische Prozesse »Bilder« im Bewusstsein generieren können, ja wie unter den gegebenen physiologischen Prämissen überhaupt so etwas wie Bewusstsein möglich sein soll, ist und bleibt ein Mysterium.)

Wir finden hier eine Neuauflage der alten platonischen Vorstellung, das Subjekt sei eine Art Höhlenbewohner oder, mit Gilbert Ryle gesprochen, ein Geist in der Körpermaschine. In jedem Fall hat das Subjekt kein Fenster nach draußen. Es ist gezwungen, die bunten Schatten oder Bildchen der neurochemischen Sprache des Gehirns – ohnedies repräsentiert das Bewusstsein angeblich nur zwei Prozent der Gehirnaktivität – für die Realität zu halten. So ergibt innerhalb der naturalistischen Ontologie die Vorstellung einer Transzendenz, die im menschlichen Bewusstsein Spuren hinterlassen könnte, ohne selbst Teil des Lebens- und Überlebenskreislaufes zu sein, keinen Sinn mehr.

V

DAS PROBLEM DER THEODIZEE – Die Krise des rationalen Glaubens hatte noch einen anderen wichtigen Grund, nämlich das Scheitern der Theodizee – das Wort kommt von griechisch *theos*, »Gott«, und *dike*, »Recht«. Die Theodizee war für das religiöse Denken des Christentums zentral, weil der judäochristliche Gott ein *persönlicher* Gott ist. Er ist für sein Schöpfungswerk verantwortlich. Die Theodizee hatte daher die Aufgabe, das Schöpfungswerk Gottes zu rechtfertigen. Es ging darum zu zeigen, dass die natürlichen und moralischen Übel der Welt mit der Vollkommenheit Gottes vereinbar sind.

Aber die Geschichte der christlichen Theodizee ist ein Desaster. Die diversen Rechtfertigungsversuche mussten sich nicht nur erfolglos mit dem Problem der Übel im normalen Verstande herumschlagen. Sie mussten darüber hinaus versuchen, eine Antwort auf die Frage zu finden, warum Gott den Sündenfall zugelassen und das ganze Menschengeschlecht mit der Erbsünde belegt hatte.

Von Anfang an war klar, dass man Gott nur »entlasten« konnte, indem man den Menschen belastete. Deshalb spielt die Lehre vom *liberum arbitrium*, dem »freien Willen«, in der Theodizee eine zentrale Rolle. Nehmen wir als Beispiel den einflussreichsten aller christlichen Kirchenlehrer, Aurelius Augustinus (geboren 354 in Tagaste/Numidien, gestorben 430 in Hippo Regius bei Karthago): Schon er gibt alle Schuld für die moralischen Übel dem Menschen, der von Gott mit dem freien Willen befähigt worden sei. Aber hatte sich Gott dadurch nicht seiner Machtvollkommenheit entledigt? Nein, sagt Augustinus, denn Gott wisse alles im voraus. Der entscheidende Punkt ist dabei, dass das göttliche Vorauswissen an sich die bösen Taten des Menschen *nicht* verursache. (Zu wissen, dass *p* geschehen wird, ist etwas ganz anderes als zu bewirken, dass *p* geschieht.) Gottes Allwissenheit sei also mit dem freien Willen des Menschen vereinbar. Hier eine Schlüsselstelle aus dem Buch *De libero arbitrio* (entstanden zwischen 391 und 395), wo Augustinus sich mit einem Schüler namens Evodius unterredet:

»Wenn mich nicht alles täuscht, zwingst du doch den Betreffenden, von dem du im voraus weißt, dass er sündigen wird, nicht, dass er auf der Stelle sündigt. Ebenso wenig zwingt ihn dein Vorwissen zum Sündigen, wenn er auch ohne Zweifel sündigen wird, da du es ja sonst nicht im voraus wissen könntest. Da sich also diese beiden Tatsachen nicht widersprechen: das, was du mit deinem Vorwissen weißt, und das, was der andre mit seinem Willen tun wird, so zwingt auch Gott keinen zum Sündigen, obgleich Er jene im voraus sieht, die mit eigenem Willen sündigen werden. [...] Warum soll also Gott in Seiner Gerechtigkeit nicht etwas bestrafen, was Er in seiner Vorwissenheit durchaus nicht beeinflusst hat?«[88]

Es ist leicht einsehbar, dass die augustinische Argumentation fehlschlägt. Zweifellos kann man Ereignisse vorauswissen, ohne sie zu beeinflussen, aber ebenso zweifellos sind alle Ereignisse, die Gott vorausweiß, auch von ihm *bewirkt*. Denn Gott ist die Erste Ursache. Insofern jedoch bestimmte menschliche Handlungen *nicht* die kausale Folge einer Kette von Wirkungen sind, die von der Ersten Ursache ausgehen, sondern die Folge des freien menschlichen Willens, kann selbst Gott sie nicht vorauswissen. Denn wirklich frei zu handeln, bedeutet eben nichts anderes, als ein Tun an den Tag zu legen, das nicht vollständig erklärt und daher auch nicht mit Bestimmtheit vorhergesagt werden kann.

Entweder also ist Gott nicht allmächtig, oder aber er ist die *prima causa efficiens* auch der moralischen Übel. In jedem Fall ist er, so gesehen, nicht vollkommen. Das freilich kann nicht sein.

VI

WARUM SCHUF GOTT NICHT NICHTS? – Die ganze Theodizee nach Augustinus ist im wesentlichen der Versuch, aus dem genannten Dilemma gedanklich irgendwie zu entkommen. Der Höhepunkt des prekären Unternehmens wird markiert durch die Schriften von Gottfried Wilhelm Leibniz (1646-1716). Leibniz geht von der Idee aus, dass es eine von Gott gestiftete *prästabi-*

lierte Harmonie aller Weltzustände gebe und somit unsere Welt die beste aller möglichen Welten sei. Darin liege der rationale Grund ihres Bestehens.

Um jedoch seine Idee dem skeptischen Publikum plausibel zu machen, muss sich Leibniz folgender Frage stellen: Angenommen, das in unserer Welt unumgängliche Maß an Übeln ist, verglichen mit allen anderen möglichen Welten, tatsächlich das kleinste, aber immerhin groß genug, um viele Menschen unglücklich und elend zu machen – warum hat Gott dann nicht überhaupt darauf verzichtet, eine Welt zu erzeugen? Die Antworten, die Leibniz in seinen *Essais de theodicée sur la bonté de Dieu, la liberté de l'homme et l'origine du mal* (1710) gibt, sind bemüht, aber letzten Endes hilflos. Hier zwei symptomatische Versuche:

(a) Was hält uns davon ab anzunehmen, dass auf den unzähligen Himmelskörpern unseres Universums glückliche Geschöpfe wohnen und dass jenseits der Region der Sterne ein unermesslicher Raum beginnt, »voller Glück und Herrlichkeit«, dem gegenüber die Wichtigkeit unserer Weltkugel und ihrer Bewohner »geringer als ein physischer Punkt« ist?

»Da sich also die Größe des uns bekannten Universums fast im Nichts verliert, gemessen an dem, was uns unbekannt ist und was wir doch mit Recht annehmen, und da sich alle Übel, aus denen man uns einen Einwand machen kann, in diesem Beinahe-Nichts befinden, so kann es sein, dass auch alle Übel nur ein Beinahe-Nichts sind im Vergleich mit den Gütern, die das Universum enthält.«[89]

Was den kosmologischen Gehalt dieser Spekulation betrifft, so darf man sich jedes Kommentars enthalten. Interessanter scheint die Frage, ob Gottes Schöpfung dadurch gerechtfertigt werden kann, dass die menschlichen Leiden, vor dem Hintergrund irgendwelcher fremder Glückseligkeiten betrachtet, sozusagen gegen Null konvergieren.

Die Antwort darauf ist ein klares Nein, sobald wir die Frage dem Leidenden selbst stellen, zumal dem, der unschuldig große Schmerzen zu ertragen hat. Denn er wird uns zu Recht erwidern, dass seine Schmerzen schrecklich und alles andere als ein Beinahe-Nichts sind. Er wird sagen, Gott habe nach menschlichen Maßstäben ungerecht gehandelt. Allgemein gesprochen: Das Ausmaß des Leidens ist bei dem, der leidet, keine Funktion einer Verrechnung. Das Leiden wird für den Leidenden nicht dadurch geringer oder gar eine Quantité négligeable, dass es irgendwo Wesen gibt, die im Ozean der Seligkeit schwimmen.

(b) Leibniz nimmt als wahrscheinlich an, dass außer der unseren unermesslich viele Welten existieren. Es ließe sich deshalb argumentieren, unter jenen fernen Welten müsse wohl die eine oder andere ohne Sünde und Leid anzutreffen sein. Jedenfalls enthält dieser Gedanke weder einen Widerspruch noch sonst eine offensichtlich falsche Annahme. Das will Leibniz nicht bestreiten, doch um Gottes Gerechtigkeit zu retten, sagt er: »[...] die Welt hätte ohne Sünde und Leid sein können: aber ich bestreite, dass sie dann *besser* gewesen wäre.«[90] Warum? Weil, sagt Leibniz, in einer solchen Welt weitaus weniger Güte vorhanden wäre als in der unseren, also trotz Sünden- und Leidlosigkeit keineswegs ein Minimum an Übeln verwirklicht wäre. »Wir wissen im übrigen, dass ein Übel oft ein Gutes verursacht, zu dem man ohne dieses Übel nicht gekommen wäre. Oft ergeben sogar zwei Übel zusammen ein großes Gut: *Et si fata volunt, bina venena juvant.* [Und wenn das Schicksal es will, so hilft gerade das doppelte Gift.]«[91]

Der Wert solcher Argumente bleibt freilich dunkel, denn Leibniz hält sich äußerst kurz und erklärt fast unwirsch: »Ich kann das dem Leser nicht im Einzelnen aufzeigen: Kann ich Unendliches kennen, vor Augen stellen und miteinander vergleichen? Aber der Leser sollte es mit mir *ab effectu* [aus der Wirkung] entnehmen, da Gott eben diese Welt, so wie sie ist, gewählt hat.«[92] Hier wird unter der Hand ohne weiteres vorausgesetzt, was durch die Theodizee doch erst zu beweisen wäre: Gottes vollkommene Gerechtigkeit. Sie ist das Problem, der Stachel, der die Theodizee antreibt, nicht deren Lösung.[93]

VII

DIE OBJEKTIVE WELT KENNT WEDER WERTE NOCH ZWECKE –
Die Krise des rationalen Glaubens ist Teil eines tiefgreifenden kulturellen Wandels. Ihm zufolge muss man die Vorstellung, dass die Welt, so wie wir sie kennen, als die Schöpfung eines persönlichen Gottes existiert und gerechtfertigt werden kann, fallen lassen. Hier die zentralen *kognitiven* Aspekte dieses Wandels, der in Wahrheit allerdings nur zu einem geringen Teil mit rein kognitiven *Argumenten* begründet werden kann:

(a) Ein Grundirrtum des alten Weltbildes war es, Tatsachen und Werte zu verschmelzen. Das musste zu der Vorstellung führen, dass in der Welt von vornherein, also objektiv, irgendwelche Werte realisiert sind. Aber die Wissenschaft lehrt uns, dass das, was objektiv existiert, nichts weiter ist als das Insgesamt wertindifferenter Sachverhalte, die sich nach wertindifferenten Naturgesetzen verhalten. Es ist daher ein Kategorienfehler, ein fundamentaler ontologischer Missgriff, wenn man nach der Werthaftigkeit oder Bedeutsamkeit der Welt fragt.

Kommentar. Diese Sicht der Dinge ist freilich ein Resultat von allzu großer Wissenschaftsgläubigkeit. Denn wodurch ist es gerechtfertigt, den naturwissenschaftlichen Blick auf die Welt absolut zu setzen? Wir alle verfügen im Alltag über Erfahrungen, in denen das Faktische, das Bedeutsame und das Werthafte nicht getrennt werden können, ohne gleichzeitig den Gegenstand der Erfahrung zu *transformieren.* Wahr ist, dass eine solche Transformation geschehen muss, sobald ein bestimmter Typ von Erkenntnis, eben der naturwissenschaftliche, generiert werden soll. Aber daraus folgt nicht, dass unsere Primärerfahrungen bloß das Ergebnis einer ontologischen Illusion wären.

(b) So wenig es in der Welt Werte an sich gibt, so wenig gibt es in ihr Zwecke an sich. Es hat daher auch keinen Sinn, die Welt als die »intentionale« Schöpfung eines Wesens außerhalb der Welt zu betrachten. Wie die moderne Evolutionstheorie beweist, erklären sich noch die zweckvollsten Einrichtungen im Reich der Pflanzen und der Tiere aus Naturprozessen, die völlig ungerichtet funktionieren.

Kommentar. Diese Sicht ist, trotz aller Befunde, die für sie sprechen, noch keineswegs bewiesen. Die Schwierigkeiten bei der Beschreibung evolutionärer »Großumbauten« werden durch die Theorie kumulativer Mutationseffekte nicht ohne weiteres behoben. Ihre Gegner argumentieren jedenfalls wie folgt: Um von der Lebensform *A* (Fisch) zu einer Lebensform *B* (Landtier, Vogel) zu gelangen, ist *keine* genetische Zufallsvariation von Vorteil, solange sie nicht *im Simultankontext* einer Unzahl anderer mutativer Veränderungen auftritt, die alle funktional aufeinander abgestimmt sein müssen.[94]

(c) Auch der Mensch ist ein Naturwesen, dessen Bewusstsein sich in ständiger Abhängigkeit von den physiologischen Prozessen entwickelt hat, die ihm zugrunde liegen und weit ins animali-

sche Leben zurückreichen. Es gibt also gute Gründe zur Annahme, dass das Postulat der Immanenz aller Bewusstseinsinhalte
streng gültig ist.

Kommentar. Wie bereits gezeigt, erweist sich dieses Postulat
bei genauerer Betrachtung als zirkulär.

(d) Es gibt keinen Grund für die Annahme, dass die biblische
Sichtweise der Welt historisch korrekt ist. Im Gegenteil, beginnend mit der Schöpfungsgeschichte lässt sich Schritt für Schritt
nachweisen, dass die Erzählungen des Alten wie des Neuen Bundes in hohem Maße empirisch falsch, dubios oder jedenfalls un-
überprüfbar sind.

Kommentar. Wahr ist, dass der Mythos zunächst wörtlich verstanden wird, aber das bleibt unleugbar nur ein erstes, primitives
Stadium seiner Aneignung. Allem späteren religiösen Denken erschließt sich die tiefere Bedeutung und Wahrheit des Mythos aus
einer Glaubenshermeneutik, die das scheinbar Faktische als Symbol und Gleichnis auffasst. Freilich resultieren daraus neue Probleme, sowohl was die Frage der richtigen Interpretation betrifft
als auch die Frage der Verzichtbarkeit auf historische Faktizität
(siehe dazu unten die Abschnitte X bis XII).

VIII

Kierkegaards Glaubensritter – Um den kognitiven Druck
abzuwehren, muss sich das religiöse Denken immer stärker darauf konzentrieren, die *irrationalen* Elemente des Glaubens als
dessen eigentliche Substanz zu würdigen. Das ist ein paradoxes
Unterfangen, weil nun die Vernunft dazu herhalten soll, die Unvernunft zu inthronisieren.

Am schärfsten hat diesen Punkt der dänische Schriftsteller,
Theologe und Philosoph Sören Kierkegaard (1813-55) herausge-
arbeitet. In *Furcht und Zittern*, 1843 in Kopenhagen unter dem
Pseudonym Johannes de Silentio publiziert, knüpft Kierkegaard
an *Genesis* 22,1-18 an, wo die Geschichte von Abraham erzählt
wird, der auf Gottes Geheiß seinen Sohn Isaak töten soll. Der ge-
horsame Gottesdiener Abraham ist willens, seinen Sohn als
Brandopfer darzubringen. Er reist mit Isaak drei Tage weit zu
dem Berg, den Gott ihm genannt hat. Dort schichtet er den Altar
auf, fesselt Isaak und legt ihn auf das Altarholz. Erst als Abraham

das Schlachtmesser zur Hand nimmt, wird er vom Engel des Herrn zurückgerufen.

Kierkegaard lässt keinen Zweifel daran, dass vom Standpunkt der menschlichen Ethik aus das ganze Vorhaben abscheulich ist: Der Vater beabsichtigt, seinen unschuldigen Sohn zu töten. Aber, sagt Kierkegaard, Abraham handelt nicht als ethisches Subjekt, sondern als »Glaubensritter«. Als Einzelner tritt er in eine direkte Beziehung zum Absoluten, zu Gott. Und *als* dieser Einzelne ist er dann vom Ethischen suspendiert, von dem also, wodurch ansonsten alle Menschen untereinander verbunden und an das sie ausnahmslos gebunden sind. In Kierkegaards eigenen Worten:

»Die [ethische] Pflicht wird Pflicht, indem sie auf Gott zurückgeführt wird, aber in der Pflicht selbst trete ich nicht in ein Verhältnis zu Gott. So ist es Pflicht, seinen Nächsten zu lieben. Es ist dadurch Pflicht, daß es auf Gott zurückgeführt wird, aber in der Pflicht trete ich nicht zu Gott in ein Verhältnis, sondern zu dem Nächsten, den ich liebe.

[Demgegenüber gilt:] Der Glaube ist eben dies Paradox, daß der Einzelne als Einzelner höher ist denn das Allgemeine, ihm gegenüber im Rechte ist, ihm nicht unter-, sondern übergeordnet ist, doch wohl zu merken dergestalt, daß [. . .] der Einzelne als Einzelner in einem absoluten Verhältnis zum Absoluten steht.«[95]

Das bedeutet aber, dass sich niemand mit praktischen Vernunftgründen darauf berufen kann, als Ritter des Glaubens zu agieren. *Vor dem allgemeinen menschlichen Gesetz ist Abraham schuldig.* Es ist gerade diese Pointe, um die es Kierkegaard geht. Zwar gibt es einen höheren Standpunkt als den der Ethik, doch wer sich auf ihn beruft, wird von der Vernunft notwendigerweise nicht respektiert werden.

Dadurch *irrationalisiert* Kierkegaard das Wesen der absoluten, direkten Bindung an Gott, die für den Glaubensakt wesentlich ist. Er charakterisiert das Wesen der Glaubensbindung als *asozial*. Es betrifft nur Gott und den Einzelnen, und der so betroffene Einzelne kennt in seiner Betroffenheit keine gesellschaftlichen Verpflichtungen mehr.

Das hat freilich eine tief irritierende Konsequenz, die Kierkegaard nicht hinreichend würdigt: Da in meiner intimen Glaubensbeziehung zu Gott alle moralischen Gesetze aufgehoben sind, ist es mir unmöglich festzustellen, ob ich überhaupt Gott diene oder nicht etwa dem Teufel, der von mir Unmenschliches verlangt. Die radikale Irrationalisierung der Glaubensbeziehung lässt die Stimmen Gottes und des Teufels bisweilen wie ein und dieselbe Stimme klingen. Dadurch aber wird der Sinn des kierkegaardschen Glaubensrittertums von Grund auf in Frage gestellt.

IX

DER GLAUBE IST WESENTLICH IRRATIONAL – Unter dem Herausgeberpseudonym Anti-Climacus lässt Kierkegaard 1850 seine predigtartige Schrift *Einübung im Christentum* erscheinen. Aus ihr geht hervor, dass die Einübung in den christlichen Glauben darin besteht, die Menschwerdung Gottes in Jesus Christus gerade *nicht* zu rationalisieren. Das Menschsein Jesu ist der »größtmögliche, der unendlich qualitative Abstand vom Gott Sein, und daher das tiefste Inkognito«[96], unter dem Gott sich zeigen kann.

Das bedeutet, dass das Göttliche von Jesus sich dem Menschen nicht »unmittelbar« mitzuteilen vermag. Unmittelbar gesprochen und gesehen, haben wir einen hinfälligen, armen Menschen vor uns, der gekreuzigt wird. Wenn dieser Mensch sagt, er sei der Eingeborene des Vaters, so steht, was er sagt, zu dem, was er augenfällig repräsentiert, schlichtweg in einem unauflösbaren Widerspruch. An Jesus als an den Erlöser zu *glauben*, ist deshalb vor dem Tribunal der Vernunft ein Ärgernis und Skandal. Der vernünftigen Denkart muss der wahre Glaube wesensmäßig fremd bleiben:

> »Was die moderne Philosophie unter Glauben versteht, ist eigentlich das, was man eine Meinung nennt, oder was man soso in der alltäglichen Sprache glauben nennt. Das Christentum wird zu einer Lehre gemacht; diese Lehre wird dann einem Menschen verkündigt, und er glaubt nun, es sei so, wie diese Lehre sagt. Die nächste Stufe wird daher, diese Lehre zu ›begreifen‹; dies tut die Philosophie. Das ist alles miteinander ganz richtig, falls das Christentum Lehre wäre; aber da es das nicht ist, ist es ebenso auch ganz falsch. Glaube im geschärften Sinne bezieht sich auf den Gott-Menschen. Aber der Gott-Mensch, das Zeichen des Widerspruches, versagt die unmittelbare Mitteilung – und heischt den Glauben.«[97]

An einer Stelle lässt Kierkegaard den modernen Menschen fragen, wie man denn, wenn das Christliche etwas so Erschreckendes und Grauenvolles sei, darauf verfallen könne, ein Christ zu sein. Und er antwortet, »ganz lutherisch: Allein das Bewusstsein der Sünde kann, wenn ich so sagen darf, den Menschen in dies Grauen hineinzwingen (von der anderen Seite her ist die Gnade das Zwingende)«.[98] Die Sünde, besonders die unauslöschliche Erbsünde, und die Gnade: Das sind die kierkegaardschen Stichwörter, um klarzumachen, dass die Glaubensbeziehung immer nur eine unvermittelte Beziehung zwischen Gott und dem einzelnen Gläubigen sein kann und dass alle rationalen Vermittlungen, ein Gottesbeweis, die Theodizee und sogar die Ethik, für den Glauben selbst zweitrangig oder überhaupt gleichgültig sind.

X

DIE GLAUBENSLEHREN SIND TRANSHISTORISCH – Deshalb polemisiert Kierkegaard auch gegen jede geschichtliche Auffassung von Jesus Christus. Über diesen Menschen, der ja Gott ist, kann man aus der Geschichte nichts lernen, und die Geschichte seines posthumen Erfolgs beweist ebenfalls nichts: »Die Beweise für Christi Gottheit, welche die Schrift anführt: seine Wunder, seine Auferstehung von den Toten, Himmelfahrt, sind auch nur für den Glauben, d. h. sie sind keine ›Beweise‹ [. . .].«[99]

In einigen Notizen aus dem Jahre 1937, die sich heute in den *Vermischten Bemerkungen* finden, hat Ludwig Wittgenstein dieses Thema aufgenommen. Für ihn war, wie für Kierkegaard, evident, dass jede *tiefe* Auffassung von Religion nichts zu tun hat mit dem »Spiel« des Beweisens und Begründens; und Wittgenstein fügt hinzu: auch nichts mit dem historischen Beweisspiel. »So sonderbar es klingt: Die historischen Berichte der Evangelien könnten, im historischen Sinn, erweislich falsch sein, und der Glaube verlöre doch nichts dadurch: aber *nicht*, weil er sich etwa auf ›allgemeine Vernunftwahrheiten‹ bezöge!, sondern, weil der historische Beweis (das historische Beweis-Spiel) den Glauben gar nichts angeht.«

Die ganze Problematik einer überhistorischen Auffassung der Evangelien zeigt sich jedoch bereits in Wittgensteins anschließender Überlegung: »Was neigt auch mich zu dem Glauben an die Auferstehung Christi hin? Ich spiele gleichsam mit dem Gedanken. – Ist er nicht auferstanden, so ist er im Grab verwest, wie jeder Mensch. *Er ist tot und verwest.* Dann ist er ein Lehrer, wie jeder andere und kann nicht mehr *helfen;* und wir sind wieder verwaist und allein.«[100] Und woran könnten wir dann, so muss man hinzufügen, noch *glauben*?

Die erste Bemerkung Wittgensteins würde nahe legen zu sagen: Es ist ganz gleichgültig, ob der biblische Bericht von der leiblichen Auferstehung Jesu wahr ist, wesentlich ist nur die *religiöse* Bedeutung, die diese Nachricht für den Gläubigen hat. Denn: »Diese Nachricht (die Evangelien) wird glaubend (d. h. liebend) vom Menschen ergriffen. *Das* ist die Sicherheit dieses Für-wahr-haltens, nicht *Anderes.*«[101] Aber wie wir aus der zweiten Bemerkung erkennen, ist ein *wesentlicher* Bestandteil der religiösen *Bedeutung*, dass Jesus nicht im Grabe liegen bleibt.

XI

Grenzen der Irrationalisierung des Glaubens – Man sieht hier, dass sich die Krise des rationalen Glaubens nicht einfach dadurch beheben lässt, dass man den Glauben aus seiner Verankerung in der natürlichen Vernunft und im »Weltlichen« herausisoliert. Es mag vielleicht noch angehen zu sagen, in der ganz persönlichen Beziehung zu Gott sei das Ethische zugunsten eines »höheren Ideals« suspendiert. Allerdings lässt sich dagegen zu Recht einwenden, dass dadurch die intimste religiöse Beziehung ein für allemal ununterscheidbar wird von jedweder dämonischen Verstrickung oder Besessenheit.

Offensichtlich unhaltbar wird jedoch die Entweltlichung und Irrationalisierung des Glaubens, wo dessen Bedeutung an empirische Tatbestände geknüpft ist. So ist es für den christlichen Glauben durchaus nicht unwesentlich, dass Christus *tatsächlich* auferstanden ist, dass die Auferstehung von den Toten, was immer ihre religiöse Bedeutung sein mag, auch ein *historisches* Ereignis war. Eines scheint gewiss: Die religiöse Bedeutung wird eben auch dadurch *gestiftet*, dass es sich um ein historisches Ereignis handelte. Ein toter und verwester Jesus könnte uns keinen Trost spenden, denn er wäre sterblich wie wir. Er kann nicht der Mann der Erlösung sein, wenn er nicht tatsächlich auferstanden und in den Himmel aufgefahren ist. Es wäre daher ein eklatanter Widerspruch und ergäbe begrifflichen Unsinn, einerseits an diese unglaublichen Ereignisse zu glauben, aber andererseits zu behaupten, dass die Frage ihrer historischen Wahrheit unerheblich sei.

XII

DER GLAUBE IST NICHT BLOSS EINE MORAL – Würde die historische Wahrheit des Christentums für die Substanz des Glaubens keine Rolle spielen, dann bedeutete das im Extrem, es wäre gleichgültig, ob Jesus Christus überhaupt gelebt hat. Woran aber glaubt man dann, wenn man an Christus glaubt?

Die Antwort kann nur diejenige sein, die heute viele moderne Christen geben und die Kierkegaard als zutiefst unchristlich einstufte: Man sieht in der Christuslegende eine Moral verkörpert, der man nacheifern sollte – die Moral der Nächstenliebe, die Moral der Bergpredigt. Aber ist das noch ein Glaube? Es spricht alles dafür, hier mit einem Nein zu antworten, und zwar aus mehreren Gründen.

(a) Wenn es im Glauben bloß um die richtige Moral geht, dann können wir auf die mythischen Erzählungen, deren historische Wahrheit uns angeblich ohnedies nicht zu interessieren braucht, ohne Substanzeinbuße verzichten. Derlei Erzählungen sind, so gesehen, höchstens Exemplifizierungen, didaktische Stützen, rhetorischer Aufputz.

(b) Wenn es im Glauben bloß um die richtige Moral geht, dann müssen sich auch die Aussagen Jesu in der Bergpredigt vor dem Tribunal der praktischen Vernunft rechtfertigen – ebenso wie die Bereitschaft Abrahams, seinen Sohn Isaak zu töten. Abrahams Vorsatz unterliegt dann dem allgemein-menschlichen ethischen Gesetz, und das heißt, dieser Vorsatz muss als eine schändliche, herzlose Grausamkeit oder als Ausdruck einer Geistesgestörtheit beurteilt werden.

(c) Wenn also die historische Wahrheit der Evangelien keine Rolle spielt, dann muss sich der Glaube der Ethik unterwerfen. *Das bedeutet jedoch, dass er untergeht.* Er wird funktionslos und ein Ärgernis. Es zeugt von tiefem Unverständnis dem Glaubensphänomen gegenüber, anzunehmen, der ethische Diskurs könne die Leistungen des alten Glaubens übernehmen. Der Glaube ist ein Bollwerk gegen jene Übel der Welt, die unausrottbar sind, gegen die Sinnlosigkeit des Lebens und des Todes. Der Glaube ist auch die Stütze der vom Schicksal grundlos Benachteiligten, der Verzweifelnden und Trostlosen, indem er in ihnen die Gewissheit nährt, es gebe einen übernatürlichen Standpunkt, von dem aus sich sagen lässt: *Es ist wie es ist, und es ist gut.* Dieses Glaubenserlebnis hat Wittgenstein als das Gefühl, absolut aufgehoben zu sein, bezeichnet[102], eine Geborgenheit im Schlechten, die sich dem ethischen Räsonnement entzieht.

Die Krise des rationalen Glaubens kann also weder dadurch aufgefangen werden, dass man den Glauben gegen die empirische und moralische Kritik von Glaubensbeständen abschottet (»immunisiert«), noch dadurch, dass man ihn einfach durch Ethik ersetzt. Die einzige Strategie besteht darin, sich zu fragen, was es bedeutet, unter den Bedingungen moderner Religionskritik *dennoch* zu glauben. Was bedeutet es, wenn Robert Musil von Ulrich, dem Mann ohne Eigenschaften, sagt, er sei ohne Zweifel ein gläubiger Mensch, der bloß nichts glaube?[103] Das ist die Kardinalfrage des religiösen Denkens heute.

§ 18
Die Krise des religiösen Empfindens

I

DAS NUMINOSE – 1917 veröffentlichte der evangelische Theologe Rudolf Otto (1869-1937) die erste Auflage seines späterhin einflussreichen Buches *Das Heilige. Über das Irrationale in der Idee des Göttlichen und sein Verhältnis zum Rationalen*. Ottos Bestreben ist es, jenen Kern am Erlebnis des Göttlichen freizulegen, der *nicht* charakterisierbar ist durch ethische Vollkommenheitsattribute. Die sittliche Auffassung Gottes ist typisch für den rationalen Glauben, für Gottesbeweise und Theodizee, aber dabei handelt es sich laut Otto schon um Sekundärgestaltungen. Primär für das religiöse Erleben seien Gefühlsmomente, die das Göttliche oder Heilige abzüglich seiner sittlichen und rationalen Aspekte zum »Gegenstand« hätten. Otto spricht vom Erlebnis des *Numinosen* (ein Wort, das sich vom Lateinischen *numen* herleitet und »göttliches Wesen« ebenso bedeutet wie »göttliche Macht«). Dieses Erlebnis hält Otto für kulturell universal.

Wie immer es sich damit verhalten mag, jedenfalls ist dieses Erlebnis für das religiöse Empfinden der großen Offenbarungsreligionen (Judentum, Christentum, Islam) von entscheidender Bedeutung. Es zerfällt in mehrere, miteinander eng zusammenhängende Momente:

(a) Das Gefühl absoluter Abhängigkeit von etwas, das der absolute, unfassliche Grund der eigenen Existenz ist: »Ich suche nach einem Namen für die Sache und nenne es *Kreaturgefühl* – das Gefühl der Kreatur die in ihrem eigenen Nichts versinkt und vergeht gegenüber dem was über aller Kreatur ist.«[104]

(b) Das Gefühl des *mysterium tremendum*: Das Göttliche als das Mysterium meint bei Otto das »Ganz Andere«, also jenes, über das sich, streng genommen, nichts sagen lässt. Dieses Unsagbare am Erlebnis des Göttlichen reicht von dem Eindruck schlichter Unbegreiflichkeit über die Vorstellung, man habe es mit zwingend Widervernünftigem zu tun, bis hin zu dem Eindruck des vollständig Paradoxen, wie es sich in den Widersprüchen der Mystiker ausdrückt (*coincidentia oppositorum*, Einswerdung der Gegensätze im Numinosen).

Das Mysterium ist aber zugleich ein Tremendum, etwas, das als Unbegreifliches die es erfühlende Kreatur in Furcht und Schrecken versetzt. So tritt es dem Menschen zunächst und in primitiver Form als Gespenstisches, dann als Schauervolles, als beängstigend Übermächtiges und »Energisches« entgegen. Letzteres ist aus der Bibel als der eifernde, eifersüchtige, zornige Gott bekannt, der nicht davor zurückschreckt, sein Volk zu malträtieren.

(c) Das Mysterium tremendum ist darüber hinaus ein *mysterium fascinans*: »Und die Kreatur die vor ihm erzittert in demütigstem Verzagen hat immer zugleich den Antrieb sich zu ihm hinzuwenden, ja es irgendwie sich anzueignen. Das Mysterium ist nicht bloß das Wunderbare, es ist auch das Wundervolle. Und neben das Sinn-verwirrende tritt das Sinn-berückende, Hinreißende, seltsam Entzückende, das oft genug zum Taumel und Rausch sich Steigernde, das Dionysische der Wirkungen des numen.«[105] Hier liegt der Ursprung des Vertrauens auf die Gnade Gottes.

(d) Schließlich erwähnt Otto das Gefühl »schlechthinniger Profanität«, das sich ebenfalls im Erleben des Numinosen einstellt. Es handelt sich um das Gefühl der Nicht-Heiligkeit und insofern Wertlosigkeit der Kreatur. Demgegenüber repräsentiert das Numinose einen objektiven und absoluten Wert, der noch vor allem Ethischen liegt – den Wert des Heiligen (*sanctus*) –, in dem letztlich auch alles ethische Werten gründet. Im Gefühl eingeborener Unwürdigkeit liegt laut Otto der wahre Ursprung des jüdisch-christlichen Gedankens der Erbsünde.

II

Leben im Bann des Numinosen – Ottos Analyse bietet einen abstrakten Rahmen, den man sich an einem Einzelschicksal vergegenwärtigen sollte. Man versteht dann vielleicht besser, was religiöses Empfinden *einst* bedeutete und wie tief die Krise dieses Empfindens als *kollektiver Gefühlswandel* schließlich zu gehen vermochte. Als Beispiel eines solchen, allerdings herausragenden Einzelschicksals sei kurz das Leben Blaise Pascals erörtert.

Pascal wird 1623 in Clermont als Sohn des zweiten Präsidenten des Gerichtshofs zu Montferrand geboren. Der Jüngling erweist sich bald als ein genialer Kopf. Mit 22 Jahren erfindet er eine Rechenmaschine, derentwegen ihn sogar Descartes besucht. Pascal interessiert sich lebhaft für die physikalischen Probleme seiner Zeit, etwa die Frage des leeren Raums oder der Existenz des Luftdrucks. Mathematisch höchst begabt, begründet er die Wahrscheinlichkeitsrechnung. Auch sein äußeres Leben verläuft glänzend, er verkehrt bei Hof und frönt den dort üblichen Vergnügungen, der Jagd, dem Tanz und nicht zuletzt dem Glücksspiel.

In seinem Inneren jedoch ist Pascal schon lange von dem öffentlichen Treiben und von sich selbst abgestoßen. Seine jüngere Schwester, Jacqueline, war in das Kloster von Port-Royal bei Paris eingetreten. Ihr gegenüber gibt er alle Scham auf, nicht ohne das Entsetzen zu spüren, das, nach den Worten eines Biographen, alle die so gut kennen, die das religiöse Leben ernst nehmen: »Sich einem anderen ganz so zeigen, wie man ist, sagen, dass man nicht der junge, glänzende Gelehrte Blaise Pascal ist [...], sondern jener arme Sünder, dessen unrühmliche Definition sich durch alle Andachtsbücher hindurchzieht [...].«[106]

Es ist das Jahr 1654, Pascal ist 31. In der Nacht vom 23. auf den 24. November liest er bei sich zu Hause den Bericht der Passion Christi. Pascal bricht in Tränen aus. Was jetzt passiert, wird die Öffentlichkeit erst nach Pascals Tod erfahren. Eingenäht in das Futter seines Rockes, findet Pascals Diener zwei Zettel (eine damals nicht unübliche Aufbewahrungsart für Memorabilien). Darin heißt es unter anderem:

»Seit ungefähr abends zehneinhalb bis ungefähr eine halbe Stunde nach Mitternacht
FEUER
›Gott Abrahams, Gott Isaaks, Gott Jakobs‹, nicht der Philosophen und Gelehrten.
Gewissheit, Gewissheit, Empfinden: Freude, Friede.
Gott Jesu Christi
Deum meum et Deum vestrum.
[...] Freude, Freude, Freude und Tränen der Freude.«

Dieser Text, das sogenannte *Mémorial*[107], endet mit dem Beschluss vollkommener und liebevoller Unterwerfung unter Jesus, »meinen geistlichen Führer«. Das *Mémorial* gibt Zeugnis von einer religiösen Ekstase, die Pascals weiteres Leben von Grund auf bestimmen wird.

Pascal schließt sich zeitweise den »Eremiten« von Port-Royal an, gebildeten Männern aus dem Großbürgertum und Amtsadel, die hier, in der Abgeschiedenheit des klösterlichen Lebens, ihrer inneren religiösen Erneuerung leben wollen. Als Port-Royal beginnt, mit der Kirche in Konflikt zu geraten wegen eines theologischen Disputs, dessen Feinheiten man heute kaum noch nachvollziehen kann, nimmt Pascal öffentlich Partei.

Theologisch gesehen geht es um die Rolle der Gnade im menschlichen Leben und ihr Verhältnis zum freien Willen des Menschen. Politisch aber geht es darum, dass die Jesuiten den verinnerlichten Glaubensstil von Port-Royal ablehnen. Die Gesellschaft Jesu forciert ein weltläufiges, missionarisches Christentum, das auch vor dem brutalen Einsatz von Machtmitteln nicht zurückschreckt; gleichzeitig will sie nicht als Repräsentantin jener Scheinheiligkeit dastehen, die religiöse Äußerlichkeiten, wie den häufigen Empfang der Sakramente, über die wahrhaft empfundene Nachfolge Christi setzt.

Seit 1656 publiziert Pascal pseudonym insgesamt 18 Briefe gegen die Jesuiten. Diese *Lettres Provinciales* oder *Lettres à un provincial* haben großen Erfolg, die polizeilichen Gegenmaßnahmen keinen. Schließlich werden die Briefe durch ein päpstliches Dekret verdammt. (Als Langzeitfolge der Affäre wird Port-Royal 1709 geschlossen und auf Anordnung Ludwigs XIV. teilweise zerstört.)

Obwohl die »Provinzialbriefe« mit glänzender Ironie geschrieben sind, geht es in ihnen um ein Thema, das für Pascals religiöses Empfinden von grundlegender Bedeutung ist. Der scharfsinnige Denker hat sich zwar niemals zum Irrationalisten gewandelt, doch fühlt er schmerzhaft die Notwendigkeit der Gnade, ohne die es nun für ihn keine Errettung mehr geben kann. In jenem unvollendeten Konvolut von Aufzeichnungen, das, 1658 als eine große Apologie des Christentums begonnen, 1669/70 posthum als *Pensées de M. Pascal sur la religion et sur quelques autres sujets* veröffentlicht wird, findet sich einerseits die berühmte Wette, andererseits aber auch ein geschärftes Gefühl für jene Verderbtheit und Sündhaftigkeit der menschlichen Natur, gegen welche die Vernunft allein nichts auszurichten vermöge.

Die pascalsche Wette im Fragment 233 der *Pensées* steht ganz im Zeichen eines rationalen Nachweises, dass es von Vorteil sei, sich vom Atheismus ab- und dem Glauben zuzuwenden. Pascal argumentiert folgendermaßen: Den Unwert der ewigen Verdammnis muss man als unendlich ansetzen, der Wert eines angenehmen Lebens im Unglauben, das aller Wahrscheinlichkeit nach zur Verdammnis führt, kann aber immer nur endlich sein. Daher gibt es für ein ungläubiges Leben aller Wahrscheinlichkeit nach nur eine negative Bilanz. Hingegen darf eine gläubige Existenz, die keineswegs beschwerlich zu sein braucht, auf das ewige Leben, dessen Wert unendlich ist, hoffen. Es ist also klar, dass der vernünftige Mensch den Glauben wählen wird. (Die Wette ist, wie man weiß, ungültig. Denn ihre Gültigkeit hängt von einer Wahrscheinlichkeit zweiter Ordnung ab: Wie wahrscheinlich ist es, dass es eine ewige Verdammnis gibt? Wenn *diese* Wahrscheinlichkeit null oder nahezu null ist, dann ist die pascalsche Option irrational.)

Aber solche Rationalismen sind doch nur die Oberfläche einer tiefen Gewissheit, die Pascals Religiosität prägt. Das *Mémorial* zeugt davon unter Tränen und Freudenschauern. In den *Pensées* dominiert das schmerzhafte Bewusstsein um die verlorene, die himmlische Heimat des Menschen. So etwa heißt es im Fragment 435: »Denn ist es nicht klarer als der Tag, dass wir in uns die untilgbaren Spuren der Größe fühlen? Und ist es nicht ebenso wahr, dass wir stündlich die Wirkungen unserer beklagenswerten Seinslage erweisen? Wovon klagt diese Wirrnis und diese furchtbare Verwirrung so gewaltig, dass es unmöglich ist, diese Stimme zu überhören, wenn nicht von der Wirklichkeit dieser doppelten Seinslage?«[108]

Was den Außenstehenden am Christentum oft abstößt, ist die unbarmherzige Konsequenz, mit der es das ganze Leben dessen fordert, der sich als sündiger Mensch in der Nachfolge Christi sieht. Die Dialektik von Sündenbewusstsein und Gnadenhoffnung lässt keine Ausflüchte zu. In den letzten Monaten seines ohnedies schmerzgepeinigten Lebens treffen wir Pascal, den einst glänzenden jungen Mann in den Salons der Hocharistokratie, als namenlosen Pilger in den Straßen und Kirchen von Paris. Er mischt sich unter die Armen, liebt die devoten Gebärden des kleinen Mannes, das Weihwasser, die Kerzen, die Litaneien. Steinmann gibt uns in seinem *Pascal* eine lebhafte Schilderung dieses Glaubensextremisten:

»Durch seine Krankheit genötigt, sich zu zerstreuen, spazieren zu gehen, wendet er ein grausames Mittel an, um sich ständig an die Meditation zu ermahnen: einen auf dem bloßen Leib getragenen Stachelgürtel. Er gibt sich bisweilen einen Stoß mit dem Ellenbogen. Er kehrt heim, nachdem er mehrere Kirchen besucht und dort stundenlang gekniet hat. [. . .] Morgens macht er sich selber das Bett. Sein Zimmer ist kahl, ohne Wandbehang, ohne Ziergegenstände, beinahe ohne Bücher: er hat alles verkauft. Er kehrt das Zimmer, trägt seinen Teller in die Küche, lebt wie ein Armer. Er hat eine Familie Bardout bei sich aufgenommen. Es sind Unglückliche.«[109]

1662 stirbt Pascal in Paris nach einem qualvollen Todeskampf. Seine letzten Worte spricht er zu dem Priester, der ihm die Sterbesakramente reicht: »Möge Gott mich nimmermehr verlassen.«

Kommentar. Dass der gläubige Mensch immer auch verblendet und daher in seinem Glauben irrational sein müsse, ist eines der Erklärungsmuster, mit denen der religionsfeindliche Flügel der Aufklärung operiert. Worum es aber tatsächlich geht, ist das Auftreten religiöser Stimmungen, die der moderne Mensch zunehmend als peinlich und würdelos empfindet. Demut vor Gott wird abgewehrt als Ausdruck dumpfer Ergebenheit in Lebensumstände, die nicht einfach hingenommen, sondern verändert werden sollten.

Unter den emotionalen Sündenböcken der Modernisten rangiert das Sündenbewusstsein an erster Stelle. Geht die Angst vor der ewigen Verdammnis der Seele nicht hauptsächlich auf das Konto der Erbsündenlehre? Obwohl das so sein mag, ist es dennoch nicht plausibel, scharfsinnige Denker wie Pascal (von den großen Kirchenlehrern ganz zu schweigen) als Opfer einer priesterlichen Sünden-Kampagne zu betrachten. Auch scheint es ein müßiges Spiel, tief empfundene Religiosität auf eine psychische Störung reduzieren zu wollen.

Viel plausibler ist die Annahme R. Ottos, dass sich im Sündenbewusstsein des Christentums eine kulturell zugespitzte Erfahrung ausdrückt, die für den Bezug des Menschen zum Göttlichen überhaupt fundamental ist. Wenn das Göttliche, wie im Judentum, im Christentum und im Islam, als persönlicher Gott vorgestellt wird, dann geht damit ein Gefühl radikaler menschlicher Unvollkommenheit einher. Diese Unvollkommenheit registriert das betroffene Individuum, noch vor aller moralischen Schuld, als eine Unwerthaftigkeit, die mit dem Menschsein als solchem verbunden ist. Andererseits entspricht dem religiösen Minderwertigkeitskomplex, und nur ihm, auch das höchste Entzücken, die Seligkeit, von Gott berührt, erhoben und vielleicht erlöst zu werden. Das eine ist ohne das andere nicht zu haben.

III

ATHEISMUS, RELIGIÖSE ENTSPANNUNG, SELBSTVERGOTTUNG –
Die Krise des religiösen Empfindens, die Lebensschicksale wie
das von Pascal als bedauerlich und »pathologisch« erscheinen
lässt, ist ein komplexes Gefüge, dessen wichtigste Merkmale hervorgehoben seien:

(a) Es ist klar, dass die zunehmende Gewissheit über die empirische Unzuverlässigkeit und Fiktionalität der Bibel das Gefühls-
leben der Gläubigen stark irritiert. Jene Schriften, die man als *hei-
lig* verehrte, weil sie als *göttlich inspiriert* galten, stellten sich
zunehmend als buchstäblich *falsch* heraus. Alle rationalen Versuche einer symbolischen Ausdeutung der Texte konnten gefühls-
mäßig nur so verstanden werden, dass, wenn Gott existiert, er als
ein prinzipiell *verborgener* existiert. Aus dem, was die Texte exo-
terisch mitteilten, konnte über sein Wesen und Wirken unmittelbar nichts erfahren werden. Die Gestalt des abwesenden Gottes,
des *deus absconditus*, wird zu einem prägenden Ausdruck der
neuen Gefühlslage.

(b) Das Scheitern der Theodizee bedeutet außerdem, dass sich
der verborgene Gott nicht einfach als persönlicher denken lässt.
Ein persönlicher Gott wäre angesichts des Zustandes der Welt
unerträglich: Er wäre ein böser Gott, ein Dämon. An diesem
Punkt beginnt sich das religiöse Gefühl mit dem Atheismus zu
amalgamieren. In *Also sprach Zarathustra. Ein Buch für Alle und
Keinen* (1883-85) lässt Friedrich Nietzsche seinen Propheten
nach zehnjähriger Eremitage aus dem Gebirge herabsteigen, um
den Menschen vom kommenden Übermenschen zu künden. Auf
seinem Weg ins Tal begegnet Zarathustra einem Heiligen und es
entspinnt sich folgender Dialog:

>»Und was macht der Heilige im Walde?‹ fragte Zarathustra.
> Der Heilige antwortete: Ich mache Lieder und singe sie, und wenn ich
> Lieder mache, lache, weine und brumme ich: also lobe ich Gott.
> Mit Singen, Weinen, Lachen und Brummen lobe ich den Gott, der mein
> Gott ist. Doch was bringst du uns zum Geschenke?
> Als Zarathustra diese Worte gehört hatte, grüsste er den Heiligen und
> sprach: ›Was hätte ich euch zu geben! Aber lasst mich schnell davon, dass
> ich euch Nichts nehme!‹ – Und so trennten sie sich von einander, der Greis
> und der Mann, lachend, gleichwie zwei Knaben lachen.
> Als Zarathustra aber allein war, sprach er also zu seinem Herzen: ›Sollte

es denn möglich sein! Dieser alte Heilige hat in seinem Walde noch Nichts davon gehört, dass *Gott todt* ist!‹«[110]

Man beginnt, von Nietzsche bis zu den französischen Existentialisten (Jean-Paul Sartre, Albert Camus), in einer religiös erregten Stimmung zu sagen, dass Gott nicht existiert. Aus Nietzsches Text wird dabei ganz deutlich, dass die »Gott ist tot«-Stimmung eine echte religiöse Alternative zur Anbetungshaltung des alten Heiligen darstellt. Aber das ist, auf Dauer gesehen, eine in sich derart ambivalente und rational unauflösbare Stimmungslage, so dass der Hauptstrom moderner Gefühligkeit rasch nach Entspannung streben wird.

(c) Das wichtigste Stichwort der Entspannung lautet »Agnostizismus«. Dahinter verbirgt sich, unter dem Deckmantel rationaler Bescheidung in Erkenntnisbelangen, ein zunehmendes religiöses Desinteresse. Die Letzten Dinge verharren im Unbegreiflichen, warum also nicht das Leben dort gut zu leben versuchen, wo es greifbar und begreifbar ist? Die Dreifachlösung der westlichen Moderne lautet daher: erstens, Streben nach Optimierung der Überlebens- und Wohllebenstechniken als, zweitens, Grundlage des Strebens nach individueller Selbstverwirklichung unter, drittens, dem Postulat der gleichen Berücksichtigung aller fundamentalen Lebensinteressen. Technizismus, Individualismus und ethischer Universalismus werden derart zu einem rein innerweltlichen, religiös agnostischen Ideal gemeinschaftlichen Existierens verschmolzen.

(d) Hand in Hand damit geht eine neue, durch die Aufklärung wesentlich inspirierte Vorstellung vom menschlichen Subjekt. Schon Descartes hatte die, wie man heute gerne sagt, »Autorität der ersten Person« stark gemacht, indem er zu zeigen versuchte, dass das Ich des Menschen nicht in allen Belangen täuschbar ist – nicht einmal durch einen bösen Gott (*genius malignus*). Es gibt demnach Erkenntnisbelange, über die der Mensch souverän verfügt, als sein eigener kleiner Gott.

(e) Die Denker der positivistisch gesinnten Aufklärung entwickeln die Vorstellung, dass das menschliche Subjekt auch hinsichtlich der Setzung und Anerkennung von Werten seine eigene höchste Autorität und als solche »autonom« sei. Zwar hat die Aufklärung zunächst einen starken naturrechtlichen Flügel, aber mit der Etablierung des Bürgertums wurden die Normen der

Gleichheit, Freiheit und Brüderlichkeit zum Bestandteil der bürgerlichen Verfassungen. Während die Natur ein reiner Mechanismus ist, dessen Funktionieren auf wertneutralen Gesetzen basiert, stiftet der Mensch die Moralgesetze selbst; auch in dieser Hinsicht ist er sein eigener Gott. (Wenig kümmerte es die Theoretiker der moralischen Autonomie zunächst, wie denn eine solche Freiheit mit der Vorstellung der Natur als eines streng determinierten Geschehens vereinbar sein sollte – ein chronisches Problem, das nicht verschwindet, sobald die Naturprozesse als teilweise indeterminiert gedacht werden. Sich zufällig Ereignendes ist nicht weniger moralisch irrelevant als Ereignisse, die aus naturgesetzlicher Determination erwachsen.)

(f) Im deutschen Idealismus des 19. Jahrhunderts schwingt sich das Konzept der Autonomie des Menschen zu der Idee auf, dass im Subjekt schon die ganze Gottheit enthalten sei und sich überhaupt erst mit ihm entwickle. Das Universum und die Weltgeschichte sind demnach »Emanationen«, Ausflüsse des Subjekts, das sich anfangs von sich selbst entfremdet und als Objekt gegenübersteht, bis es am Ende der Entwicklung sich wieder mit sich selbst, der Natur, der Geschichte, der Menschheit versöhnt. Fichte, Hegel, Schelling – sie alle betreiben eine Selbstvergottung des Menschen in bester Absicht, als Reaktion auf die Krise des rationalen Glaubens und des religiösen Empfindens.

(g) Das moderne religiöse oder parareligiöse Denken muss versuchen, *jenseits* des Mythos ein göttlich Absolutes zu benennen, das gerade *nicht* auf das menschliche Subjekt reduzierbar ist. Das Absolute muss die Quelle sein, aus der das Subjekt eine Bedeutung der Welt und des Lebens bezieht, ganz unabhängig davon, worin sein eigenes »autonomes« Wollen besteht. Einfach gesagt: Jede adäquate Ontologie des menschlichen Subjekts muss berücksichtigen, dass dieses keine objektiven Werte zu *stiften* vermag und dass daher jede echte moralische Bindung eine ist, von der sich das Subjekt nicht durch eigene Vollmacht entbinden kann. Das widerspricht der Stifteridee des Subjekts in der Aufklärung und im Idealismus, einer Idee, die eher der schärfste Ausdruck der modernen Glaubenskrise als deren Lösung ist.

§ 19
Die philosophische Reaktion (A)
Das Göttliche als das Sein an sich

I

ENTMYTHOLOGISIERTE OFFENBARUNG – Die Krisen des rationalen Glaubens und religiösen Empfindens führen zu Auslagerungen des Numinosen in Zonen der »Offenbarung«, die folgende Bedingungen erfüllen müssen: Es handelt sich (1) um nicht mythologisch oder dogmatisch gebundene Bereiche, in deren Zentrum (2) nicht das göttliche Diktat von außen, sondern das inspirierte Subjekt steht, aber (3) nicht das bloß autonome Subjekt des Humanismus, sondern das Subjekt als Medium eines sich ihm entbergenden Absoluten, Göttlichen.

Zwei kulturell produktive Zonen sind hier zu nennen: zum einen die Kunst, die sich gerade in der Neuzeit, wo sie nicht mehr die Magd des Glaubens und der Kirche sein will, selbst numinos aufzuladen beginnt und den genialen Künstler in den Rang eines religiösen Genies erhebt[111]; zum anderen die Philosophie, die gleichermaßen nach der Überwindung des Naturalismus der Aufklärung und der idealistischen Selbstvergottung des menschlichen Subjekts strebt.

II

HEIDEGGERS KONZEPT DES NUMINOSEN – Da im Folgenden ausschließlich die philosophische Reaktion zur Debatte steht, wird zunächst das Werk Martin Heideggers zu betrachten sein. Warum gerade Heidegger? Dafür gibt es zumindest drei Gründe.

Erstens: Indem Heidegger beansprucht, eine neue Frage in die Philosophie einzuführen – nämlich die Frage nach dem »Sein des Seienden« –, lagert er das Numinose (Göttliche) aus dem Mythos aus, gibt ihm einen Namen und ordnet ihm eine Form des Denkens zu, die nicht mehr theologisch-dogmatisch verengt ist. Ja, noch mehr: In seinem *Brief über den »Humanismus«* aus dem

Jahre 1946 sagt er unmissverständlich, dass die religiöse Wahrheit, soweit sie sich in Mythen äußert, noch nicht wirklich *gedacht* wird. »Erst aus der Wahrheit des Seins läßt sich das Wesen des Heiligen denken. Erst aus dem Wesen des Heiligen ist das Wesen von Gottheit zu denken. Erst im Lichte des Wesens von Gottheit kann gedacht und gesagt werden, was das Wort ›Gott‹ nennen soll.«[112]

Zweitens: Heidegger beansprucht ausdrücklich, dass sein Werk den oben genannten Bedingungen (2) und (3) genügt. Heideggers menschliches Subjekt – er nennt es »Dasein« – ist in allen seinen Aktivitäten zugleich ein medialer Ort, weil sich in ihm das Sein ereignet, öffnet und verbirgt. Gegen den Humanismus wird eingewendet, er stelle dem Subjekt die Welt als ein bloßes Erkenntnis- und Gebrauchsobjekt gegenüber. Dadurch werde das Subjekt einerseits auf sich selbst zurückgeworfen, andererseits aber als Machthaber des Seins konzipiert. Heideggers Gegenposition lautet: »Der Mensch ist vielmehr vom Sein selbst in die Wahrheit des Seins ›geworfen‹, daß er, dergestalt ek-sistierend, die Wahrheit des Seins hüte, damit im Lichte des Seins das Seiende als das Seiende, das es ist, erscheine. Ob es und wie es erscheint, ob und wie der Gott und die Götter, die Geschichte und die Natur in die Lichtung des Seins hereinkommen, an- und abwesen, entscheidet nicht der Mensch.«[113]

Drittens: Durch Sätze wie die eben zitierten hat Heidegger den religiösen Diskurs der Moderne machtvoll mitbestimmt. Generationen von Theologen, protestantischen wie katholischen, haben sich bei ihren Reformversuchen des Christentums auf Heidegger berufen. Darüber hinaus aber haben viele Philosophen und Künstler, und zwar auch und gerade solche nicht-christlicher Herkunft und Überzeugung, in Heidegger ihren wichtigsten Gewährsmann dafür gesehen, dass eine Ontologie des Heiligen *jenseits konfessioneller Bindungen* möglich ist.

Folglich: Wenn es überhaupt ein religiöses *Denken* in der Moderne gibt, dann ist das *philosophische* Denken Heideggers beispielgebend.

III

HEIDEGGER ALS »KOPFVERDERBER« – Freilich, manche Philosophen sind da ganz anderer Meinung. Ihnen zufolge hat Heidegger drei Arten von Sätzen produziert: erstens sinnlose, zweitens falsche und drittens banale.

Heidegger hat zum Beispiel geschrieben, dass es ein Sein gebe, nämlich das *Sein des Seienden*. Dieser Satz wäre, dem Urteil jener Philosophen zufolge, sinnlos, weil das Hilfszeitwort »sein« nie und nimmer die grammatische Funktion habe, einen Gegenstand namens »Sein« zu bezeichnen.

Heidegger hat auch geschrieben, dass das menschliche Dasein seinem Wesen nach »Sorge« sei. Falsch, sagen die Kritiker, man denke nur an die sorglosen, die heiteren Stunden des Lebens. Es sei daher bloß irreführend, wenn Heidegger alle Stimmungen, ob beschwert oder unbeschwert, der Sorgestruktur des Daseins zuschlage.

Ferner hat Heidegger geschrieben, es stünde in niemandes Macht, seinen eigenen Tod an andere abzutreten. Dieser Satz wiederum, sagen die Kritiker, sei wahr, aber gänzlich banal. Der Tod des einen sei eben nicht der Tod des anderen.

Historische Notiz. Heidegger ist nicht der erste Philosoph, dem das Verdammungsurteil vieler Fachkollegen entgegenschlug. Arthur Schopenhauers Ausfälle gegen Hegel sind sprichwörtlich. Dessen Philosophie verketzerte Schopenhauer als »einen aus dem gröbsten Unsinn bestehenden Galimathias, ein Gewebe aus contradictionibus in adiecto, ein Gewäsche wie aus dem Tollhause«.[114] Sieht man von den persönlichen Gründen ab, die solche Wut entfacht haben mögen, dann bleibt ein systematischer Grund übrig, der bis hin zu den Auseinandersetzungen um Heidegger von Bedeutung ist:

»Zwar atmen also die Schriften unserer Universitäts-Philosophen den lebendigsten Eifer für die Theologie; dagegen aber sehr geringen für die Wahrheit. Denn ohne Scheu vor dieser werden Sophismen, Erschleichungen, Verdrehungen, falsche Assertionen mit unerhörter Dreistigkeit angewandt, ja angehäuft [. . .]; alles einzig und allein um Theologie herauszubringen: nur Theologie! nur Theologie! um jeden Preis: Theologie!«[115]

Das also ist der Punkt der Entzweiung: Während die einen, die Aufklärer, sich als Hüter der Vernunft gegen die Anmaßungen der Religion und Metaphysik stilisieren, gibt es die anderen, die sich, ob einbekennend oder nicht, in den Dienst einer Rettung und Belebung des Religiösen stellen. Sie kennen den Druck der

Aufklärung; sie wissen, dass die Religion aufhören muss, ein Mythos zu sein, der nur für eine bestimmte Zeit und Kultur Geltung hat. Die Religion muss demnach universal werden und sich vollständig vergeistigen, mit einem Wort: Ihre Rettung ist die Philosophie.

Dagegen wendet sich der Aufklärer mit äußerster Schärfe. Indem er Religiosität mit Irrationalität in eins setzt, wird die Religionskritik für ihn zu einem Hauptanliegen der rationalen Philosophie. Eine Philosophie hingegen, die sich als legitime Erbin des Religiösen begreift, kann ihn nur als der Versuch abschrecken, die blanke Unvernunft in ein pseudologisches, modernistisch aufgeputztes rhetorisches Mäntelchen zu hüllen und dadurch gleichzeitig zu verschleiern.

IV

»Nur noch ein Gott kann uns retten« – Beginnen wir am Ende. Martin Heidegger stirbt 1976 im Alter von 87 Jahren. In diesem Jahr wird im deutschen Nachrichtenmagazin *Der Spiegel* ein Interview mit Heidegger veröffentlicht. Er hat es zehn Jahre vor seinem Tod gegeben und gleichzeitig bestimmt, es dürfe erst posthum erscheinen. In dem Gespräch entwirft Heidegger, wie schon oft vorher, ein sehr düsteres Bild der modernen Gesellschaft. Er sieht sie durch und durch vom Wesen und Unwesen der Technik beherrscht.

Die Technik reiße den Menschen immer mehr von der Erde los, entwurzle ihn, und das Unheimliche sei nun gerade, dass das alles funktioniere und dass das Funktionieren immer weitertreibe zu einem weiteren Funktionieren. Ob dagegen irgendein Mensch oder vielleicht die Philosophie noch etwas ausrichten könne, wird Heidegger gefragt. Die darauf folgende Passage des Gesprächs sei hier ausführlich zitiert:

»Heidegger: Wenn ich kurz und vielleicht etwas massiv, aber aus langer Besinnung antworten darf: Die Philosophie wird keine unmittelbare Veränderung des jetzigen Weltzustandes bewirken können. Dies gilt nicht nur von der Philosophie, sondern von allem bloß menschlichen Sinnen und Trachten. Nur noch ein Gott kann uns retten. Die einzige Möglichkeit einer Rettung sehe ich darin, im Denken und im Dichten eine Bereitschaft vorzubereiten für die Erscheinung des Gottes oder für die Abwesenheit des Gottes im Untergang; dass wir nicht, grob gesagt, ›verrecken‹, sondern wenn wir untergehen, im Angesicht des abwesenden Gottes untergehen.

SPIEGEL: Gibt es einen Zusammenhang zwischen Ihrem Denken und der Heraufkunft dieses Gottes? Gibt es da, in Ihrer Sicht, einen Kausalzusammenhang? Meinen Sie, dass wir den Gott herbeidenken können?

HEIDEGGER: Wir können ihn nicht herbeidenken, wir vermögen höchstens die Bereitschaft der Erwartung vorzubereiten.

SPIEGEL: Aber können wir helfen?

HEIDEGGER: Die Bereitung der Bereitschaft dürfte die erste Hilfe sein. Die Welt kann nicht durch den Menschen, aber auch nicht ohne den Menschen sein, was sie und wie sie ist. Das hängt nach meiner Ansicht damit zusammen, dass das, was ich mit einem langher überlieferten, vieldeutigen und jetzt abgegriffenen Wort ›das Sein‹ nenne, den Menschen braucht, dass das Sein nicht Sein ist, ohne dass der Mensch gebraucht wird zu seiner Offenbarung, Wahrung und Gestaltung. Das Wesen der Technik sehe ich in dem, was ich das ›Ge-Stell‹ nenne. Der Name, beim ersten Hören leicht missverständlich, recht bedacht, weist, was er meint, in die innerste Geschichte der Metaphysik zurück, die heute noch unser Dasein bestimmt. Das Walten des Ge-Stells besagt: Der Mensch ist gestellt, beansprucht und herausgefordert von einer Macht, die im Wesen der Technik offenbar wird. Gerade in der Erfahrung dieses Gestelltseins des Menschen von etwas, was er selbst nicht ist und was er selbst nicht beherrscht, zeigt sich ihm die Möglichkeit der Einsicht, dass der Mensch vom Sein gebraucht wird. [. . .] Zu dieser Einsicht zu verhelfen: mehr vermag das Denken nicht, und die Philosophie ist zu Ende.«[116]

In dieser Passage des *Spiegel*-Gesprächs ist der ganze Heidegger im Kern enthalten. Er selbst zieht den Bogen von seiner Philosophie des Seins bis zu seiner Metaphysik des »Ge-Stells«, und wenn am Anfang die Aussage steht, nur noch ein Gott könne uns retten, so steht am Ende die dazu passende Aussage, dass die Philosophie nun zu Ende sei. Was aber hat das zu bedeuten?

V

KRITIK DER ABENDLÄNDISCHEN METAPHYSIK – Um zu verstehen, was Heideggers Grundproblem ist, müssen wir zunächst seine Vorstellung vom Wesen der abendländischen Metaphysik erfassen. Sie besteht, kurz gesagt, darin, dass der Mensch Subjekt zu werden beginnt, also eine Instanz, die sich der Welt erkenntnis- und wirkmächtig gegenüberstellt: hier das Subjekt mit seiner Vernunft, seiner Freiheit und seinem Willen, dort das Objekt als Widerstand, Lockung, Angriffspunkt.

Heidegger glaubt zu bemerken, dass die gesamte abendländische Entwicklung unter dem Diktat einer sich zunehmend verschärfenden Entgegensetzung des Subjekts gegen die Welt steht. Diese Entgegensetzung begreift Heidegger zugleich als eine tiefgreifende – er würde sagen: »ontologische« – Form der Entwurzelung des menschlichen Daseins von seinem Wesensgrund, für den er das Wort »Sein« verwendet. Wieso gelangt Heidegger zu einer derart deprimierenden Diagnose?

(a) Unbestritten ist, dass sich die menschliche Vernunft in der Neuzeit rasch zu einer Idealform entwickelt, die spätestens seit der Mitte des 17. Jahrhunderts als Naturwissenschaft beansprucht, die unabänderlichen Gesetze der Naturwelt zu formulieren. Die Aufklärung stellt sich vor, dass die Physik auch eine soziale Physik umfassen wird. In jedem Fall soll das Ziel der Entwicklung in technischen Begriffen ausdrückbar sein. Das heißt, dass der Mensch seiner Welt fortan als ihr Beherrscher begegnen, sie systematisch und umfassend in Dienst nehmen will.

Die metaphysische Pointe des Ganzen, das, wofür Heidegger das Wort *Ge-Stell* verwendet, drückte er in seinen Bremer Vorträgen 1949 folgendermaßen aus: »Die moderne Technik ist nicht angewandte Naturwissenschaft, vielmehr ist die neuzeitliche Naturwissenschaft Anwendung des Wesens der Technik [. . .].«[117] Das Wesen der Technik besteht darin, die Natur als Gegenstand der Erkenntnis von vornherein, *a priori*, unter dem Aspekt ihrer möglichen Verfügbarkeit erscheinen zu lassen.

(b) In *Sein und Zeit*, seinem Hauptwerk aus dem Jahre 1927, hatte Heidegger eine Theorie des In-der-Welt-Seins entwickelt, der zufolge die Dinge für den Menschen primär als »Zuhandenes« erkennbar werden. Wenn er sie erkennt, dann eben so und nicht anders, nämlich als ein Wesen, zu dessen Grundbefindlichkeit die Sorge gehört.

Im § 17 von *Sein und Zeit* findet sich die berühmte Stelle, wo Heidegger über den Südwind spricht:

»Wenn zum Beispiel in der Landbestellung der Südwind als Zeichen für Regen ›gilt‹, dann ist diese ›Geltung‹ oder der an diesem Seienden ›haftende Wert‹ nicht die Dreingabe zu einem an sich schon Vorhandenen, der Luftströmung und einer bestimmten geographischen Richtung. Als dieses nur noch Vorkommende, als welches es meteorologisch zugänglich sein mag, ist der Südwind *nie zunächst* vorhanden, um dann gelegentlich die Funktion eines Vorzeichens zu übernehmen. Vielmehr entdeckt die Umsicht der Landbestellung in der Weise des Rechnungtragens gerade erst den Südwind in seinem Sein.«[118]

Die »Zuhandenheit« ist also nichts, was zum eigentlichen Sein der Dinge gleichsam hinzuträte. Die Zuhandenheit gehört vielmehr zum Sein des Südwinds unter der Voraussetzung eines bestimmten, nämlich besorgten In-der-Welt-Seins des Menschen, hier des Bauern, der *als* Bauer die »Umsicht der Landbestellung« geradezu verkörpert.

(c) In den Nachkriegsschriften verdichtet Heidegger die Vorstellung, wonach das Sein der Dinge sich dem Menschen in der Weise des Zuhanden-Seins offenbare. Das Schicksal der modernen Welt liege darin, dass der Mensch alle Dinge, sich selbst eingeschlossen, nur noch als Brauchbares, Bestellbares, Machbares, Manipulierbares erfahren und erkennen könne. So zwielichtig offenbart sich nach Heidegger das Sein nun dem Menschen, und so verbirgt es sich aber auch vor ihm. Denn nun hat der Mensch das zwingende Gefühl, er selbst sei es, der die Dinge in den Zustand der technischen Handhabbarkeit versetze, während er in Wahrheit doch stets nur aktives Organ oder mitvollziehendes Medium des Seins ist. Zwar braucht das Sein zu seiner Offenbarung den Menschen, nur im und durch den Menschen kann es zu Selbstbewusstsein, zur Sprache, kurz: zu sich selbst kommen; doch der Mensch ist nicht Herr und Meister der Welt, wie er in seiner wissenschaftlichen und technologischen Vermessenheit glaubt.

VI

Kritik des Subjekts der Aufklärung – Deswegen widersetzt sich Heidegger auch der Verklammerung von Rationalität und Freiheit, wie sie für die klassische europäische Philosophie typisch ist. Nach Kant ist die Aufklärung der Ausgang des Menschen aus »selbstverschuldeter« Unmündigkeit. Die abendländische Metaphysik war großteils davon ausgegangen, dass der Mensch einen freien Willen habe, der ihn der blinden Naturgesetzlichkeit entwinde, und dass der einzig würdige Beweggrund seines Handelns darin liegen könne, sich der Vernunft zu beugen.

Selbst die Religion sollte sich als Theodizee, als Gottesbeweis und als rationales Naturrecht entfalten lassen, oder sie müsste, als bloßer Mythos, dem Reich des Unvernünftigen anheim gestellt werden.

In seinem *Brief über den »Humanismus«* bezieht Heidegger die Gegenposition. Der Mensch, sagt Heidegger, ist der »Hirt des Seins«.[119] Man darf den Menschen nicht primär aus seiner Vernunft oder Freiheit heraus verstehen wollen, sondern aus seiner Nähe zum Sein. Der Mensch, sagt Heidegger, ist kraft seines Vermögens zur Sprache der »Nachbar des Seins«.[120] Denn die Sprache ist »das Haus des Seins, darin wohnend der Mensch ek-sistiert, indem er der Wahrheit des Seins, sie hütend, gehört«.[121]

VII

EIN ANDERES DENKEN – Wir treffen hier, 1946, bereits auf einen Heidegger, dessen Formulierungen sich in ihrer bewusst poetisch-bildhaften Zuspitzung dem akademischen Philosophierstil entziehen: Der Mensch ist der Hirt des Seins, die Sprache ist das Haus des Seins; indem der Mensch im Haus des Seins wohnt, hütet er das Sein, dessen Wahrheit er »gehört«. Solche Sätze sind Momente eines *anderen* Denkens, das sich der Seinsvergessenheit vergewissern möchte, die, laut Heidegger, alles neuzeitliche Denken kennzeichnet.

Es ist eine Eigenart dieses anderen Denkens, sich dem, was im Gemeinverstand, in der Wissenschaft und in der Philosophie als vernünftig gilt, zu widersetzen. Das andere Denken, sagt Heidegger im *Spiegel*-Gespräch, ist keine Philosophie mehr. Es dient dazu, eine ultimative Bereitschaft zu befördern, die Bereitschaft nämlich, *auf den Vorbeigang des letzten Gottes einzustimmen.* Gemeint ist das Ereignis der vollständigen Entbergung des Seins im menschlichen Dasein.

An solchen Stellen kann kein Zweifel bestehen, dass die Kategorie des Seins eine entmythologisierte religiöse Kategorie ist. Das andere Denken ist das Denken des Heiligen, Numinosen. Das Sein ist ein Deckwort für das »Ganz Andere« bei Rudolf Otto. Es auszudrücken ist mit analytischen oder gar wissenschaftlichen Begriffen unmöglich.

HERMETISCHES PHILOSOPHIEREN – Worum Heidegger rang, war die Wiedergewinnung einer religiösen Endzeiterwartung, eines eschatologischen Bewusstseins. Er konnte das freilich nicht anders bewerkstelligen als mit den Mitteln einer Sprache, die, was sie sagen will, nur sagen kann, indem sie Schritt für Schritt die Brücken zu dem Kontinent, auf dem wir uns alle miteinander verständigen, die Brücken zur Sprache der modernen Vernunft – das heißt nach Heidegger, die Brücken zum universalen Geschwätz und zur Gedankenlosigkeit – abbricht.

Heideggers Lyrismen wollen eben diese Bewegung des Kommunikationsabbruchs sprachlich darstellen, um sie positiv zu wenden: um den Hörenden zu befähigen, sich von den tausend Fäden, die ihn im Zustand der Seinsvergessenheit fixieren, zu lösen und so, als sich Entbindender, bereitzumachen für das Wiedererscheinen Gottes. Es ist klar, dass dieses Anliegen über das Geschäft der Philosophie weit hinausgeht; unklar bleibt freilich, ob es sich dabei um ein Anliegen handelt, das überhaupt noch sprachlich sinnvoll vermittelt werden kann.

Es ist auch nicht klar, ob Heidegger sich selbst verstand, wenn er in seinen *Beiträgen zur Philosophie (Vom Ereignis)*, die er in den Jahren 1936-38 als Geheimaufzeichnungen führte, vom Wirken und Wesen des letzten Gottes schreibt. Die folgende Passage ist typisch für den Denkstil jenes fragmentarischen Konvoluts, das manche Heidegger-Leser mit so großer Bewunderung erfüllt, dass sie es für Heideggers eigentliches Hauptwerk halten:

»Die einfachsten, aber äußersten Gegensätze wird dieser Gott über seinem Volk aufrichten als die Bahnen, auf denen es über sich hinauswandert, um sein Wesen einmal noch zu finden und den Augenblick seiner Geschichte auszuschöpfen.

Welt und Erde werden in ihrem *Streit* Liebe und Tod in ihr Höchstes heben und in die Treue zum Gott und das Bestehen der Wirrnis zusammenschließen in der vielfachen Bewältigung der Wahrheit des Seienden.

Die *Zukünftigen des letzten Gottes* werden in der Bestreitung dieses Streites das Ereignis erstreiten und im weitesten Rückblick sich des größten Geschaffenen als der erfüllten Einmaligkeit und Einzigkeit des Seins erinnern. Daneben wird das Massenhafte alle Ränke seines Tobens loslassen und alles Unsichere und Halbe, alles nur mit dem Bisherigen Sichvertröstende abschwemmen. Wird dann die Zeit der Götter *um* sein und der

Rückfall in das bloße Leben *welt*armer Wesen beginnen, denen die Erde nur noch als das Ausnutzbare geblieben?

Verhaltenheit und Verschwiegenheit werden die innigste Feier des letzten Gottes sein und die eigene Weise des Zutrauens zur Einfachheit der Dinge und die eigene Strömung der Innigkeit der berückenden Entrückung ihrer Werke sich erringen, die Bergung der Wahrheit wird das Verborgenste verborgen sein lassen und ihm so die einzige Gegenwart leihen.«[122]

Gleich Nietzsches Zarathustra ist Heideggers letzter Gott nicht das Letzte, sondern ein Künder des Letzten. »Der letzte Gott«, sagt Heidegger, »ist nicht das Ereignis selbst, wohl aber seiner bedürftig [. . .].«[123] Was immer das heißt, es ist eine Absage an den Mythos als Basis des Religiösen. Das Letzte ist nicht eine Gestalt, sondern das Sein als Ereignis – das *Seyn*, das Heidegger nun und fortan mit »y« schreibt. »*Das Sein ist das Seyn.*«[124] Der letzte Gott gehört dem Sein-mit-y zu, so wie der Mensch der Wahrheit des Seins zugehört.

Der Heidegger-Biograph Rüdiger Safranski hat die *Beiträge zur Philosophie* als Heideggers »Rosenkranzgebet« charakterisiert.[125] Tatsächlich haftet dem Stil nun oft etwas Litaneiartiges an, die vielen Wortvariationen und Alliterationen tun das ihre. Sie erzeugen einen Singsang, so, als ob dieser und nicht der Inhalt das Wichtigste sei. Der Inhalt bleibt weitgehend hermetisch. Die rohe semantische Außenform ergibt nur wenig mehr als ein pathetisches Raunen, das um so aufdringlicher wirkt, als es dem seinsvergessenen Geschwätz der Allgemeinheit etwas entgegensetzen will, wofür der eben zitierte Text die Stichwörter liefert: Einfachheit, Innigkeit, Verhaltenheit, Verschwiegenheit. Warum dann der Aufmarsch so vieler Wörter und Worte?

Das hat damit zu tun, dass sich Heidegger in den Jahren, in denen die *Beiträge* entstehen, als Künder des Untergangs der Moderne versteht, aber zugleich auch als Prophet einer Gegenwelt. In ihr soll das »Seyn« regieren, das Göttliche als Ereignis, worin das Verborgenste zugleich hellste Präsenz sein wird.[126] Die Widersprüchlichkeit der Begriffe und phantasierten Zustände zeigt an, dass wir uns im mystischen Zentrum der heideggerschen Eschatologie befinden. Hier herrscht weitgehend diskursive Dunkelheit.

In der Berufung aber auf die geschichtliche Sendung jenes Volkes, welches das Volk des letzten Gottes ist, »sein Volk«, herrscht der Nachhall einer gewaltigen *politischen Theologie*.

POLITISIERUNG DES NUMINOSEN – Es gibt ein Volk des letzten Gottes. Von diesem Volk wird gesagt, es werde über sich hinauswandern und den Augenblick seiner Geschichte ausschöpfen. Dieses Volk, darüber kann kein Zweifel bestehen, ist das deutsche, das gerade dabei ist, sich der nationalsozialistischen Diktatur zu ergeben, sie durchzuführen und Hitlers Tausendjähriges Reich aufzurichten.

Freilich, zur Zeit der Abfassung der *Beiträge* ist Heidegger von den Nationalsozialisten bereits tief enttäuscht, obwohl er sich anfangs zu den begeisterten Anhängern Hitlers zählte. Am 20. April 1933 wurde er, der Nachfolger am Lehrstuhl des Juden Edmund Husserl, Rektor der Freiburger Universität. Für Heidegger stand jetzt alles auf dem Spiel. Im Nationalsozialismus sah er die entscheidende Kraft des Widerstandes gegen die unheilvolle Entwicklung der Moderne. Dem deutschen Volk maß er die Rolle zu, die metaphysische Grundstellung des Abendlandes aufzubrechen und aus der dämonischen Seinsvergessenheit in eine noch nie da gewesene Eigentlichkeit, eine innigste Nähe zum Sein, einzutreten. Alles, was Heidegger politisch verabscheut, weil es den Menschen von seinem Wesen und vom Wesen der Welt entfremdet, sollte nun verschwinden: die mediale Öffentlichkeit, der »Demokratismus«, der jüdische Intellektualismus und der Intellektualismus überhaupt, die Zersplitterung des Wissens, der Technizismus und das schäbige Nutzendenken.

Doch den nationalsozialistischen Funktionären war Heideggers *numinose Zusammenschau von Metaphysik und Politik* ebenso unverständlich wie suspekt. Die Folgen blieben nicht aus, und schon am 14. April 1934 gab Heidegger, verbittert, das Rektorat wieder zurück. Seither änderte sich auch seine Interpretation der epochalen Rolle des Nationalsozialismus. War für ihn »die Bewegung« zunächst die seinsträchtige Speerspitze gegen die Moderne gewesen, so erscheint sie ihm nun, im Gegenlicht der Enttäuschung, als die letzte und schrecklichste Ausgestaltung dessen, wozu die Welt unter der Herrschaft des »Ge-Stells« tendiert. Die Herrschaft Hitlers wird vergleichbar der Herrschaft des Antichristen. Umgekehrt wird das Volk des Führers zum Volk des letzten Gottes.

SEINSVERFINSTERUNG – Nach der deutschen Niederlage 1945 sieht Heidegger nur noch Niedergang. Sein Urteil über die westlichen Demokratien fällt da nicht weniger deprimierend aus als jenes über die kommunistischen Diktaturen. Im Wesen ist das alles dasselbe, gestellhaft durch und durch. Dazu findet sich in den Bremer Vorträgen von 1949 die folgende Passage:

>Das bäuerliche Tun fordert den Ackerboden nicht heraus; es gibt vielmehr die Saat den Wachstumskräften anheim; es hütet sie in ihr Gedeihen. Inzwischen ist jedoch auch die Feldbestellung in das gleiche Be-stellen übergegangen, das die Luft auf Stickstoff, den Boden auf Kohle und Erze stellt, das Erz auf Uran, das Uran auf Atomenergie, diese auf bestellbare Zerstörung. Ackerbau ist jetzt motorisierte Ernährungsindustrie, im Wesen das Selbe wie die Fabrikation von Leichen in Gaskammern und Vernichtungslagern, das Selbe wie die Blockade und Aushungerung von Ländern, das Selbe wie die Fabrikation von Wasserstoffbomben.«[127]

Viele Kommentatoren haben diese Passage kritisiert, denn sie ist darauf angelegt, den moralischen Unterschied zwischen den Gaskammern, in denen Millionen Menschen ermordet wurden, und einer Nahrungsmitteltechnologie, die Milliarden Menschen vor dem Hungertod bewahrt, als unwesentlich abzutun. Aber andererseits ist eben das die *Konsequenz* der heideggerschen Ontologie: (1) Sie postuliert für jede Moderne unter der Herrschaft des Gestells, ob politisch totalitär oder demokratisch, eine radikale Seinsverfinsterung – die Abwesenheit alles Göttlichen. (2) Moralisches Werten ist für Heidegger ein *Symptom* der Verfinsterung, der Gottferne. Werten ist eine Sache des neuzeitlichen Subjekts, eine Folge der Subjekt-Objekt-Trennung. In der metaphysischen Grundkonstellation des Abendlandes werden Sein und Sollen, Natur und Wert immer mehr auseinandergerissen. (3) Die Welt als Kosmos, worin der Mensch das heilige Wesen der Dinge »hütet«, wird zerstört. Diese *Katastrophe des Numinosen* wird laut Heidegger durch das moralische Gehabe der Neuzeit bloß verschleiert, insofern es sich dabei um den Ausdruck einer ontologisch entwurzelten, sich selbst vergottenden Subjektivität handelt.

XI

PHILOSOPHISCHER GNOSTIZISMUS – Die Philosophie ist zu Ende, nur ein Gott kann uns retten, sagt Heidegger im *Spiegel*-Gespräch. Fast vier Jahrzehnte vorher erschien *Sein und Zeit*, das Werk, das Heidegger berühmt machte. Darin herrscht noch eine ganz andere Stimmung.

Der Philosoph, der 1889 in dem kleinen Ort Meßkirch nahe der Schwäbischen Alb geboren wurde und in ärmlichen Verhältnissen aufgewachsen war, hatte mit Hilfe kirchlicher Stipendien eine exzellente Studienlaufbahn hinter sich gebracht und eine glänzende Karriere vor sich. Nach einer Professur in Marburg übernahm er 1928 das Freiburger Ordinariat und damit die Nachfolge Edmund Husserls, der ihn wärmstens empfohlen hatte. Schon Jahre vorher, als er noch bei Husserl assistierte, galt er als der heimliche König der Philosophie, zu dessen Hörern spätere Geistesgrößen wie Hans-Georg Gadamer, Max Horkheimer, Oskar Becker, Fritz Kaufmann, Herbert Marcuse oder Hans Jonas zählten.

Mit Heidegger betrat eine Denkergestalt das akademische Podium, die von vornherein in entschiedener Gegnerschaft zum etablierten bürgerlichen Akademiebetrieb und dessen Tendenz zu Aufklärung und Liberalität, zum rationalen Universalismus und politischen Pluralismus stand. Dem zivilisierten Diskurs des Neukantianismus und der Wertephilosophie hielt Heidegger das Drängen einer Lebensphilosophie entgegen. Die Namen Friedrich Nietzsche und Henri Bergson sind hier wichtiger als der Edmund Husserls. Worum es ihm wirklich ging, schrieb Heidegger am 1. Mai 1919 an die Freundin Elisabeth Blochmann. Es ging um »die radikale Vergegenwärtigung des Geheimnisses und des Gnadencharakters allen Lebens«: »Das neue Leben, das wir wollen, oder das in uns will, hat darauf verzichtet, universal d. h. unecht u. flächig (ober-flächlich) zu sein – sein Besitztum ist Ursprünglichkeit – nicht das Erkünstelt-Konstruktive sondern das Evidente der totalen Intuition.«[128]

Nach dem Desaster des Ersten Weltkriegs hatte sich unter den jungen intellektuellen Deutschen eine existentielle Erregung aufgestaut, und Heidegger setzte diese Erregung in eine bisher ungehörte Begrifflichkeit um. Heideggers *Sein und Zeit* beginnt mit einem Paukenschlag. Nach einer jahrtausendelangen Epoche der Metaphysik müsse die Frage nach dem Sinn von Sein neu gestellt werden. Eigentlich wird die Frage jetzt überhaupt zum ersten Mal gestellt, und zwar von ihm, Heidegger. Es handelt sich dabei um die alles entscheidende Frage.

Aufgrund des bisher Gesagten wissen wir, was die Frage bedeutet: Heideggers Sein des Seienden ist in Wahrheit ein Schlüsselbegriff des *philosophischen Gnostizismus.* Das Sein ist das Göttliche, der göttliche Urgrund der Welt, dem selbst noch die Götter und der letzte Gott zugehören; aber das Göttliche muss sich erst vollenden und dazu braucht es ein Organ, ein Medium. Für Heidegger ist dieses ausgezeichnete Medium der Mensch, der Hirt des Seins, und die Sprache des Menschen ist das Haus des Seins. Freilich ist das Medium auch ein Wesen, das in der Fremde und Finsternis existieren muss: Das Sein, das doch alles ist, ist auch fern, verborgen, vergessen.

XII

OFFENBARUNG DES NICHTS – In *Sein und Zeit* wird eingangs der Mensch als »Dasein« bestimmt. In § 4 wird gesagt, es gehe »diesem Seienden in seinem Sein *um* dieses Sein selbst«.[129] Dem Dasein ist sein Sein immer schon in irgendeiner Weise erschlossen, und sei es auch nur in der Weise der Abwehr oder der Flucht vor dem Sein. Der Mensch ist der Ort, an dem sich das Göttliche zu sich selbst verhält.

Welt und Dasein sind gleichursprünglich, das eine hat weder Sinn noch Bestand ohne das andere. Und die Geschichte des In-der-Welt-Seins des Menschen ist die Geschichte des göttlichen Dramas, des Sich-lichtend-Verbergens und Sich-verbergend-Lichtens der Wahrheit des Seins. Die ganze Konstruktion liegt nahe bei Hegel, und sie ist doch meilenweit von ihm entfernt. Denn ganz anders als Hegel, der in großen geschichtlichen Epochen denkt, denkt Heidegger die Selbstentfaltung des Seins (des Göttlichen) als ein Drama, das sich im und am einzelnen Menschen vollzieht.

Es ist der Einzelne, der sich zunächst stets und notwendig in einer Alltäglichkeit vorfindet, die ihn zwingt, uneigentlich zu existieren. Ich erlebe, denke und tue, was »man« erlebt, denkt und tut. Gesellschaftliche Anonymität und Durchschnittlichkeit sind Ausdrucksformen dessen, was Heidegger »das Man« nennt.

Ihm widmet er in *Sein und Zeit* eine seiner Analysen, die antimodernistische Zeitkritik als existential-ontologische Reflexion darbieten:

»In der Benutzung öffentlicher Verkehrsmittel, in der Verwendung des Nachrichtenwesens (Zeitung) ist jeder Andere wie der Andere. Dieses Miteinandersein löst das eigene Dasein völlig in die Seinsart ›der Anderen‹ auf, so zwar, daß die Anderen in ihrer Unterschiedlichkeit und Ausdrücklichkeit noch mehr verschwinden. In dieser Unauffälligkeit und Nichtfeststellbarkeit entfaltet das Man seine eigentliche Diktatur. [. . .] *Zunächst* ›bin‹ nicht ›ich‹ im Sinne des eigenen Selbst, sondern die Anderen in der Weise des Man. [. . .] Zunächst ist das Dasein Man und zumeist bleibt es so. Wenn das Dasein die Welt eigens entdeckt und sich nahebringt, wenn es ihm selbst sein eigentliches Sein erschließt, dann vollzieht sich dieses Entdecken von ›Welt‹ und Erschließen von Dasein immer als Wegräumen der Verdeckungen und Verdunkelungen, als Zerbrechen der Verstellungen, mit denen sich das Dasein gegen es selbst abriegelt.«[130]

Das Eigentlichwerden des Menschen ist hier ein einsamer, ganz auf das Individuum bezogener Vorgang. Heidegger hat den Vorgang minutiös zu beschreiben versucht. Stimmungen wie Langeweile und Angst, deren religiöses Gewicht bereits Pascal und Kierkegaard thematisierten, führen den Menschen vor die pure Faktizität und damit Grundlosigkeit seines Daseins.

Durch die Erfahrung der Grundlosigkeit hindurch gelangt der Einzelne zu dem Bewusstsein, dass sein Sein eigentlich in einem Sein*können* besteht. »Die Angst«, sagt Heidegger, die zum Unterschied vor der Furcht eine Ängstigung vor und wegen nichts sei, »offenbart im Dasein das *Sein zum* eigensten Seinkönnen, das heißt das *Freisein für* die Freiheit des Sich-selbst-wählens und -ergreifens.«[131] Das Sein des Menschen ist ein Sein zum eigensten Seinkönnen. Aber worin besteht die eigenste Möglichkeit des Daseins? Hier die berühmte Antwort:

»Der Tod ist die *eigenste* Möglichkeit des Daseins. Das Sein zu ihr erschließt dem Dasein sein *eigenstes* Seinkönnen, darin es um das Sein des Daseins schlechthin geht. Darin kann dem Dasein offenbar werden, daß es in der ausgezeichneten Möglichkeit seiner selbst dem Man entrissen bleibt, das heißt vorlaufend sich je schon ihm entreißen kann. Das Verstehen dieses ›Könnens‹ enthüllt aber erst die faktische Verlorenheit in die Alltäglichkeit des Man-selbst.«[132]

Nun sind wir im gedanklichen Zentrum von *Sein und Zeit*. Der Mensch ist in der Lage, sich in manchen Augenblicken seines Lebens dem eigenen Tod nicht nur durch die konventionelle Brille seiner Kultur zu nähern, sondern vielmehr durch die Erfahrung der aus dem Sein des Seienden selbst aufsteigenden Angst hindurch. Diese Konfrontation mit dem eigenen Tod ist zugleich eine *Offenbarung des Nichts*, will uns Heidegger bedeuten. Er nennt das Ereignis der Konfrontation mit dem Nichts das »Vorlaufen zum je eigenen Tod«. Dadurch werden wir aus der Uneigentlichkeit, aus der Verstricktheit in das Man befreit, wenn auch nur so, dass der seltene Blitz der Offenbarung uns unsere faktische Verlorenheit in die Alltäglichkeit enthüllt. Fortan werden wird dennoch andere sein. Denn wir werden immerhin *wissen*, dass wir die meiste Zeit unseres Lebens zu keiner eigentlichen Weise des Existierens fähig sind.

Hier, auf der Stufe von *Sein und Zeit*, eröffnet sich uns die Nähe zum Sein durch die Offenbarung des Nichts, als das der Tod dem Dasein gegenwärtig wird. Das Sein aber ist, wie wir wissen, das heideggersche Deckwort für das Absolute, Göttliche. Und so stellt sich die Frage nach dem Sinn von Sein hier folgendermaßen: Wenn das Göttliche dem Menschen als das Nichts des Todes begegnet, wenn die eigentliche Offenbarung des Göttlichen, streng genommen, das Nichts ist, was ist dann dessen Sinn mehr als eben – *nichts*, allerdings pathetisch in Stellung gebracht gegen das Geschwätz der Öffentlichkeit und die soziale Positivität des Man?

XIII

Negative Theologie – Heideggers Religiosität bewegt sich ganz auf der Bahn der negativen Theologie:

(a) Die negative Theologie denkt Gott als den *real* Abwesenden. Das führt schließlich dazu, dass die Bestimmungslosigkeit Gottes den Verdacht seiner realen *Nichtexistenz* nährt. Bei Heidegger erhebt sich ein analoger Verdacht: Steckt hinter der paradoxen »Offenbarung« des Seins als des Nichts überhaupt irgendetwas? Oder handelt es sich hier bloß um eine Tiefenillusion, eine Vorspiegelung von Gehalt angesichts einer überreizten religiösen Sehnsucht nach Glaubensbotschaften?

(b) Dieser Verdacht wird in *Sein und Zeit* durch die Ausführungen zum Gewissensruf erhärtet. Im Ruf des Gewissens meldet sich nach Heidegger das Sein zu Wort, und zwar mit jener Botschaft, die den Auftrag des Seins enthält: »Der Ruf bricht das sich überhörende Hinhören des Daseins auf das Man, wenn er, seinem Rufcharakter entsprechend, ein Hören weckt, das in allem gegenteilig charakterisiert ist im Verhältnis zum verlorenen Hören. [...] *Was dergestalt rufend zu verstehen gibt, ist das Gewissen*«; das Rufen, sagt Heidegger, »fassen wir als Modus der Rede«.[133] Sobald wir aber fragen, *was* das Gewissen dem Angerufenen zuruft, werden wir enttäuscht. »*Was* ruft das Gewissen dem Angerufenen zu?« fragt Heidegger, um dann zu antworten: »Streng genommen – nichts. [...] *Das Gewissen redet einzig und ständig im Modus des Schweigens.*«[134] Das kommt nicht überraschend, wenn man diese Passagen als ein Stück negativer Theologie liest.

(c) Dass der Ruf Gottes ein Schweigen *ist*, wurde auch von den Mystikern, die Heidegger kennt und schätzt, immer wieder betont. *Gott ist ein lauter Nichts.* Das ist der Satz der Sätze der *via negationis.* Heideggers Sein erinnert hier nicht zufällig an den Gott des Angelus Silesius.

(d) Doch Heidegger soll hier nicht als »Kopfverderber« desavouiert werden, im Gegenteil. Heidegger gewährt uns tiefe Einblicke in unsere religiöse Depression, und ebenso in jene Euphorien, die mit der scheinbaren oder tatsächlichen – wer möchte das entscheiden – »Entbergung« des Absoluten einhergehen. Es ist wahr, Heidegger dachte zeitweilig, es gäbe so etwas wie eine numinose, eine sakrale Politik, mit deren Hilfe sich herwaufführen ließe, was im Wesen ein religiöses Phänomen ist, eine *Epiphanie* – das Ereignis des Seienden, der Hervortritt des Göttlichen *in* der Welt. Aber dieser Irrtum tut Heideggers Sache nicht wirklich Abbruch.

Gravierend hingegen ist der Irrtum jener Säkularisten, die allen Ernstes meinen, der religiöse »Komplex« lasse sich durch Wohlstand, Demokratie und sozialen Frieden lösen. Dem Menschen graut davor, bloß von dieser Welt zu sein, ein reines Produkt der reinen Immanenz. Der Säkularismus kann das Verlangen nach Transzendenz nicht stillen; er befördert aber dessen Verwilderung, indem er es kulturell entwurzelt. Damit wächst die Gefahr, dass der Weg nach draußen durch die Barbarei führt, gesäumt mit den Opfern eines neuen »heiligen Krieges« gegen die Teufel der Dekadenz und des Unglaubens.

§ 20
Die philosophische Reaktion (B)
Das Göttliche als das absolut Gute

I

NATURALISMUS – Wir leben zunehmend im Bann des Naturalismus, der besagt, dass die grundlegende Sicht der Welt keine andere sein kann als die der Naturwissenschaften. Daher wird der naturalistische Denker in der Philosophie versuchen, auch alle Probleme der Moral mit Hilfe von Begriffen zu formulieren, die in der wissenschaftlichen Sicht des Menschen gründen.

Der Naturalist sieht Naturprozesse als Selektionsvorgänge. Übrig bleibt immer, was sich unter Bedingungen des Mangels schneller vermehrt und länger durchhält. Das gilt für die ersten reduplikationsfähigen Moleküle ebenso wie schließlich für die Exemplare des Homo sapiens.

Der heute dominierende evolutionstheoretische Ansatz ist die Soziobiologie. Sie geht davon aus, dass es in der Evolution nicht um das Überleben einer Spezies, Rasse oder einzelner Individuen geht, sondern um die Optimierung der Überlebenschancen des Genpools, den jedes Lebewesen beherbergt. Nach der Formulierung von Richard Dawkins, Autor des Buches *The Selfish Gene*[135], sind wir alle »Überlebensmaschinen« für unsere Gene.

Das naturalistische Weltbild kennt zunächst nur Mechanismen und Zufälle, *und die Frage der Moral kann gar nicht gestellt werden*. Aber schließlich entwickelt sich im Rahmen der natürlichen Evolution so etwas wie Bewusstsein, bis endlich der Mensch in Erscheinung tritt und die Frage stellt: »Ist es denn so, wie es natürlicherweise läuft, auch richtig?« Die gestellte Frage bedeutet nicht weniger, als dass sich die Natur selbst zu bewerten beginnt – ein unter naturalistischem Vorzeichen mysteriöser Vorgang. Der Evolutionist wird versuchen, die moralischen Bewertungsvorgänge so darzustellen, als ob es sich dabei um Mittel zur Optimierung im Überlebenskampf der Gene handelte. Doch das ist unmöglich, weil es sich bei der Sprache der Moral um eine kategorial andere Begrifflichkeit handelt.

II

MORAL IM NATURALISMUS – Angenommen, die augenblicklich existierenden Organismen hätten vor dem Hintergrund der biologischen Naturmechanismen eine moralische Bewertung ihrer Lage abzugeben: Wie anders sollte diese ausfallen als positiv, und zwar einfach deshalb, *weil man bis jetzt eben überlebt hat?* Mit anderen Worten, die einzig sinnvolle »Moral« im Rahmen des Naturalismus wäre eine Art trivialer moralischer Positivismus: Was ist, das ist gut, denn wäre es schlecht, so existierte es nicht, oder es hätte bereits aufgehört zu existieren, oder es wäre gerade dabei aufzuhören. Doch ist der moralische Positivismus nicht nur eine extrem unmoralische Position, mit der sich alles, was ist, rechtfertigen lässt, solange es bloß erfolgreich ist, die grässlichste Menschenschlächterei ebenso wie der unbeugsame Widerstand gegen sie. Darüber hinaus führt überhaupt kein Weg vom Naturalismus zu irgendeiner denkbaren ethischen Position, nicht einmal zum moralischen Positivismus.

Weder in der Physik noch in der Chemie kommen die Prädikate »gut« und »böse« vor, denn die naturalistische Beschreibung der Welt hat es mit Dingen wie Elektronen, Quantensprüngen, Wellen, Schwingungsfrequenzen, molekularen Reaktionen usw. zu tun, aber niemals mit Personen und ihren Handlungen. Daraus folgt, dass man überhaupt nichts vom Wesen des moralischen Subjekts begreift, wenn man es als Endpunkt von Prozessen konzipiert, die Naturprozesse sind. So wenig es eine physikalische Definition dessen gibt, was Bewusstsein oder gar Ich-Bewusstsein ist, so wenig lässt sich mit den Konzepten der biologischen Evolutionstheorie darlegen, warum es moralisch verwerflich oder im Gegenteil lobenswert sein sollte, bestimmte Dinge zu tun oder zu unterlassen.

Dawkins verfolgt daher eine rhetorische Doppelstrategie: Einerseits beschreibt er seine eigensüchtigen Gene so, als ob sie tatsächlich rationale Nutzenmaximierer wären. Das erweckt den Eindruck, sie hätten langfristige Lebensinteressen und sie hätten sich uns, die Menschen, samt unserer Moral, als effektive Überlebensmaschinen Schritt für Schritt zurechtgebastelt. Andererseits betont Dawkins selbstverständlich, dass die intentionale Art des Redens nur ein didaktisches Hilfsmittel sei: Sie könne durch eine rein naturalistische (physikalische, chemische, biologische)

Sprechweise ersetzt werden, nur wäre es eben extrem kompliziert, alle moralischen Tatbestände *so* ausdrücken.

Aber die Wahrheit ist, dass sie sich *so* gar nicht ausdrücken lassen. Denn selbst wenn wir unter die reinen Naturprozesse auch bewusste Gefühle und Interessen einbeziehen wollten – obwohl für sie keine physikalische Beschreibung existiert und Gene vermutlich weder Gefühle noch Interessen haben –, selbst dann bliebe hier alles reine Naturtatsache. Es ergäbe sich daraus kein Hinweis, was sein *sollte* und was nicht. Warum sollte das Interesse eines Lebewesens, sich zu vermehren und dabei möglichst lange möglichst unverändert zu überdauern, oder das Leiden überlebensschwacher Lebewesen angesichts ihrer bevorstehenden Auslöschung einer moralischen Bewertung unterliegen? Solange man die Dinge als Naturmechanismen analysiert, als Biomaschinen, ergeben derlei Fragen nicht den geringsten Sinn. Es läuft wie es läuft, und das ist alles.

III

DIE MORAL DES PAVIANS – Konrad Lorenz hat sich in seinem Buch *Das sogenannte Böse* über die Ethik Kants mokiert. Belustigt kommentiert er Kants Weltfremdheit, was die moralische Vernunft des Durchschnittsmenschen betreffe. Nach Kant muss sich der moralische Mensch stets fragen, ob er die persönliche Regel (Maxime) seines Handelns zu einem allgemeinen Sittengesetz erheben könne, ohne dabei in einen Widerspruch des Denkens oder Wollens zu verfallen. Dazu Lorenz:

»Ein Kind fällt ins Wasser, ein Mann springt ihm nach, zieht es heraus, prüft die Maxime seines Handelns und findet, daß sie, zum Naturgesetz erhoben, etwa folgendermaßen lauten würde: Wenn ein erwachsener Mann von Homo sapiens L. ein Kind seiner Art in Lebensgefahr sieht, aus der er es zu erretten imstande ist, so tut er dies. Enthält diese Abstraktion vernunftmäßige Widersprüche? Ganz sicher nicht! So klopft sich der Retter innerlich auf die Schulter und ist stolz darauf, so vernunftmäßig und moralisch gehandelt zu haben. Hätte er das wirklich getan, so wäre das Kindchen längst tief versunken gewesen, bevor er ins Wasser gesprungen wäre. Dennoch hört der Mensch, woferne er unserem westlichen Kulturkreis angehört, nur recht ungern, daß er rein instinktmäßig gehandelt hat und daß jeder Pavian in analoger Lage zuverlässig dasselbe getan hätte.«[136]

Aber die Kritik, die der Ethologe hier am Philosophen übt, ist aus mehreren Gründen verfehlt:

(a) Kant wäre niemals auf die Idee verfallen, dass Situationen, die rasches, entschlossenes Eingreifen erfordern, erst dann moralisch gerechtfertigt sind, wenn man vorher argumentativ geprüft hat, ob das eigene Handeln auch tatsächlich mit dem kategorischen Imperativ – »Handle stets so, dass die Maxime deines Handelns jederzeit zugleich zur Grundlage einer allgemeinen Gesetzgebung werden könne« – übereinstimmt. Der Punkt, um den es Kant geht, ist vielmehr, dass eine solche Übereinstimmung objektiv bestehen muss, das Gute also nicht bloß deshalb getan wird, weil es im Augenblick konveniert.

(b) Daraus folgt, dass die Frage, ob jeder Pavian auch so gehandelt hätte, für das moralische Problem nicht wirklich relevant ist. Denn die kantische Auffassung lautet, dass der Begriff der Moral erfordert, auch dann, wenn keine instinktive Neigung zum Handeln besteht, das Rechte zu tun. Das ist das Wesen der moralischen Pflicht, und diese bindet uns Menschen, aber nicht den Pavian.

(c) Schließlich ist auch die biologische Rechtfertigung des kategorischen Imperativs abwegig. Dessen Berechtigung, sagt Lorenz, liege darin, dass er jene Handlungsweisen moralisch auszeichne, die sich als arterhaltend erwiesen hätten, also biologisch programmiert und daher ohnedies der Ausdruck eines *natürlichen* Gesetzes seien. »Fragt man in einem solchen Fall ›kann ich die Maxime meines Handelns zum Naturgesetz erheben?‹, so erhält man deshalb eine deutlich bejahende Antwort, weil sie sowieso schon ein solches ist!«[137] Von all den Einwänden, die man gegen den letzten Punkt erheben kann, ist der des *naturalistischen Fehlschlusses* am wichtigsten. (Außerdem hat Lorenz, schenken wir den Soziobiologen Glauben, eine falsche Hypothese zur Grundlage seiner Argumentation gemacht. So etwa behauptet Dawkins, dass die Biologen, die annehmen, das Wesentliche an der Evolution sei der Vorteil für die Art oder Gruppe, »ganz und gar falsch« liegen.[138])

IV

DER NATURALISTISCHE FEHLSCHLUSS – Der Begriff des naturalistischen Fehlschlusses stammt von George Edward Moore, der in seinen *Principia Ethica* (1903) damit alle Versuche kritisiert, das, was »gut« ist, auf irgendwelche natürlichen Eigenschaften, beispielsweise auf Merkmale wie »lustfördernd« oder »dem Kampf ums Überleben dienlich«, zurückzuführen. Moore sagt, dass solche Reduktionen immer wieder dieselbe Frage provozieren: Warum ist es *gut*, gerade *dieses* natürliche Merkmal aufzuweisen? Das beweist nach Moore hinlänglich, dass »gut zu sein« nicht dasselbe sein kann wie »das-und-das natürliche Merkmal aufzuweisen«.

Man muss Moore keineswegs im Einzelnen zustimmen, um das folgende Argument zu billigen: Ob Handlungen moralisch vertretbar sind, lässt sich niemals dadurch entscheiden, dass man nachweist, dass die Handlungen aus allgemeinen Handlungstendenzen folgen, die biologisch programmiert sind. Das biologische Programm und die ihm zugehörigen angeborenen Auslösemechanismen sind empirische (natürliche) Fakten. Auch der Umstand, dass sie funktional der Erhaltung der Spezies dienen, ist ein empirisches (natürliches) Faktum, nicht mehr und nicht weniger. Von hier aus gibt es keinen Übergang zu den Fragen der Moral.

Man kann zwar versuchen, einen Übergang herzustellen. Aber die entsprechenden Prinzipien haben entweder einen rein formalen Charakter, wie etwa das Postulat: »Es ist unsinnig, Dinge moralisch zu fordern, die nicht getan werden können«; oder sie verbinden ihrerseits Fakten (natürliche Merkmale) mit Werten. Es wird dann etwa gesagt: »Man soll tun, was der Erhaltung der eigenen Art dient.« Im diesem Fall stellt sich jedoch wiederum die Frage, wodurch eine solche Verbindung moralisch gerechtfertigt ist. Im Rahmen des naturalistischen Weltbildes kann es darauf keine adäquate Antwort geben. Vermutlich hätte Lorenz argumentiert, dass die Tendenz zur Erhaltung der Art, wie sie sich im Handeln der Individuen ausdrücke, ein Grundgesetz der Evolution sei. Damit würde er jedoch den naturalistischen Fehlschluss bloß auf einer höheren Stufe wiederholt haben, weil er mehr oder minder unverblümt die Evolution an sich für »gut« erklärt hätte.

V

DER NATURALIST ALS MORALIST – In seinen Feststellungen darüber, was sein Buch *nicht* intendiere, macht Dawkins Folgendes klar: Es trete keinesfalls für eine Ethik auf der Grundlage der Evolution ein. Denn wenn man eine Gesellschaft aufbauen möchte, in der man großzügig zugunsten eines gemeinsamen Wohlergehens zusammenarbeite, dürfe man nur wenig Hilfe von der biologischen Natur erwarten. »Lasst uns versuchen« – so das Plädoyer von Dawkins – »Großzügigkeit und Selbstlosigkeit zu *lehren*, denn wir sind egoistisch geboren. Lasst uns verstehen lernen, was unsere eigenen egoistischen Gene vorhaben, und wir haben dann vielleicht die Chance, ihre Pläne zu durchkreuzen, etwas, das keine andere Art bisher jemals angestrebt hat.«[139]

Das ist ein klarer antinaturalistischer Zug, doch in dem Bemühen, sogar ihn *wissenschaftlich* zu rechtfertigen, muss Dawkins eine Annahme treffen, die in Wirklichkeit ein Postulat ist: »Unsere Gene mögen uns anweisen, egoistisch zu sein, aber wir sind nicht unbedingt gezwungen, ihnen unser ganzes Leben lang zu gehorchen.«[140]

Eine Theorie, nach der alles, was wir tun, denken, fühlen oder wollen, durch unsere Gene und ihre Reaktionsform auf Umweltreize *determiniert* sei, wäre also falsch. Aus welchem Kraftzentrum aber beziehen wir die Fähigkeit, uns als Gegenspieler unserer biologischen Determiniertheit zu positionieren? Es ist klar, dass ein solches Zentrum keines sein kann, das durch die Brille des Naturalismus erfassbar wäre. Vom naturalistischen Standpunkt aus existiert kein solches Zentrum, es sei denn, in den Hirngespinsten metaphysischer Träumer und religiöser Eiferer. Auf welche reale Basis könnte Dawkins seinen Widerstand gegen den Egoismus der Gene stützen? Etwa auf den freien Willen des Menschen? Das ist unmöglich. Denn das Konzept des *liberum arbitrium* ergibt innerhalb der biologischen Theorie mit ihren Grundmechanismen der Determination und des Zufalls keinen Sinn.

Doch selbst wenn sich eine Art von Freiheitskonzept im Rahmen naturalistischer Prämissen formulieren ließe, bliebe die alles entscheidende Frage, an welchen Werten sich der frei handelnde Mensch orientieren sollte. Und die Gegenfrage des Naturalisten kann nur lauten: Was ist das, ein Wert? Eine Neigung oder ein Interesse, etwas zu tun? Nein, wird Dawkins sagen müssen, gerade das nicht, denn unsere *natürlichen* Neigungen und Interessen – und nichts anderes kann der Naturalist im Auge haben – sind stets und notwendig Ausdruck unserer Gene, deren Egoismus wir gerade bekämpfen und überwinden wollen, um ein *moralisch gutes* Leben zu führen.

VI

AUCH MENSCHEN SIND MASCHINEN – In seinem Buch *The Fourth Discontinuity* (1993) skizziert Bruce Mazlish jene gewaltige Perspektive, in der sich das naturalistische Universum schrittweise enthüllt und vollendet. Die Perspektive umschließt, als bereits historische Akte, die ersten drei großen Kränkungen, die dem menschlichen Autonomiestreben und Einzigartigkeitsverlangen durch die Geschichte der Wissenschaft zugefügt wurden: (1) die kopernikanische Wende, der zufolge die Erde keinen bevorzugten Platz im Universum einnimmt; (2) die darwinistische Lehre, wonach der Mensch sich vom Tier nicht grundsätzlich unterscheidet, weil er, salopp gesagt, vom Affen abstammt; (3) die freudsche Psychoanalyse, die den menschlichen Geist entthront, indem sie ihn an das unbewusste und schmutzige Leben der Triebe kettet. Aber die naturalistische Perspektive hält noch eine weitere, die schlimmste Kränkung bereit. Mazlish zitiert ironischerweise den schottischen Essayisten, Geschichtsschreiber und ethisch-religiösen Erneuerer Thomas Carlyle, der einmal ohne die geringste Begeisterung sagte: (4) »Man becomes mechanical in head and heart as well as in hand.«

Die Ansicht, die uns Mazlish mit Hilfe dieses Zitats nahe bringen will, lautet: Der Mensch ist eine Maschine, insofern sein Gehirn ein Biocomputer ist. Nicht nur gibt es demnach keinen prinzipiellen Unterschied zwischen Mensch und Tier, Geist und Instinkt; es gibt auch keinen grundlegenden Unterschied zwischen dem Menschen als einem zentralnervösen System und informationsverarbeitenden Maschinen. Daher ist nach Mazlish zu erwarten, dass die Computer eines Tages ein Bewusstsein haben werden wie die Menschen: »Ich bin geneigt zuzugestehen, dass eines Tages – und ich habe dabei Jahrzehnte und selbst Jahrhunderte vor Augen – die Computer mit ›Gefühlen‹ und daher, der Anlage nach, sogar mit ›Motiven‹ begabt sein werden.«[141]

Dazu zwei Kommentare:

(a) Es ist ein aufschlussreiches stilistisches Detail, dass Mazlish die Wörter »Gefühl« und »Motiv« mit Bezug auf Computer in

Anführungszeichen setzt. Denn damit will er unser urtümliches Erschrecken darüber, dass Maschinen plötzlich ein Bewusstsein bekommen, durch eine kleine syntaktische Verschleierung abfangen. Und außerdem will er vermutlich zum Ausdruck bringen, dass zukünftige Computergefühle und -motive doch nicht dasselbe sein werden wie Gefühle und Motive beim Menschen – aber was werden sie dann sein, sofern sie überhaupt bewusstseinsartig sind? Die Antwort darauf muss lauten: Sie werden bewusstseinsartig sein, und dabei doch unfähig zur Wahrnehmung spezifisch moralischer Qualitäten. Das freilich ist ein Zustand, den *wir* uns im Grunde nicht vorstellen können.

(b) Auf diese Weise gibt uns das mazlishsche Universum, ganz gegen die Absicht von Mazlish, ein *zeitgemäßes* Bild der Hölle. Auf dem Bild ist keine Szenerie von Bosch, kein barocker Höllenpfuhl, kein Auschwitz zu sehen. Gezeigt wird nicht eine der unzähligen menschlichen Höllen; gezeigt wird die wahre Hölle, die einer anderen *metaphysischen* Bedingung unterliegt als die sinistren Orte der Grausamkeit. In der mazlishschen Hölle kann es zwar Unglück, Schmerzen und alle Arten von Leiden geben, aber keine Vorstellung vom moralisch Guten und Bösen – eine Vorstellung, die für Boschs Verdammnis ebenso bestimmend ist wie für Auschwitz. In der mazlishschen Hölle gibt es sensible Mechanismen, und es gibt daher Bewusstseinszustände, die freilich moralisch insignifikante Funktionen einer neuronalen Hardware sind.

Wenn Mechanismus *A* (ein Mensch oder Computer, was hier im Wesen dasselbe ist) dem Mechanismus *B* (einem anderen Menschen oder Computer) Schmerzen zufügt, so ist das für *B* gewiss ein Anlass, alles zu unternehmen, dem Einfluss von *A* zu entkommen. Aber das ganze ist eine Frage von (negativem) Reiz und (abwehrender) Reaktion. Angenommen, das Motiv von *A* ist, sich am Schmerz von *B* zu erfreuen: Das ändert nichts an der puren Faktizität der Situation. Es ist eine spezifische Ursache im Spiel, nämlich die Lust an der Beobachtung fremden Schmerzes, *und das ist alles.*

Das mazlishsche Universum lehrt uns also Folgendes: Die wahre Hölle ist nicht Auschwitz – um noch einmal *unserem* Symbol des absolut Bösen Tribut zu zollen –, sondern der Ort, an dem Auschwitz vollständig beschreibbar wäre *in Begriffen der Naturwissenschaft und der Psychologie.* Dort ist alles, was ist, rein fak-

tisch (empirisch, natürlich), und die Frage der Moral kann sinnvoll nicht gestellt werden.

VII

DIE ETHIK DER INTERESSEN – Nun leben wir in einer Zeit, in der
immerfort über Fragen der Moral diskutiert wird. Seit Jahrzehn-
ten erlebt die sogenannte praktische Ethik einen wahren Höhen-
flug. War es das Ziel der Philosophen in der ersten Hälfte unseres
Jahrhunderts, die begrifflichen Grundlagen der Moral zu klären,
also »Meta-Ethik« zu betreiben, so ist es das Ziel der praktischen
Ethik, moralische Prinzipien zu formulieren, sie rational zu begründen und mit ihrer Hilfe konkrete Probleme zu lösen.

Eine Pionierstellung markiert hier das Buch von Peter Singer,
Practical Ethics (1979, 2. Aufl. 1993). Doch ist gerade dieses Buch
auch ein gutes Beispiel für die Hilflosigkeit des heutigen Ethikers,
dessen säkularisiertes Weltbild keine objektive Fundierung von
Werten zulässt, weil der gesamte »objektive« Bereich einer der
wertfreien Tatsachen geworden ist.

Singer geht von etwas aus, was er »das Prinzip der gleichen Erwägung von Interessen« nennt, und er lässt keinen Zweifel daran,
dass es sich dabei um ein Prinzip handelt, das von unserem Begriff
der Moral impliziert wird. Moralisch sein heißt demnach, dass
man »über einen persönlichen oder partikularistischen Standpunkt hinausgehen und die Interessen aller Betroffenen berücksichtigen muss. Dies bedeutet, dass wir Interessen einfach als Interessen abwägen, nicht als meine Interessen oder die Interessen der
Australier oder die Interessen der Weißen.« Anders gesagt: »Interesse ist Interesse, wessen Interesse es auch immer sein mag.«[142]

Dazu einige Bemerkungen:

(a) Man will, um nicht als Partikularist oder gar Parteigänger in
eigener Sache dazustehen, dem Prinzip der unparteiischen Inter-
essensabwägung auf keinen Fall widersprechen. Aber andererseits ist doch in hohem Maße unklar, woher es seine Plausibilität
bezieht, solange man nicht davon ausgeht, dass einem Interesse
schon *als solchem* etwas Werthaftes eignet. Der moralisch gut-
gläubige Sklavenhalter, der nicht im Traum daran denkt, dass die
Interessen eines Sklaven gleich viel wiegen wie die eines freien
Menschen, ist noch kein Partikularist, der gegen den Begriff der

Moral an sich verstoßen würde. Er tut bloß, was vollkommen vernünftig scheint, nämlich Interessen, die an sich bedeutungslos sind, weil sie keinerlei moralische Relevanz besitzen, *nicht* zu berücksichtigen. Gegen den Begriff der Moral würde er erst dann verstoßen, wenn er zwar der Meinung wäre, dass sein eigenes Interesse im Grunde nicht mehr wiegt als das des Sklaven, und er sich dennoch praktisch, aus Eigennutz, so verhielte, als ob das Interesse des Sklaven ohne ethisches Gewicht sei.

(b) Was den Sklavenhalter *keineswegs* ins Unrecht setzt, ist der Umstand, dass, *vom rein wissenschaftlichen Standpunkt aus gesehen*, sein Interesse nichts anderes ist als das Interesse des Sklaven, insofern die Interessen beider solche von Homo sapiens L. und daher in ihrer psychologischen Struktur nahezu identisch sind. Es ist also schleierhaft, worauf sich Singer, als deklariert antimetaphysischer Denker, berufen könnte, um sein ethisches Grundpostulat zu rechtfertigen. Da sein wissenschaftlicher Standpunkt ihm nicht einmal gestattet, zwischen dem Interesse des Folterers und dem seines Opfers anders als rein deskriptiv (beschreibend) zu unterscheiden, scheint die Formel »Interesse ist gleich Interesse« in hohem Maße problematisch, solange sie naturalistisch verstanden und erläutert wird.

(c) Es wäre allerdings falsch, daraus zu folgern, dass neue wissenschaftliche Erkenntnisse unsere Bewertung von Interessen nicht tiefgreifend beeinflussen könnten. Der grundsätzlichen Kritik an physischer Ausbeutung liegt *auch* die Einsicht zugrunde, dass Menschen unterschiedlicher Rasse und Hautfarbe in emotionaler, geistiger und moralischer Hinsicht bei weitem nicht so unterschiedlich sind wie der archaische Mensch, dem eigentlich »menschlich« immer nur die eigenen Leute waren, instinktiv angenommen hat.

(d) Nichtsdestotrotz wäre keine solche Kritik in Gang gekommen, gäbe es nicht von Anfang an eine Erfahrung des Anderen, in der zwischen empirischen und werthaften, objektiven und subjektiven Elementen nicht zu unterscheiden ist, da die Unterscheidung, indem sie etwa aus einer menschlichen Person eine Biomaschine macht, *den Gegenstand der Erfahrung selbst zerstört*.

Wer leugnet, dass es Werte gibt, die den Dingen *inhärieren* und die *objektive* Unterschiedlichkeit von Interessen mitkonstituieren, der raubt dem »Prinzip der gleichen Erwägung von Interessen« seinen guten Sinn und lässt es zu einer ethisch monströsen

Regel degenerieren. Genau das ist es, wogegen Singer nichts unternehmen kann.

VIII

Die Ethik des Glücks – Selbstverständlich wird Singer (jedenfalls der Singer von 1979) heftig widersprechen. Er wird darauf hinweisen, dass man das Prinzip »Interesse ist Interesse« gerade dann benötige, wenn man wie er ein Utilitarist sei, dem es darum gehe, den Zustand des Glücks in der Welt zu maximieren. Denn die Maximierung dürfe nicht auf einer ungerechtfertigten Bevorzugung bestimmter Individuen, die Glück empfinden und an ihrem Leben ein Interesse haben, vor anderen, ebenfalls erlebnisfähigen und zukunftsorientierten Individuen basieren.

Singer wird also sagen, sein Prinzip konstituiere eine Prima-facie-Regel, wonach von einer Gleichverteilung der überhaupt verteilungsfähigen Glücksquanten nur dann abgewichen werden dürfe, wenn es dafür einen guten Grund gebe. Aber was könnte denn ein guter Grund sein? Da Singer letzten Endes nur *einen* Wert kennt, nämlich den der lustvollen Existenz oder angenehmer Bewusstseinszustände, wird als guter Grund immer wieder nur die Ausweitung oder zumindest Konservierung des universellen Glückspools – das ist die Summe aller individuellen Glückszustände – in Frage kommen. Hier ein typisches Beispiel, das sich am Rande einer Parodie des ethischen Räsonierens bewegt:

»Es gelte die fragwürdige Annahme, Hühner hätten [obwohl zweifellos zu lustvollem Leben begabt] kein Bewusstsein ihrer selbst [d. h. zwar Bewusstsein, aber kein Selbstbewusstsein]. Nehmen wir ferner an, dass die Vögel schmerzlos getötet werden können und dass die Überlebenden durch den Tod eines Vogels aus ihren Reihen allem Anschein nach nicht betroffen sind. Nehmen wir schließlich noch an, dass wir die Vögel aus ökonomischen Gründen nicht züchten könnten, ohne sie zu essen. Dann scheint das Töten der Vögel durch das Ersetzbarkeits-Argument gerechtfertigt, weil die Beendigung ihrer lustvollen Existenz durch die Freuden von Hühnern aufgewogen werden kann, die noch nicht existieren und nur existieren werden, wenn existierende Hühner getötet werden.«[143]

Dazu wieder einige Bemerkungen:

(a) Singers Beispiel setzt voraus, dass es ein grundlegendes moralisches Unrecht gibt, nämlich die willkürliche Verringerung der

Lust auf Erden. Wenn die Lust vermehrt werden kann, ohne auch die Unlust zu vermehren (etwa durch die Zufügung jener Art von Leid, das entsteht, wenn man zukunftsorientierte Wesen tötet, die wissen können, dass man sie tötet), dann sollte laut Singer so gehandelt werden, dass die Lust tatsächlich vermehrt wird. Der moralische Grund dafür, dass wir Hühner essen dürfen, liegt also darin, dass nur dadurch der universelle Glückspool, in Gestalt von immer neuen Hühnern, aufgestockt oder jedenfalls auf dem alten Stand gehalten werden kann. *Doch warum sollte das ein moralischer Grund sein?* Wir neigen dazu, darauf spontan zu antworten: Glück ist doch etwas, was *an sich* wertvoll ist!

(b) Leider ergibt diese Antwort im Rahmen eines Weltbildes, das nur natürliche Eigenschaften als den Dingen an sich zukommend gelten lässt, keinen Sinn. Wenn man nicht akzeptiert, dass Dinge, Ereignisse, Zustände der Welt in einer *objektiven* Bedeutung wertvoll sein können (sondern bloß deshalb, weil sie von einem oder vielen Subjekten *faktisch* angestrebt oder gemocht werden), dann gibt es keinen guten Grund, warum die Maximierung des Glücks auf Erden ein moralisches Ziel sein sollte. Denn *faktisch* existiert, zumal in der jüdisch-christlichen Welt, auch die gegenteilige Vorstellung, wonach das Leiden um anderer und der vermeintlichen eigenen Sündhaftigkeit willen der moralische Zustand *par excellence* ist.

(c) Im übrigen muss man bezweifeln, ob die universelle Glücksmaximierung *an sich* etwas Wertvolles ist. Man braucht nur folgenden, ebenfalls bei Singer diskutierten Fall zu bedenken: Eine Frau kann und will zwei Kinder haben, aber nach einem normalen ersten Kind bekommt sie ein zweites, behindertes Kind, das kein besonders glückliches Leben zu erwarten hat. Die Frau kann sich keine drei Kinder leisten, doch mit größter Wahrscheinlichkeit würde ein drittes Kind wieder normal und daher glücksfähiger sein als das zweite. Dieser Umstand rechtfertigt nach der Regel von der Maximierung des universellen Glückspools, dass der behinderte Säugling getötet werden darf – ja sogar soll? –, um Platz zu machen für einen gesunden Nachfolger.[144] Das Perverse daran ist offenkundig. Warum sollte das zu erwartende Lebensglück eines Wesens, das noch gar nicht existiert, irgendeine moralische Bedeutung haben für die Frage der Weiterexistenz eines bereits lebenden Menschen? Warum sollte für ein mögliches Glück, dessen Nichtrealisierung niemandem schadet, der Tod eines existierenden Säuglings in Kauf genommen werden?

IX

DIE ERKENNTNIS VON WERTEN – Um auf die zuletzt gestellten Fragen eine Antwort zu finden, hilft es uns nicht, ausschließlich nach abstrakten ethischen Prinzipien Ausschau zu halten. Wir müssen uns ebenso auf eine intime, anteilnehmende Kenntnis dessen, was ein Baby *ist*, stützen. Aus dieser Kenntnis heraus *wissen* wir dann *als* moralische Subjekte, dass es sich dabei um ein Wesen handelt, das nicht getötet werden *darf*. Denn wir wissen dann – so gut man überhaupt etwas wissen kann –, dass sein Leben einen Wert *hat*. Und man ist berechtigt, dieses Wissen »objektiv« zu nennen – soweit ein Wissen überhaupt objektiv sein kann. Dass es moralisch verwerflich ist, Babys zu töten, ist ein Ergebnis von Anschauung, Einfühlung und Erkenntnis, und das heißt: eben nicht bloß eine Frage unserer »subjektiven Einstellung« oder »persönlichen Moral« Babys gegenüber.

Damit wird weder behauptet, dass unser Wissen um Werthaftes kulturunabhängig, noch, dass es irrtumssicher sei. Doch man soll für die Moral nicht mehr verlangen als für die Wissenschaft. Auch der Objektivitätsanspruch der Wissenschaft ist immer nur ein Anspruch über kulturelle und andere faktische Limitierungen hinweg. Nichtsdestotrotz ist er unverzichtbar.

Erkenntnis liegt vor, wo sich das Urteil mit Tatsachen, die *nicht* von der subjektiven Einstellung des Urteilenden abhängen, deckt. Dasselbe gilt für die Ethik. Wenn das Werthafte kein Fundament in den Tatsachen hat, die als gut oder böse gelten, dann ist jeder moralische Universalitätsanspruch absurd. Selbst wenn gezeigt wird, dass alle Menschen in einer ethischen Frage *tatsächlich* übereinstimmen, ist das noch lange kein Grund dafür, dass sie es auch tun *sollten*. Das verpflichtende Element der Moral kann nicht in einer zufälligen subjektiven Übereinstimmung gründen, sondern nur darin, dass bestimmte Tatsachen objektiv gut oder böse sind, weil ihnen *als* Tatsachen ein Wert oder Unwert zukommt (»inhäriert«).[145]

Der Nonkognitivismus der Werte – Der antimetaphysische Flügel der Aufklärung distanziert sich von jeglichem, selbst dem rationalen Naturrecht energisch. Er behauptet Folgendes: Die Frage, ob etwas gut und daher moralisch erstrebenswert sei, werde zwar aufgrund von Sachinformationen strukturiert, müsse aber letzten Endes immer durch eine »subjektive Stellungnahme«, eine *Dezision*, entschieden werden. Der Grund dafür liege darin, dass einem Wert keine vom wertenden Subjekt unabhängige Existenz zukomme, kein ontologischer Status wie jenen objektiven Gegebenheiten, welche die Wissenschaft untersucht.

Darin wird kein Nachteil gesehen, im Gegenteil. Die Idee einer der menschlichen Willensbestimmung vorausliegenden und sie normativ bindenden Sphäre von Werten und Grundsätzen wird abgelehnt, weil dadurch die Selbstbestimmungsfähigkeit des Menschen in ungebührender Weise eingeengt, wenn nicht sogar vernichtet würde.

Doch ein solcher »Nonkognitivismus der Werte« ist unhaltbar. Denn er mündet in eine selbstzerstörerische Idee von der Autonomie des Subjekts. Was ist das eigentlich – eine »Dezision«? Angenommen, in einer moralisch erheblichen Sache wurden bereits alle Gründe bedacht, und nun bleibt trotzdem die Frage: Was ist gut, was schlecht? In diesem Augenblick, da das Subjekt von keinem vernünftigen Argument mehr geleitet wird (es wurden ja schon alle Vernunftgründe erwogen), kann die »Entscheidung« nur noch von der natürlichen Konstitution des Subjekts, seinem Charakter und seiner augenblicklichen Verfassung abhängen. Es sind *Naturprozesse*, die nun determinieren, ob für die Wertung »gut« oder »schlecht« optiert wird. Die Wertung ist in diesem Augenblick nichts weiter als das Produkt einer Reihe von kausalen Kräften und ist daher selbst *naturwüchsig*. Sie ist gewiss nicht die Folge irgendeiner Betätigung irgendeiner Art von *moralischer Autonomie* und gewiss auch nicht moralisch in dem Sinne, in dem jedes moralische Urteil beansprucht, *universell gültig* zu sein.

XI

MORALISCHE AUTONOMIE – Moralische Autonomie kann logischerweise weder so gedacht werden, dass sie ein determinierter Naturprozess ist, noch so, dass sie auf Akten (Entscheidungen, Handlungen) basiert, die zufällig stattfinden.

Es wurde behauptet, dass das, was wir unter der Freiheit des Handelns verstehen, keineswegs Indeterminiertheit voraussetze, wohl aber bedeute, dass *bestimmte* Ursachen *nicht* wirksam seien. Gemeint sind jene Ursachen, die einen inneren oder äußeren Zwang, etwa eine neurotische oder mechanische Fixierung, erzeugen. Diese Theorie – sie wird unter anderem von Moritz Schlick in seinem Buch *Fragen der Ethik* (1930) vertreten – überzeugt allerdings dann nicht, wenn diejenigen Bestimmungsgründe des Handelns, die im herkömmlichen Sinne *keinen* Zwang erzeugen, ihrerseits *naturalistisch* als Ursachen interpretiert werden, die das fragliche Handeln auf naturgesetzesartige Weise determinieren. Denn was sollte es unter dieser Voraussetzung noch heißen, dass der Handelnde auch hätte anders handeln können?

Angenommen, die Frage lautet: Warum ermordete Herr A Frau B? Wenn wir wissen, dass Herr A eine kaltschnäuzige, berechnende Persönlichkeit ist und dass Frau B seine Tante war, die ihm ihr ganzes Vermögen testamentarisch zugeeignet hat, und wenn wir ferner wissen, dass Herr A, der unter chronischem Geldmangel litt, in der Ermordung von Frau B eine hervorragende Möglichkeit sah, sich von allen seinen materiellen Lebenssorgen zu befreien: Dann haben wir zweifellos eine Reihe von Gründen, warum Herr A Frau B ermordete. Sagen wir nichtsdestotrotz, Herr A habe aus freien Stücken gehandelt (denn er hätte seine Tante ja auch am Leben lassen können, wie das Neffen in vergleichbaren Situationen gewöhnlich tun), dann müssen wir Folgendes unterstellen: *Erstens*, Herr A hat Frau B nicht bloß mehr oder minder zufällig ermordet, und *zweitens*, es gab tatsächlich keine hinreichenden Kausalbedingungen für das, was Herr A tat. Genau diese beiden Annahmen sind notwendig, um den Begriff der moralischen Autonomie nicht dadurch zu zerstören, dass er naturalistisch einfach als die An- oder Abwesenheit bestimmter Ursachen interpretiert wird. Was aber unterstellen wir eigentlich stattdessen?

Die Antwort lautet: Herr A war in seinem Handeln weder

durch hinreichende Kausalbedingungen determiniert, noch geschah das, was er tat, mehr oder weniger zufällig. Es geschah vielmehr deshalb, weil Herr A glaubte, gute (wenn auch unmoralische) Gründe zu haben, und diesen Gründen gemäß handelte. Gute Gründe, wie zwingend sie auch sein mögen, erzwingen nichts (in dem Sinne, in dem hinreichende Kausalbedingungen ihre Wirkung »erzwingen«). Sie machen jedoch *verständlich*, warum etwas getan wurde, *obwohl man auch hätte anders handeln können.*

Moralische Autonomie setzt also nicht nur voraus, dass (1) Personen keine vollständig determinierten Naturmechanismen sind; sie setzt außerdem voraus, dass (2) die Entschlüsse von Personen, gut oder böse zu handeln, an ihrer Basis nicht vollkommen grundlos sind, sondern (3) orientiert an *kognitiven* Motiven. Solche »Motive« haben ihrerseits zur Voraussetzung, dass (4) Wertevidenzen nicht bloß subjektiv – also naturwüchsige Teile eines psychologischen Mechanismus – sind, sondern ein Fundament in den Dingen haben.

Das Konzept der moralischen Autonomie ist antinaturalistisch und widerspricht dem Nonkognitivismus der Werte.

XII

Werteobjektivismus und Intoleranz – In unserer pluralistischen Welt wird dem Werteobjektivismus Misstrauen entgegengebracht. Das objektiv Gute ist gut in einem absoluten Sinne. Wenn verschiedene Individuen, Gruppen oder Kulturen tatsächlich *dieselben* Dinge moralisch unterschiedlich bewerten, dann bedeutet das für den Objektivisten nicht, dass alle »auf ihre Weise« Recht haben. Es bedeutet für ihn im Gegenteil, dass höchstens *eine* Stimme Recht haben kann. Damit wird dem heute üblichen Relativismus eine Absage erteilt, und auch allen Formen einer intrasozialen Toleranz, wonach es in moralischen Angelegenheiten keine allgemein verbindliche Wahrheit gebe, sondern bestenfalls übereinstimmende Interessen.

Aufgrund seiner Parteinahme für das absolut Gute wird dem Werteobjektivisten gerne unterstellt, er plädiere für Intoleranz. Das ist ebenso falsch wie jenes relativistische Argument, das dem Naturwissenschaftler Intoleranz vorwirft, weil er davon ausgeht, dass letztlich nur *eine* wahre Theorie der Welt (und nicht eine Pluralität von gleichermaßen wahren Weltentwürfen) existiert. Doch selbst wenn es gelingt, diesen Punkt klarzustellen, bleibt immer noch der Vorwurf, wonach der Objektivist in Wertfragen *notwendig* den unhintergehbar pluralistischen Charakter der modernen Welt missverstehe.

Auch dieser Vorwurf ist falsch. Nichts hindert den Werteobjektivisten daran, realistisch zu sein und zu sehen, dass unsere Gesellschaft Wertungsdifferenzen kennt, von denen man im Augenblick nicht sagen kann, wie sie sich ausräumen ließen. Wird beispielsweise dadurch, dass sich eine schwangere Frau ohne große Not ihrer Leibesfrucht auf dem Wege der Abtreibung entledigt, ein Unwert realisiert oder nicht? Wir treffen hier, im Extremfall, auf die einen, die sagen, Abtreibung sei Mord, und auf die anderen, die sagen, ob abgetrieben werde oder nicht, unterliege einzig dem Selbstbestimmungsrecht der schwangeren Frau. Die unterschiedlichen Sichtweisen des Lebens, die hinter derlei Extremen stehen, reichen so tief an die Basis unserer Kultur heran, das tatsächlich kein Verfahren zu benennen ist, wie man hier zu einem Konsens gelangen könnte. Wie sollte sich etwa eine starke religiöse Ehrfurcht vor dem keimenden menschlichen Leben mit einer Haltung verständigen, die dem Faktum des Lebens an sich überhaupt keinen Wert zugesteht und stattdessen die Existenz von Werten ausschließlich an das Bestehen von Interessen bindet? Die Wahrheit ist, dass es hier im Grunde keine Verständigung gibt, aber der säkulare Ansatz moderner Gesellschaften die interessenzentrierte (und mit dem Naturalismus verträgliche) Lösung des Problems favorisiert. Das bedeutet, dass der Gesetzgeber nach einer möglichst liberalen Lösung der Abtreibungsfrage suchen wird und dass darüber hinaus Frauen, die sich als »rationale Egoistinnen« einer Abtreibung ohne Not unterziehen, auch nicht mehr mit einem moralischen Vorwurf rechnen müssen.

Der Werteobjektivist wird also realistischerweise nicht bestreiten, dass es eine typisch moderne Unhintergehbarkeit moralischer Differenzen gibt. Selbst wenn er glaubt, dass eine Abtreibung ohne Not etwas Schlechtes sei, wird er doch zugestehen, keine Argumente zu haben, die den Parteigängern eines utilitaristischen Lebensideals als hinreichend triftig einleuchten könnten. Damit räumt er allerdings weder ein, dass er diesen Zustand für wünschenswert hält, noch, dass dieser Zustand an sich schon ein Argument gegen die Idee der Existenz eines absolut Guten ist.

Natürlich wird der Werteobjektivist mit der Frage rechnen müssen, wozu man jene Idee eigentlich brauche, wenn sie in allen heute wirklich kontroversen Fragen der Moral ohnehin keine determinierende Funktion habe. Die Antwort darauf lautet: Erstens gibt es, wie bereits dargelegt, für die Existenz objektiver Werte *zwingende Gründe*; woraus dann, zweitens, begreiflich wird, dass der heutige Zustand *mangelhaft* ist. Der ethische Pluralismus ist auch die Folge einer augenblicklichen moralischen Schwäche oder Blindheit. Wir sehen nicht tief und klar genug, um die *wahre* Ethik umfassend formulieren zu können, obwohl über einige ihrer zentralen Elemente kaum ein Zweifel besteht.

XIII

Die Ethik des Diskurses – Es ist an dieser Stelle erforderlich, ein Wort zu jener Art von moralischem Objektivismus zu sagen, der sich der Vorstellung eines »universellen Auditoriums« (Chaim Perelman) oder einer »idealen Diskursgemeinschaft« (Jürgen Habermas) bedient. Solchen Ansätzen liegt der Gedanke zugrunde, dass man den Subjektivismus des Wertens transzendieren könne, indem man als das Subjekt des Wertens nicht den Einzelnen, sondern die ganze Menschheit, freilich unter idealisierten Bedingungen, veranschlagt.

Die Überlegung scheint einfach. Angenommen, alle Menschen könnten, ohne zeitliche Limitierung und ohne jeden Zwang, über ein moralisches Problem miteinander diskutieren: Dann wäre, wenn am Schluss alle miteinander übereinstimmten, dies eben die objektiv richtige Lösung. Natürlich ist die angegebene Situation niemals wirklich herstellbar; sie bleibt, wie Habermas sagt, stets »kontrafaktisch«. Aber sie liefert uns den Idealzustand, den wir in unseren moralischen Diskursen soweit wie möglich realisieren sollten, falls wir beanspruchen, zu möglichst rationalen Ergebnissen zu kommen. Wenn wir demnach auf der moralischen Richtigkeit oder Objektivität unserer ethischen Urteile beharren, dann unterstellen wir damit, dass sie unter den Bedingungen einer idealen Diskursgemeinschaft allgemeine Zustimmung finden würden.

Diese Sichtweise mag bestechend anmuten, solange man davon ausgeht, dass jedes moralische Urteil letztlich auf *Akten der Selbstbindung* des Subjekts beruht. Nachdem alle relevanten Fakten zur Kenntnis genommen und alle Für und Wider erwogen worden sind, muss sich das autonome Subjekt entscheiden, was die richtige moralische Lösung des vorliegenden Problems ist. Die Entscheidung mag gleichsam wie von selbst aus dem vorliegenden Material entspringen, dennoch ist sie, logisch gesehen, *kontingent*. Denn sie folgt logisch *nicht* aus den vorausgegangenen Erwägungen – es sei denn, man nimmt an, dass Werte den Tatsachen inhärieren, dann aber braucht man keine Theorie des idealen Diskurses als des Ortes, durch den sich der moralische Objektivitätsanspruch überhaupt erst *definiert*.

Als ein moralischer Akt erhebt der Akt der Selbstbindung den Anspruch, dass alle anderen autonomen Subjekte zu derselben Lösung des Problems kommen, mithin die gleiche Selbstbindung vornehmen müssten. Hier stellt sich jedoch die Frage: Wie legitimiert sich ein solcher Anspruch? Und die Antwort lautet: *Er kann sich gar nicht legitimieren.* Wenn nämlich der moralische Akt nicht in den Dingen selbst begründet ist, und wenn er nicht logisch beweisbar ist, dann ist er entweder mehr oder minder zufällig oder das kausale Produkt der empirischen Konstitution des Subjekts. Das aber bringt uns wieder zurück auf den destruktiven Punkt des Nonkognitivismus: Die Naturalisierung des moralischen Aktes zerstört ihn *als* moralischen Akt, und der Umstand, dass schließlich, unter wie auch immer idealisierten Bedingungen, alle Menschen einen solchen Akt vollziehen, bringt die Sache der Moral um keinen Schritt voran.

Habermas hat seine Konsensustheorie der Wahrheit zum ersten Mal unter dem Titel *Wahrheitstheorien* 1973 veröffentlicht. Die Modifikationen und Abschwächungen, die er unterdessen vorgenommen hat, ohne den Anspruch des moralischen Kognitivismus aufzugeben, leiden erst recht an einem Säkularismus, der jede Ontologie der Werte als metaphysisch verwirft. 1996 heißt es bei Habermas: »*Ich gehe davon aus*, dass die Beteiligten ihre Konflikte nicht durch Gewalt oder Kompromissbildung, sondern durch Verständigung beilegen *wollen*.« Und: »*Nehmen wir an*, dass sie an ihrer Verständigungsabsicht festhalten und das gefährdete moralische Zusammenleben auch weiterhin nicht durch einen bloßen modus vivendi ersetzen *wollen*.«[146] So beruht der ganze Kognitivismus bei Habermas letztlich auf der *Entschei-dung*, sich mit friedlichen (diskursiven) Mitteln und nicht mit Gewalt über moralisch erhebliche Differenzen verständigen zu wollen. *Diese* Entscheidung ist »autonom«, d. h. *unbegründet*; sie hat kein Fundament in den Sachen selbst, und die beschwörende Formel, dass nur auf der Basis dieser Entscheidung Moral über-haupt erst möglich wird, ändert nichts daran, dass es sich um eine nonkognitivistische und deshalb ihrem Wesen nach gar nicht mo-ralische Parteinahme für die friedliche Aushandlung von Konf-likten handelt.

XIV

DAS PROBLEM DER MORALISCHEN SELBSTBINDUNG – Darüber hinaus führt der Begriff der Selbstbindung folgende Schwierig-keit mit sich: Wer sich selbst bindet, der kann sich selbst auch wie-der »entbinden«. Man wird vielleicht sagen, dass eine rationale Selbstbindung doch die Folge von Evidenzen sei, die gerade diese Bindung und keine andere »motivieren«. Zum Beispiel halte ich Mord aus guten Gründen für verwerflich und deshalb binde ich mich an das Gebot: »Du sollst nicht töten!« Aber was sind denn das für gute Gründe, wenn es in der Welt nichts objektiv Werthaf-tes gibt außer *bestenfalls* die Selbstbindungen, die autonome Sub-jekte unter idealen Diskursbedingungen vornehmen?

Ist freilich der Ort, an dem das objektiv Werthafte *entsteht*, eben jenes Reich der Selbstbindungen, dann *entscheidet* letzten Endes der *Akt* der Bindung darüber, was einen Wert hat und was nicht. Das jedoch ist absurd, sofern es hier ernsthaft um Moral geht. Denn das Wesen der Moral besteht darin, die Akte der Selbstbindung an eine Norm abhängig zu machen von dem, was moralisch gut *ist*, und nicht das, was moralisch gut ist, abhängig zu machen von kontingenten Akten der Selbstbindung.

Was sollte mich sonst davon abhalten, mich von einer einmal akzeptierten moralischen Norm, auch von einer so fundamenta-len wie etwa dem Tötungsverbot, wieder selbst zu »entbinden«? Dieser Abhaltungsgrund darf kein bloß faktischer sein. Es darf nicht der von mir befürchtete Dissens mit den anderen *als bloße Tatsache* sein, denn das ist kein tauglicher moralischer Grund. Außerdem wäre dann der wahre Grund meiner Bindung an eine grundlegende moralische Norm wie das Tötungsverbot ein *kausal* wirksamer Komplex (mein Bedürfnis, mit den anderen übereinzustimmen, die tatsächliche Überzeugung der anderen etc.), und von einer Selbstbindung könnte gar nicht die Rede sein.

Kurz gesagt: Das Wesen der moralischen Bindung besteht gerade darin, dass man sich von ihr selbst *nicht* entbinden kann, auch wenn man dadurch im Einklang stünde mit allen anderen.

XV

DIE STIFTUNG OBJEKTIVER WERTE – Der Widerstand gegen die Annahme objektiver Werte hat heute, außer den bereits erwähnten Ursachen, wesentlich damit zu tun, dass innerhalb des naturalistischen Weltbildes keine Antwort auf die Frage, wodurch sie *bedingt* sind, gegeben werden kann. Da Werte nicht als empirische Tatsachen rekonstruiert werden können, ist es auch unzulässig, in ihnen einfach die Wirkung natürlicher Ursachen zu sehen.

Wenn die Welt mit dem Urknall entstand und dieser nichts weiter war als eine physikalische Singularität und wenn die Welt ihrerseits nichts weiter ist als das Insgesamt der Wirkungen des Urknalls, dann können in ihr keine Werte als objektive Gegebenheiten existieren – und das heißt: Es können in ihr überhaupt keine Werte existieren.

Die Annahme objektiver Werte sprengt den Rahmen strikter Kausalität. Wenn es objektive Werte gibt, dann können sie nicht bloß bewirkt, sie müssen in irgendeiner Weise *gestiftet* sein. Der Begriff der »Stiftung« jedoch führt nicht zurück auf ein physikalisches Anfangsereignis wie den Urknall, sondern auf eine Stiftungsinstanz. Das Wort dafür ist traditionellerweise »Gott«.

Tatsächlich kann man schwer über die Objektivität von Werten nachdenken und sich dabei von theologischen Kategorien vollständig fernhalten. Der Mensch selbst ist nicht in der Lage, Werte zu stiften, wenn es nicht schon Werte gibt. Das führt notwendig auf die Idee eines dem menschlichen Gesetzgeber übergeordneten Stifters. Wie abstrakt nun diese Idee außerhalb einer religiösen Erzählung auch bleiben mag, so legt sie doch zwei Gedanken nahe: Gemäß dem *ersten* Gedanken muss der Stifter ein Subjekt in dem Sinne sein, dass er eine Idee vom Guten hat und die Absicht, sie zu realisieren. Eine bewusstlose Stiftung ist ein Widerspruch in sich, weil sie sich in nichts mehr vom bloßen Kausalmechanismus unterschiede und daher ihrem Wesen nach ungeeignet wäre, Werte hervorzubringen. Der *zweite* Gedanke besagt, dass der Stifter moralisch perfekt sein muss.

XVI

DIE MORALISCHE PERFEKTION DES STIFTERS – Im biblischen Buch *Exodus* wird die Geschichte vom goldenen Kalb erzählt und davon, dass Jahwe sein Volk wegen der Anbetung eines Götzentieres vernichten will. Da versucht Moses, Jahwe zu besänftigen, und zwar auch mit Hilfe einer klaren moralischen Ermahnung. Will Gott etwa, nachdem er den Pharao durch die schrecklichsten Plagen dazu gebracht hat, den Israeliten den Auszug aus Ägypten zu gestatten, sich selbst desavouieren? »Sollen etwa die Ägypter sagen können: In böser Absicht hat er sie herausgeführt, um sie im Gebirge umzubringen und sie vom Erdboden verschwinden zu lassen? Lass ab von deinem glühenden Zorn, und lass dich das Böse reuen, das du deinem Volk antun wolltest.« (32,12) Und vom Ergebnis dieses Gebets heißt es: »Da ließ sich der Herr das Böse reuen, das er seinem Volk angedroht hatte.« (32,14)

Hier wird uns Gott noch als einer gezeigt, der in seiner Eifersucht und seinem Zorn dazu fähig ist, Böses zu tun. Das verwundert wenig, wenn man bedenkt, dass Jahwe als der eine und einzige Gott der Israeliten sich in einer ganz und gar polytheistischen Atmosphäre bewegt. Außer Frage steht im Buch *Exodus*, dass es neben Jahwe noch viele andere Götter gibt und es daher für das Volk auch darum geht zu wissen, ob es tatsächlich dem Stärksten der Götter huldigt. Als Moses seinem Schwiegervater erzählt, wie Gott das Volk der Israeliten aus der Hand des Pharao gerettet habe, antwortet Jitro: »Jetzt weiß ich: Jahwe ist größer als alle Götter.« (18,11)

Die Entwicklung des religiösen Denkens im Abendland zeigt eine klare Logik: Aus der Idee des Stärksten unter den Göttern wird sich notwendig die des Gottes herausbilden, dessen »Stärke« aus seiner *Unbedingtheit* resultiert. Solange Gott nicht als die erste Ursache (*prima causa*), die zugleich absolut gut ist, gedacht wird, solange ist seine Göttlichkeit bedingt, eingeschränkt durch andere Götter oder Kräfte, und es bleibt die bedrängende Frage, ob der Weltenschöpfer nicht vielleicht ein böser Gott, ein Dämon oder *genius malignus* sei. Entscheidend scheint, dass, wo immer die Frage bejaht wird – wie in der jüdisch-christlichen Gnostik der ersten Jahrhunderte nach Christus –, sie die Annahme eines weit über dem Demiurgen stehenden guten Gottes *erzwingt*. Dieser hat dann das All-Eine und All-Gute zu repräsentieren, und so dem Gedanken der Unbedingtheit Rechnung zu tragen. Iris Murdoch schildert den Zusammenhang in *Metaphysics as a Guide to Morals* folgendermaßen:

»Die menschliche Szene ist eine des moralischen Fehlverhaltens, kombiniert mit der bemerkenswerten kontinuierlichen Rückkehr zu einer Idee des Guten als etwas Einzigartigem und Absolutem. Was kann damit verglichen werden? Wenn Besucher aus dem All uns erzählen würden, dass es keinen Wert auf ihrem Planeten gibt, wäre das nicht dasselbe, wie wenn über materielle Objekte gesprochen würde. Wir würden ohne Unterlass nach Werten in ihrer Gesellschaft Ausschau halten, während wir uns fragen, ob sie lügen oder differierende Werte haben oder ob ein Missverständnis vorliegt. [. . .] Es muss ein ultimativer religiöser ›Glaube‹ sein, dass, selbst wenn alle ›Religionen‹ weggeblasen würden wie Nebel, die Notwendigkeit der Tugend und die Realität des Guten weiterhin aufrecht blieben.«[147]

XVII

DAS PROBLEM DES MANICHÄISMUS – Was bei Murdoch als unverzichtbarer Kernbestand der menschlichen Suche nach dem Guten und, der Tendenz nach, eines jeden reflektierten religiösen Glaubens dargestellt wird, hat sehr starke ontologische Konsequenzen.

(a) Gott als die ethisch vollkommene erste Ursache allen Seins ist, wie entmythologisiert die *prima causa* auch gedacht wird, notwendig der Stifter des Guten und nicht des Bösen. Das wahre oder wirkliche Sein ist gut. Da vieles in der Welt unseres Alltags zweifellos schlecht und sogar böse, ein natürliches oder moralisches Übel ist, kann unsere alltägliche Welt nicht mit der des wahren oder wirklichen Seins übereinstimmen. Aber was ist das Böse und woher kommt es? Das ist die Frage, welche die großen christlichen Denker von Anfang an beschäftigt, ohne doch jemals eine befriedigende Lösung zu finden. Denn obwohl das Christentum in gewissen Perioden eine Neigung zum Manichäismus hatte – vor allem, wenn es galt, gefährliche Gegner in und außerhalb der eigenen Reihen zu dämonisieren –, so war es doch niemals grundsätzlich der Ansicht, dass sich die Existenz böser Mächte der göttlichen Machtvollkommenheit entziehe.

(b) Der Manichäismus in seiner strengen Durchführung reduziert das Gute zu einer von zwei Grundkräften des Universums. Das hat den Vorteil, dass sich alle irdischen Unvollkommenheiten als eine Art Gemisch aus Gut und Böse darstellen lassen. Der gravierende Nachteil ist aber, dass das Gute auf unverständliche Weise als mit dem Bösen »gleichwertig« erscheint. In einem dualistischen Universum stellt sich immer die Frage, warum man das Gute und nicht das Böse tun sollte. Doch diese Frage ist entweder sinnlos, weil es zum Wesen des Guten gehört, dass man es (und nicht das Böse) tun sollte; oder das Gute wird tatsächlich zu einer Art *Option*. Man kann sich dann sinnvoll fragen, ob man das Gute *oder* das Böse tun *sollte*. Dann freilich handelt es sich gar nicht mehr um das Gute im genuin ethischen Sinne, sondern um eine natürliche Macht, um eine mögliche Position im kosmischen Spiel der Kräfte. Auch das ist eine Form der Naturalisierung (oder Positivierung) des Guten, wenn auch eine im Rahmen mythischen und noch nicht wissenschaftlichen Denkens.

(c) Die Alternative dazu hat am wirkmächtigsten Plotin im dritten nachchristlichen Jahrhundert formuliert: »Dem Bösen kommt auch das Sein nur fälschlich zu, als einem von Anfang an und seinem Wesen nach Falschen, dem Guten aber kommt das wahre Sein zu [...].«[148] Für Plotin, den Neuplatoniker, war Gott identisch mit der Idee des Guten, und die Materie repräsentierte das Böse. »Die Materie besitzt nicht einmal das Sein, um etwa dadurch am Guten teilzuhaben, sie ist das Sein nur dem Namen, nicht der Sache nach, so dass man in Wahrheit sagen kann, bei ihr habe das Nichtsein dieselbe Bedeutung wie sonst das Sein.«[149]

XVIII

Das Böse als Mangel an Gutem – Damit ist die Privationstheorie des Bösen inauguriert, und mit ihr all die Probleme, die sich an die Auffassung knüpfen, dass das Böse nicht am Sein teilhabe, ihm eigentlich keine Wirklichkeit zukomme.

»Woher der böse Wille der bösen Engel?« fragt Augustinus im 6. Kapitel des 12. Buches seines *Gottesstaats* (entstanden 413 bis 426), und er antwortet, es gebe keine bewirkende Ursache des bösen Willens, »sondern nur Versagen«. Dieses, d. h. die Abwendung vom Licht Gottes, als Ursache zu begreifen, »hieße die Finsternis sehen, das Schweigen hören wollen«.[150] Sowohl die Finsternis als auch das Schweigen seien uns wohlbekannt, zum einen durch das Auge, zum anderen durch das Ohr, »aber nicht durch ihre Erscheinung, sondern durch Aufhebung der Erscheinung«.[151] Das Böse ist keine Wesenheit, sondern ein Mangel – der mehr oder minder schwerwiegende Mangel an Gutem.

Später wird Anselm in seiner Schrift *De casu diaboli* (entstanden zwischen 1085 und 1090) die augustinische Frage aufnehmen: »Von woher kam das Böse in den Engel, der doch gut war?« Er lässt die Frage einen seiner Schüler stellen, um sie dann durch eine lakonische Aufforderung zu parieren: »Sag du mir selbst, von woher nichts in etwas kommt!«[152] Dabei unterscheidet Anselm das moralische vom bloß natürlichen Übel, und weist beiden einen unterschiedlichen Seinsstatus zu:

»Das Böse, das die Ungerechtigkeit ist, ist immer nichts. Das Übel hingegen, das im Unangenehmen besteht, ist manchmal zweifellos nichts – wie die Blindheit. Manchmal aber ist es etwas – wie Traurigkeit und Schmerz. Es handelt sich um dieses Unangenehme, das etwas ist, vor dem wir immer zurückschaudern. Wenn wir also das Wort ›das Böse‹ hören, so fürchten wir nicht das Böse, das nichts ist, sondern das Übel, das etwas ist, das auf das Fehlen des Guten folgt. Denn die Ungerechtigkeit und die Blindheit, die ein Böses beziehungsweise ein Übel und nichts sind, haben viel Unangenehmes zur Folge, die ein Übel und etwas sind.«[153]

Für die Privationstheorie ergeben sich hier zunächst zwei Probleme: Zum einen unterspielt Anselm den begrifflichen Zusammenhang zwischen dem moralischen Übel und dem natürlichen Übel. Denken wir uns eine Welt ohne Schmerz und Traurigkeit, ohne Hunger und Durst, ohne verletzte Ehre und quälende Gefühle der Ungerechtigkeit – welchen Sinn hätte es in einer solchen Welt, von bösen Absichten und Handlungen zu sprechen? Offenbar keinen! So könnte man also gegen die Privationstheorie einwenden, dass die Bestimmung des Bösen als eine Art Nichts schon daran scheitert, dass seine Definition das Auftreten von Übeln infolge böser Handlungen voraussetzt, die sehr wohl *etwas* sind.

Zum anderen konfrontiert uns die Privationstheorie mit der simplen Frage, wie etwas, das laut Voraussetzung nichts ist, die Ursache von etwas werden kann, das tatsächlich etwas ist, zumal die Ursache von so unterschiedlichen Tatsachen wie Schmerz oder Traurigkeit.

Beide Einwände erweisen sich jedoch bei genauerer Betrachtung als nicht triftig: Angenommen, *A* ist ein Folterknecht, dem es Vergnügen macht, *B* Schmerzen zuzufügen. Das Böse der Handlung gründet zweifellos darin, dass *spezifische* Verhaltensweisen von *A* bei *B* *spezifische* Empfindungen hervorrufen. Es gibt hier Ursachen in Raum und Zeit, die Wirkungen in Raum und Zeit haben. Das Phänomen des Mangels aber tritt dadurch in Erscheinung, dass wir das Böse der Folter als einen Unwert und somit als eine spezifische Abwesenheit an Gutem registrieren. Diese Abwesenheit, der moralische Mangel, wird *verkörpert* durch das Insgesamt jener Sachverhalte, die den Tatbestand des Folterns bilden.

Der Privationsgedanke scheitert also nicht, weil er die Übel der Welt damit »erklären« müsste, dass sie ein Nichts zur Ursache hätten, nämlich das Böse. Ein spezifischer Mangel an Gutem kann vielmehr ein *wesentliches* Merkmal *existierender* Sachverhalte sein. Wie das Beispiel der Folter zeigt, sind die durch sie verursachten Übel das, was sie sind, gerade dadurch, dass die sie konstituierenden Sachverhalte nicht irgendeinen, sondern einen *moralischen* Mangel verkörpern. Die Qualen von *B* sind eben nicht die eines Kranken oder Verunglückten, sondern die eines Gefolterten.

XIX

Die Relevanz der Privationstheorie – Der tiefere Sinn der Privationstheorie besteht nicht darin, das Böse in der Welt zu verharmlosen, obwohl die Theodizee eine solche Vermutung nahe legen mag. Die Privationstheorie ergibt sich zwangsläufig aus der Erkenntnis, dass (1) eine Moral ohne die Existenz objektiver Werte undenkbar ist, diese Werte aber (2) nicht auf einer natürlichen Ursache, sondern nur auf einer Stiftung basieren können, die ihrerseits Eigenschaften haben muss, die (3) eine manichäische Grundstruktur des kosmischen Dramas ausschließen.

Die Privationstheorie beantwortet nicht die Frage, warum es natürliche Übel in der Welt gibt und warum es so viele sind, so viel Krankheit, Schmerz, Wahnsinn und unausweichlich der Tod. Sie erklärt nicht, wie und warum es zu dem Mangel an Gutem in der Welt kommt. Die Privationstheorie bietet keine mythische Erzählung vom Ursprung der Abschwächung des Guten. Sie ist auch keine Theorie des freien Willens, der sich autonom für das Böse entscheidet; sie löst nicht das Geheimnis des *liberum arbitrium*. Ihre Funktion ist es, die Denkbarkeit und Denknotwendigkeit des absolut Guten zu akzentuieren.

Es handelt sich dabei um eine Aufgabe, die eine hohe Stufe des Ringens um den richtigen ethischen Standpunkt voraussetzt. Wo immer der Privationsgedanke in Erscheinung tritt, ist der Blick auf die moralische Substanz der Welt tief geworden und im Begriff, die mythischen Beschränkungen des Anfangs zu sprengen, ohne dabei die Inhärenz der Werte aus den Augen zu verlieren.

Noch die großen idealistischen Systeme, wie sie im Ausklang der europäischen Klassik von Fichte, Hegel, Schelling vorgelegt werden, wissen um die Unverzichtbarkeit eines Guten, das absolut, eines Absoluten, das seinem Wesen nach gut ist. Als aber dann die Moderne auf der ganzen Linie Siegeszug hält, wird, zusammen mit dem normativen Objektivismus des Naturrechts, auch die Privationstheorie zu einem Bestandteil der geistigen Konkursmasse. Der neue wissenschaftliche Geist blickt auf sie mit Geringschätzung. Sie wird rasch vergessen, zu einem Studierobjekt für Theologen und Philosophiegeschichtler.

XX

Moderner Irrationalismus – Der Triumph des Naturalismus bedeutet die Subjektivierung – d. h. die ontologische Entwurzelung und innere Aushöhlung – des moralischen Denkens. Zum Naturalismus gehört es, wertneutral aufzutreten.

Den Punkt, um den es hier geht, brachte am klarsten Max Horkheimers *Eclipse of Reason*, erschienen 1947 im New Yorker Exil, zum Ausdruck: In der gottlosen Welt des Naturalismus stehen die menschlichen Subjekte, die sich als autonome Stifter aller Werte konzipieren, den Dingen gegenüber, einschließlich sich selbst als »natürlichen« Objekten. Die Dinge haben einen Wert bloß insofern, als sie Mittel zu irgendeinem Zweck sind. Die Basis der Moral bildet die Idee der Nutzbarmachung, der kalkulierten Indienstnahme, deren moderne Paradigmen Technik und Ökonomie sind. An der Spitze dieser Moral können nur ein oberster Wert oder eine Anzahl von Prinzipien stehen, die durch nichts weiter begründet sind als dadurch, dass sich die autonomen, gottgleichen Subjekte für sie »entschieden« haben. Darin gründet der spezifische Irrationalismus der Moderne.

Horkheimer war der Ansicht, dass dieser moderne Irrationalismus notwendig zu archaischen Rückschlägen führen muss, einer verwilderten Rückkehr des Mythos, in dem die unterdrückte und ausgebeutete Natur, auch die Natur des Menschen, sich verstümmelt und rabiat zu Wort melde – ein Gedanke, der bereits für die von Horkheimer gemeinsam mit Theodor W. Adorno verfasste *Dialektik der Aufklärung* zentral war. Die massivste historische Evidenz lieferte damals, 1944, der Nationalsozialismus, dessen eigentümliche Verquickung von technizistischem Geist, vulgärer Mythizität und wüstestem Dezisionismus in den Weltkrieg und zum Völkermord führte. Unbeschadet der äußerst fragwürdigen Behauptung, es ziehe sich ein wirkungsgeschichtlicher Faden vom listenreichen Odysseus über Kant und de Sade bis zum Faschismus, macht die *Dialektik der Aufklärung* hellhörig für den eigentümlichen Zusammenklang von Naturalismus, modernem Titanismus und Manichäismus.

Hitlers Verteufelung bezog sich nicht mehr auf eine Gruppe unter anderen, so wie es bei den Christen einmal die Juden, einmal die Römer und dann verschiedene Arten von Ketzern gewesen waren, die den Teufel repräsentieren mussten. Der Jude des »radikalen Antisemiten« ist eine polymorphe Kreatur, die alle möglichen Gestalten annehmen kann und im Wesen keine Partialgestalt des Bösen mehr ist, sondern dessen totale Mobilmachung. Es gibt nur noch die bedrängte, aufs äußerste gefährdete Welt hier und das satanische Draußen oder Rundum. Deshalb ist Hitlers Kampf ein heiliger und als solcher auch ein manichäischer Krieg: »*Indem ich mich des Juden erwehre, kämpfe ich für das Werk des Herrn.*«[154]

In diesem Endkampf, in dem es nur noch Gut und Böse gibt, wird die Natur mythisch aufgeladen. Sie erhält das göttliche Prädikat »ewig«, mutiert zum göttlichen Urgrund und stiftet das Leben, das sie freilich wieder unbarmherzig vertilgt, falls es ihre Gesetze missachtet. Die Re-Mythologisierung der Natur fußt, zeitgemäß und nichtsdestotrotz anachronistisch, auf einem ideologisch erhitzten Vulgärdarwinismus, der zugleich naturalistisch und dämonologisch argumentiert.

XXI

MANICHÄISCHE TENDENZEN, SPUREN DER STIFTUNG – Doch die naturalistisch gedeutete Welt wird immer wieder, auch weit jenseits der Phantasmen des Faschismus, zu einer Projektionsfläche des Titanismus der Modernisten und des Anti-Titanismus der Antimodernisten. Auf der einen Seite stehen, besonders im 19. Jahrhundert, die Programmatiker der Selbstvergottung, der unendlichen Perfektibilität des Menschen durch Wissenschaft und Technik, bis hin zur Ausmerzung des Todes. Demnach wird der Mensch eines Tages ganz Natur werden, indem er die Natur durch seine Vernunft und seine Maschinen zu ihrer Vollendung führt. Dann wird er Gott geworden und das Böse wird endgültig besiegt sein. Auf der anderen Seite stehen, besonders im 20. Jahrhundert, Denker, die immer wieder das Dämonische des modernen Naturentwurfs und der darauf basierenden Anthropologie betonen. Alles Moderne – die moderne Humanität mit dem Konzept des autonomen Subjekts ebenso wie die moderne Technik zwischen Raumfahrt und Gaskammern – sei Ausdruck einer tiefen Seinsverfinsterung, gegen die sich nur noch das ungewisse Licht eines abwesenden Gottes halten lasse.

Wie sich anhand vieler zeitgenössischer Kunstprodukte, vor allem im Bereich der Fantasy – die schon lange die optimistische Sience Fiction abgelöst hat –, zeigen lässt, gehören die manichäische Lust und der manichäische Alptraum zum Inventar der Moderne. Die Totalität des naturalistischen Weltbildes und des ihm zugeordneten Titanismus lassen uns eine Infragestellung, eine Invasion von außen als Weltkatastrophe imaginieren. Ob die Katastrophe kathartisch sein wird oder ein Höllensturz, hängt vom Betrachter ab. Wo das Außen liegt, ist ebenfalls unklar. Es kann aus den Tiefen des Kosmos kommen, aus den Tiefen der Welt oder unseres eigenen Seins. Klar scheint nur, dass es ein Endkampf sein wird. Da wir uns an die Stelle Gottes gesetzt, dabei jedoch das Gefühl einer fundamentalen Bedrohung genährt haben, halten wir nun Ausschau nach dem Teufel. Ist es die Genetik, der Islam, die Globalisierung, oder stimmt jener reaktionäre Rumor, der sagt, wir seien es selbst?

Angesichts der paranoiden Schübe und kollektiven Hypergewalten, die uns bevorstehen könnten, empfiehlt sich die Privationstheorie als etwas, worauf man sich wieder besinnen sollte – nicht im Sinne einer gnostischen These oder eines Systems der Theodizee, sondern der Wiederbelebung einer Denkkultur, die im Bösen stets einen Mangel an Gutem sah und nicht eine selbsttätige, unbezwingbare Macht. Eine realistische Sicht des Menschen, seines eingeborenen Hangs zur Bestialität und die daraus resultierende »Unnatürlichkeit« dauerhaft friedvoller Gesellschaften, sollte mit der Idee eines objektiv und absolut Guten verknüpft werden. Wir sind keine Maschinen und das Böse ist ein bloßer Schatten des Lichts. Alle schwärzesten Schrecken der Welt zusammen sind nicht in der Lage, die Spur der göttlichen Stiftung unkenntlich zu machen. Wir *wissen*, dass Auschwitz böse war, und *deshalb* wissen wir auch, dass sogar das unausdenkbar Böse noch an der Stiftung teilhat.

Es ist nicht wahr, dass – um ein strapaziertes Bild zu benützen – Gott seit Auschwitz »schweigt«. Denn wäre es so, wir könnten nicht mehr sagen, ob Auschwitz tatsächlich böse war. Wenn Gott schweigt, dann schon seit Tausenden von Jahren, schon seit den Propheten und seit Jesus am Kreuz, als er mit lauter Stimme die Worte rief: »*Eli, Eli, lema sabachtani*, Mein Gott, mein Gott, warum hast du mich verlassen?« Aber solange uns die Spuren der Stiftung zugänglich sind, bleibt die Rede vom Schweigen Gottes Ausdruck einer zwar psychologischen, nicht jedoch metaphysischen Blockade.

Solange bleibt auch, gegen Nietzsche und seine postmodernen Erben, der Humanismus im Recht, als ferner Nachkomme der Vermählung zwischen dem biblischen Gott und der platonischen Idee des Guten.

§ 21
Schlussbetrachtung
Diesseits und jenseits der Philosophie

I

ERHEBUNG ÜBER DAS WISSEN – Musil sagt im *Mann ohne Eigenschaften*, dass die Kunst der Erhebung über das Wissen neu geübt werden müsse. Aber eine solche Übung, wenn sie tatsächlich und mit Ernst betrieben wird, kann nur eine Sache der inspirierten Kunst sein.

Ob eine inspirierte Kunst heute noch möglich ist, soll hier nicht ausführlicher diskutiert werden. Nur so viel: Wie die Religion, so wurde auch die Kunst schließlich vom Druck der Säkularisierung voll erfasst. Das Kunstgenie wurde psychologisiert und soziologisiert, mithin seiner »apostolischen« Funktionen entkleidet und zu einer rein innerweltlichen Gestalt. In den Visionen und Ekstasen des Künstlers brauchte man fortan nichts mehr zu sehen, was über diese unsere Welt hinausgewiesen hätte, die angebliche Teilhabe am Göttlichen konnte als pathologisch oder, besseren Falls, als interessante Neustrukturierung des ästhetischen Feldes entschlüsselt werden. Mit dem Werk von James Joyce wurde es Mode, von den *profanen Epiphanien* der Kunst zu sprechen, von *moments of being*, in denen sich zwar das *Wesen* der Welt offenbart, aber eben nicht mehr als das Wesen der *Welt*. Die Erzählungen und Bilder der Transzendenz wurden im Kunstwerk – beispielgebend in Joyce' *Ulysses* – zu Metaphern der menschlichen Situation *in* der Welt, ohne noch ferner Abglanz des Absoluten zu sein.

Aber ein ontologisches Wesen der Welt, das nicht zugleich über die Welt hinausweist, ist letztlich bloß ein Faktum unter anderen. Eine profane Epiphanie ist keine Epiphanie, und wenn sie uns, als Kunstereignis, dasjenige an den Dingen zeigt, was sich aller Begrifflichkeit entzieht, so zeigt sie uns doch nur Profanes: Bilder jenseits der Sprache, aber auch ohne Erhebung über das Wissen.[155] Im Augenblick ist also kaum zu sehen, wie es möglich wäre, dass sich die Kunst zu Musils Forderung anders als weitgehend hilflos oder sogar polemisch verhielte.

Und die Philosophie? Die Philosophie ist weder Religion noch Kunst. Sie sichert aber die Spuren der Transzendenz und ist so eine Wächterin des Religiösen im Zeitalter der Immanenz.

II

PHILOSOPHIE ALS SPURENSICHERUNG – Wir haben in den vorangehenden Kapiteln gesehen, wie weitläufig die Spurensicherung der Philosophie ist:

(a) Sie beginnt damit, dass sie den Erkenntnisanspruch des Alltags und der Wissenschaft untergräbt, indem sie zeigt, dass es weder ein allgemeines Kriterium der Erkenntnis noch so etwas wie ein »Fenster« nach draußen, in die Wirklichkeit, gibt. Die Philosophie hilft dabei, den Wissensdünkel und die Erkenntnishoffart des sogenannten gesunden Menschenverstandes und seiner Spezialisierungen zu überwinden. Denn es sind dieser Dünkel und diese Hoffart, die in Überschätzung dessen, was wir wissen können, von den Anwälten der Immanenz *gegen* die religiöse Sehnsucht scharfgemacht werden. Der Immanentist weist ins Rund der Tatsachen und sagt: »Was immer uns da draußen noch begegnen wird, es wird in der Substanz wieder und wieder dasselbe sein, Tatsache, Erkenntnisstoff.« Die Konsequenz davon ist eine *radikale Immanenzverdichtung*: Alles, was überhaupt ist, ist von dieser Welt. Die Skepsis hingegen stärkt unser Gefühl für die Rätselhaftigkeit der Welt und unseres eigenen In-der-Welt-Seins. Sie lehrt uns, dass all unser Wissen, selbst wenn es uns Marssonden zu bauen und Menschen zu klonen gestattet, die Schatten unserer Ignoranz nicht zu vertreiben vermag – der Ignoranz, die eine Folge unseres Menschseins, unserer Endlichkeit ist. Als endliche und bedingte Wesen haben wir bestenfalls teil an einem Licht, dessen Ursprung wir selbst nicht sind.

(b) Gleichzeitig aber zeigt die Philosophie, dass unsere alltäglichen Konzepte der Wirklichkeit, der Moral und des Person-Seins notwendig metaphysische Ideen einschließen, wie die Idee des absoluten Blicks, des panpsychischen Subjekts und des Ich-Bewusstseins. Das alles sind zugleich Konzepte der Transzendenz. Sie gehen über das in der Erfahrung Fundierbare weit hinaus, so weit, dass wir sie nur als regulative Ideen gelten lassen können. Wir sagten, dass sie Gleichnisse für den Platz sind, den Gott einnimmt.

(c) Schließlich haben wir gesehen, dass das Bild der Welt, das der Naturalist entwirft, ein verzerrtes ist. In der naturalistisch gedeuteten Welt gibt es keine Werte, und der Mensch, gedacht als Teil dieser Welt, ist unfähig, einen Wert zu erzeugen. Die philosophische Analyse zeigt demgegenüber, dass der Bindungsbegriff, der aller Ethik zugrunde liegt, die Annahme einer trans-empirischen Stiftung von Werten erfordert. Das ist nun ein ebenso ontologisches wie theologisches Theorem. Denn die Stiftung setzt einen Stifter voraus, der intentional und dabei moralisch perfekt agiert. Damit wird die klassische Gottesvorstellung, wie sie sich im Theismus unserer Kultur findet, akzentuiert.

III

Auf fremdem Hoheitsgebiet – Doch vielleicht ist der Philosoph, indem er solches feststellt, schon zu weit gegangen. Denn der Erkenntnisskepsis gesellt sich im Bereich des religiösen Denkens eine Form der Bedeutungsskepsis bei, die nicht vernachlässigt werden darf. Wie anhand der Gottesbeweise gezeigt wurde, hängt die Relevanz dieser Beweise davon ab, dass man Folgendes zugibt: Die in ihnen auftretenden Attribute Gottes werden allesamt »analogisch« verwendet. Sie bedeuten im Kontext des Absoluten, Unbedingten, Vollkommenen nicht einfach das, was sie bedeuten, wenn sie auf uns, die endlichen Wesen, angewendet werden. Sie sagen etwas aus über das Unsagbare. Der Bedeutungsskeptiker wird hier nachstoßen: ». . . sie sagen also gar nichts aus.«

Aber wir wissen, was die Konsequenz davon wäre, dass der Skeptiker Recht hätte. Es würde nicht nur der theologische Diskurs lahmgelegt, sondern darüber hinaus auch der unseres Alltags. Denn so wie zur Alltagssicht der Dinge notwendig die Vorstellung einer objektiven Realität dazugehört, so gehört zu ihr auch der Begriff einer moralischen Bindung, deren Grund nicht in der menschlichen Selbstbindungsfähigkeit (oder »Autonomie«) allein liegen kann.

Dennoch bleibt der Stachel: Der Philosoph kann nicht *beweisen*, dass das Reden über Gott ein sinnvolles Reden ist. Er kann nur hoffen, dass dieses Reden *verstanden* wird. Solange die Redenden das Gefühl haben, einander zu verstehen, werden sie nicht verstummen. Und wiederum der Stachel: Der Philosoph kann nicht beweisen, dass diejenigen, die das Gefühl haben, einander zu verstehen, sich *tatsächlich* verstehen. All das erinnert an die Geschichte von dem Schiff, das auf offener See umgebaut werden muss. Die Geschichte ist im vorliegenden Fall zugespitzt dadurch, dass niemand weiß, ob es überhaupt eine See gibt, die das Schiff trägt.

Natürlich, es gibt eine Zuversicht des *Glaubens*, doch sie liegt jenseits des Hoheitsgebiets der Philosophie.

Anmerkungen

[1] Mathematische Sätze bilden eine eigene Problemklasse, je nachdem, ob man sie als eine Art von analytischen Sätzen interpretiert, die nichts über die Realität aussagen, oder ob man dazu neigt, in ihnen abstrakte Strukturen des Denkens oder der Realität widergespiegelt zu sehen. Hierauf wird im Folgenden jedoch nicht weiter eingegangen.

[2] (B) ist eine sogenannte disjunktive Erweiterung von (A). Darunter versteht man folgende logische Regel: Aus jedem beliebigen wahren Satz »r« lässt sich der Satz »r oder q« ableiten, der genau dann wahr ist, wenn zumindest einer der Teilsätze »r« oder »q« wahr ist. Da der Voraussetzung gemäß »r« wahr ist, ist es unmöglich, dass »r oder q« falsch ist.

[3] Zu einer ausführlicheren Darstellung der von Gettier initiierten Diskussion vgl. Chisholm 1977, S. 103 ff.

[4] Popper hat im »Neuen Anhang« zur *Logik der Forschung* (1994, S. 428 ff.) unter der Nummer XV sein Konzept der Wahrheitsnähe noch einmal verteidigt. Dabei scheint er das hier aufgeworfene Problem gar nicht gesehen zu haben.

[5] Zitiert nach Hume 1967, S. 85 f.

[6] Es war Saul A. Kripke, der sich vehement gegen die Vorstellung wandte, »mögliche Welten« seien so etwas Ähnliches wie entfernte Planeten, die in einer irgendwie anderen Dimension existierten. Diese Vorstellung führt nämlich zu der Auffassung, man könnte die Zustände in den möglichen Welten entdecken, so wie man die Verhältnisse auf entfernten Planeten mit einem Teleskop entdecken kann. Dem setzte Kripke (1980) die Formel entgegen: »›Possible worlds‹ are *stipulated*, not *discovered* by powerful telescopes« (S. 44). Dadurch wird freilich noch nicht das Problem gelöst, wodurch bestimmte Festlegungen, »Stipulationen«, gegenüber anderen gerechtfertigt sind; gezeigt wird aber, um welche *Art* von Problem es sich handelt.

[7] Popper 1994, S. 61.

[8] James 1979, S. 470.

[9] Kant (1724-1804) hat seine Philosophie des synthetischen Apriori in ausdrücklicher Konfrontation mit der humeschen Skepsis, besonders der Leugnung kausaler Notwendigkeit, entwickelt. Deshalb wird Kant im Folgenden vor die kritische Erörterung der antiskeptischen Position von Descartes (1596-1650) gestellt. Außerdem wirkt der Cartesianismus in mancher Hinsicht moderner. Man denke nur an das in der analytischen Philosophie unserer Tage viel diskutierte Problem des Selbstbewusstseins und der »Autorität der Ersten Person«.

[10] KrV, B XVI. – Die Erstauflage der *Kritik der reinen Vernunft* (KrV), erschienen 1781, wird, wie üblich, als »A« plus Seitenzahl, die zweite Auflage aus dem Jahr 1787 als »B« plus Seitenzahl zitiert.

[11] Ebenda.

12 Zur Limitation schreibt Kant: »Nun hat jede Empfindung einen Grad oder Größe, wodurch sie dieselbe Zeit, d. i. den inneren Sinn in Ansehung derselben Vorstellung eines Gegenstandes, mehr oder weniger erfüllen kann, bis sie in Nichts (= o = negatio) aufhört.« (A 143, B 182) Hier handelt es sich also um die allgemeine Idee davon, dass etwas nicht nur real oder nicht real, sondern mehr oder weniger verwirklicht sein kann

13 KrV, A 80, B 106.

14 KrV, A 24, B 38f. Die Vorstellung eines Raumes, dessen Existenz unabhängig von der Existenz in ihm existierender Gegenstände ist, spiegelt die newtonsche Physik zu Kants Zeiten wider. Heute gehen wir davon aus, dass Raum und Zeit nicht ablösbar sind von der Existenz irgendwelcher Massepunkte (oder »Energiebits«), deren jeweiliges Aufeinander-Bezogensein jeweils eine Raum-Zeit-Welt definiert.

15 KrV, B 234.

16 KrV, A 355.

17 Erste Meditation, Abschnitt 3 (Descartes 1986, S. 65).

18 Erste Meditation, Abschnitt 12 (Descartes 1986, S. 73).

19 Zweite Meditation, 3., 6. u. 8. Abschnitt (Descartes 1986, S. 79, 83 u. 87).

20 Sacks 1995, S. 63.

21 Moore 1969, S. 178.

22 Wittgenstein 1984, S. 152.

23 Moore 1969, S. 113ff.

24 Theoretisch sinnlos wäre ein solcher Zweifel allerdings erst dann, wenn unsere Denkprozesse mit gewissen unserer Gehirnaktivitäten *identisch* wären, anstatt mit ihnen einfach empirisch verknüpft zu sein. Das freilich führt uns in eine andere Richtung als die von Moore angepeilte und ist, wie jede Theorie der Identität von Körper und Geist, kaum plausibel. Der Gedanke »Ich zweifle an allem, selbst daran, dass ich lebe und ein Gehirn habe« mag falsch sein, wie nur irgendein Gedanke falsch sein kann. Trotzdem ergibt es keinen Sinn zu behaupten, dass die gehirnphysiologischen Prozesse, welche die Produktion dieses falschen Gedankens begleiten oder verursachen, ihrerseits »falsch« seien – allgemein gesagt, dass sie irgendwelche jener Eigenschaften der Bezugnahme (Referenz) besäßen, die für Propositionen oder Gedanken typisch sind. Umgekehrt weisen Gehirnprozesse elektrochemische Eigenschaften auf, die den Inhalten von Denkprozessen überhaupt nicht sinnvoll zuschreibbar sind (Gedanken sind keine Nerven, Propositionen haben keine Synapsen usw.). Der Common Sense leugnet eine Identität von Körper und Geist, und es gibt keinen guten philosophischen Grund, ausgerechnet hier revisionistische Metaphysik betreiben zu wollen.

25 Vgl. dazu § 2, Abschnitt I.

26 Berkeley 1979, S. 30.

27 Mach 1900, der Reihenfolge nach S. 20, 16 u. 17.

28 Kraft 1960, S. 311f.

29 Kraft 1960, S. 312.

[30] Der philosophische Konstruktivismus hat sich zum Radikalen Konstruktivismus gemausert. Viele Vertreter dieser Richtung des Denkens kommen aus den Fachwissenschaften oder beziehen jedenfalls ihr Renommee daraus, bereits empirisch gearbeitet zu haben. Pars pro toto seien erwähnt: Francisco J. Varela, Humberto R. Maturana, Ernst v. Glasersfeld, Heinz v. Foerster, Gerhard Roth und, mit Einschränkungen, Niklas Luhmann. Wichtige Texte zur Einführung finden sich in Schmidt 1987. – Die radikalste Position wird derzeit von Mitterer (2000) vertreten. Mitterer zufolge *ist* die Welt nichts weiter als die Welt der Diskurse. Das bedeutet, dass die Unterscheidung zwischen Sprache und Welt, Erkenntnis und Wirklichkeit eine bloß diskursintern erzeugte und dabei nicht frei von ideologischen Ambitionen ist.

[31] Rätselhaft ist dabei der Status des Ich-Bewusstseins. Dieses ist, worüber noch zu sprechen sein wird, eher »transzendental« als empirisch und subjektiv.

[32] Vgl. dazu die Diskussion im § 7, Abschnitt I.

[33] Unter einer »Aporie« kann man eine Art Dilemma oder Paradoxie verstehen. Eine Aporie entsteht dadurch, dass wir auf ein Problem zwei Lösungen bekommen, die, jede für sich betrachtet, zunächst als plausibel erscheinen; betrachtet man aber die eine vor dem Hintergrund der jeweils anderen, dann erscheint keine als akzeptabel.

[34] Das aber setzt, wie gesagt, voraus, dass Achilles nicht eine Methode des Fortschreitens verwendet, die es ausschließt, dass er sein Ziel jemals erreicht. Gilbert Ryle hat diesen Punkt anhand der Aufgabe, einen Kuchen zu zerteilen, illustriert. Wenn es mein Ziel ist, den ganzen Kuchen zu zerteilen, dann ist die Methode, ein Stück abzuschneiden, so dass ein Rest bleibt, und dann von diesem Rest *auf dieselbe Weise* wieder ein Stück usw., natürlich ungeeignet. Denn die gewählte Methode beinhaltet die Anweisung, jedes Stück, wie klein es auch sein mag, stets so abzuschneiden, dass noch ein Rest übrig bleibt, das heißt also, den Kuchen niemals zur Gänze aufzuteilen. (Ryle 1970, S. 49 ff.)

[35] KrV, A 598 ff., B 626 ff.

[36] Vgl. weiter unten Teil C, § 26, Abschnitt II.

[37] Wäre b der Name Gottes, so wäre es nach Anselm unmöglich, dass S_2 wahr ist. Anders gesagt: Die Annahme, dass S_2 wahr ist, *impliziert*, dass b nicht Gott ist. Folglich wäre auch die Existenzgeneralisierung von S_2 [Eg (S_2)] *ungültig*.

[38] Manchmal wird argumentiert, dass die Begriffe »sein« und »existieren« nicht dasselbe meinen. Wie auch immer: Es *gibt* eine Verwendungsweise von »sein«, der zufolge »x ist« dasselbe bedeutet wie »x existiert«; und nur um *diese* Verwendungsweise geht es hier.

[39] Im übrigen ist schwer zu sehen, wie ein Ding, das *nicht* existiert, eine Disposition haben könnte, nämlich die, unter bestimmten Bedingungen wahrgenommen zu werden (= Wahrnehmbarkeit).

[40] Ryle 1970, S. 128.

[41] Unter dem Eindruck von Hitlers Machtergreifung emigrierte Carnap 1935 aus Prag in die USA. Dort blieb er bis zum Ende seines Lebens und beeinflusste als »logischer Positivist« die amerikanische Philosophie maßgeblich.

[42] Carnap 1966, S. 50.

[43] Carnap 1966, S. 62.

[44] Carnap 1966, S. 64. Warum man »emotionale Begleitvorstellungen« an sich nicht in sachhaltigen Aussagen zum Ausdruck bringen kann, bleibt rätselhaft, es sei denn, man nimmt mit Carnap an, der adäquate sprachliche Ausdruck von Gefühlen sei nicht der (wahre oder falsche) Satz, sondern die *Exklamation* (der Schmerzensschrei, die Ahs und Ohs der Freude und des Staunens, Jubelrufe usw.).

[45] Carnap 1966, S. 65 f.

[46] Das Reich der Entitäten (der Dinge) soll nur vermehrt werden, wenn es notwendig ist, also nur dann, wenn sich die Existenz von Dingen nicht auf die Existenz anderer Dinge reduzieren lässt. Der Phänomenalist zum Beispiel behauptet, dass die Annahme materieller Dinge überflüssig sei, weil diese nichts weiter als »Konstruktionen« aus Sinneseindrücken seien *(esse est percipi)*.

[47] Wittgenstein 1969, S. 403.

[48] Einige grundsätzliche Aspekte des hier angesprochenen Problems werden diskutiert in Nagel 1994, und zwar unter der titelgebenden Frage *What is it like to be a bat?* (»Wie es ist, eine Fledermaus zu sein?«).

[49] Brief vom Oktober oder November 1919, zitiert in Wittgenstein 1980, S. 96.

[50] *Tractatus logico-philosophicus*, Sätze 5.632 u. 5.641.

[51] Carnap benötigt eine Theorie der Bedeutung synthetischer Sätze, die, auf sich selbst angewendet, als sinnlos erscheint (tatsächlich aber, wie Wittgensteins Abbildtheorie der Sprache, *falsch* ist).

[52] Diese Auffassung hat G. Ryle später als »*Fido*«-*Fido-Theorie der Bedeutung* ironisiert, wobei »Fido« der Name des Hundes Fido ist.

[53] Notiz aus dem Jahr 1937. Wittgenstein 1984, S. 491.

[54] Dt. Körner 1970. Zum Folgenden vgl. S. 17 ff.

[55] Putnam 1978, S. 132. (Dt. v. P. S.)

[56] Vgl. dazu Putnams klassischen Aufsatz *Why There Isn't a Ready-Made World* (1983), wieder abgedruckt in Hales 1999, S. 63-76, und die angefügten kritischen Erwiderungen.

[57] *Tractatus*, 5.64: »Hier sieht man, daß der Solipsismus, streng durchgeführt, mit dem reinen Realismus zusammenfällt. Das Ich des Solipsismus schrumpft zum ausdehnungslosen Punkt zusammen, und es bleibt die ihm koordinierte Realität.«

[58] Strawson 1972, S. 9.

[59] Die klassische Quelle, die aber Interpretationsschwierigkeiten bietet, ist

Betrand Russell, »Über das Kennzeichnen« [1905], in: Russell 1971. Russell seinerseits beruft sich auf Gottlob Freges Schrift »Über Sinn und Bedeutung« [1892], in: Frege 1969.

[60] Unmissverständlich sagt Searle: »Es ist notwendig wahr, dass Aristoteles die logische Summe der ihm allgemein zugesprochenen Eigenschaften hat, also deren einschließende Disjunktion; ein Individuum, das nicht wenigstens einige von diesen Eigenschaften hätte, könnte nicht Aristoteles sein.« (Searle 1969, S. 188)

[61] Kripke 1981, S. 129f.

[62] Kripke 1981, S. 130.

[63] Hier sieht man übrigens deutlich, dass man zwischen zwei Arten von wesentlichen Eigenschaften unterscheiden muss. Es gibt (1) wesentliche Eigenschaften der *Klasse* von Dingen, denen ein Individuum angehört, z. B. wesentliche Eigenschaften von Tischen wie etwa deren Funktion, und (2) wesentliche Eigenschaften, durch die ein Ding *als dieses Ding selbst*, z. B. als dieser Tisch vor mir, individuiert wird. Bei der Diskussion der Identität von Personen kommt es hier oft zu Verwirrungen. Es ist nämlich nicht nur strittig, welche Merkmale für die Individuierung einer Person wesentlich sind, sondern auch, welche Merkmale eine Entität haben muss, um überhaupt eine Person zu sein.

[64] Hume 1989, Bd. 1, S. 327f.

[65] Parfit 1986, S. 252.

[66] Philosophen, die behaupteten, das Wörtchen »ich« sei nicht durch irgendwelche begrifflichen Äquivalente ersetzbar, waren im Lager der modernen Sprachanalyse eine Zeitlang als metaphysisch verketzert. Man tat gut daran, sich hier gegen Descartes, Kant und, natürlich, Fichte abzugrenzen. Inzwischen sind die Fronten aufgeweicht. Einen guten Überblick dazu bietet Frank 1994.

[67] Parfit 1986, S. 275. (Dt. v. P. S.)

[68] Parfit 1986, S. 472.

[69] Strawson 1972, S. 130 u. 134f.

[70] Nagel 1992, S. 74.

[71] Parfit 1986, S. 280. (Dt. v. P. S.)

[72] Der Unterschied zwischen den sagenhaften Vorgängen des »Beamens« und »Replizierens« besteht übrigens darin, dass im ersten Fall nicht bloß mein physischer und psychischer Status konserviert wird, sondern *ich selbst* von einem Ort zum andern übertragen werde.

[73] Parfit 1986, S. 229f.

[74] Parfit 1986, S. 281. (Dt. v. P. S.)

[75] Parfit 1986, S. 276.

[76] Anselm 1962, S. 77.

[77] Anselm 1962, S. 85.

[78] Der Tor des Anselm findet sich in den Psalmen 13,1 und 52,1 der Vulgata (= Psalm 14,1 und 53,1 der deutschen Bibel): *Dixit stultus [insipiens] in corde*

suo non est Deus, »Die Toren sagen in ihrem Herzen:/›Es gibt keinen Gott.‹«

79 Eine Sammlung der zentralen klassischen Texte zum ontologischen Argument, angereichert um Beiträge neuerer Autoren (G. E. Moore, William P. Alston, J. N. Findlay, Charles Hartshorne, Norman Malcolm), findet sich in Platinga 1965.

80 Zu Gaunilos Disput mit Anselm vgl. Platinga 1965.

81 Murdoch 1992, S. 409f. (Dt. v. P. S.)

82 Kants Behauptung, dass »sein« kein Prädikat sei, wurde bereits weiter oben eingehender besprochen; vgl. Teil B, § 7, Abschnitt II.

83 Swinburne 1979, S. 290. (Dt. v. P. S.)

84 Dieser Ausdruck findet sich bei Hans Urs von Balthasar: *Herrlichkeit. Eine theologische Ästhetik*, Bd. 1, »Schau der Gestalt«, Einsiedeln [1961], S. 245.

85 Blumenberg 1979, S. 84.

86 Young 1992, S. 44. (Dt. v. P. S.)

87 Albert Schweitzer, Mediziner, Theologe, Musiker und Philosoph, gründete 1913 das afrikanische Tropenhospital Lambaréné, wo er bis zu seinem Tod wirkte. 1952 erhielt er den Friedensnobelpreis.

88 Augustinus 1972, S. 126.

89 *Studien zur Theodizee*, Teil I, Abschnitt 19, in: Leibniz 1967, S. 193.

90 Leibniz 1967 (Abschnitt 9), S. 183.

91 Leibniz 1967 (Abschnitt 10), S. 184.

92 Ebenda.

93 Zu dem Gesamtkomplex »Theodizee« vgl. die äußerst präzisen Darlegungen und Argumente bei Streminger 1992.

94 Selbstverständlich bestreitet der Evolutionist diesen Punkt, unter anderem mit der kursorischen Überlegung, dass zu zwei beliebigen Entwicklungsstadien S_1 und S_2 entlang einer evolutiven Reihe stets ein drittes, dazwischen liegendes Stadium S_3 konstruiert werden kann, so dass gilt: Durch S_3 wird der Anpassungsgrad von S_1 verbessert, ohne schon das von S_2 repräsentierte relative Optimum zu erreichen.

95 Kierkegaard 1962a, S. 74 u. 59.

96 Kierkegaard 1962b, S. 122.

97 Kierkegaard 1962b, S. 136.

98 Kierkegaard 1962b, S. 67.

99 Kierkegaard 1962b, S. 24.

100 Wittgenstein 1984, S. 495.

101 Ebenda.

102 Vgl. dazu Ray Monk: *Wittgenstein. Das Handwerk des Genies*, Stuttgart 1992, S. 68.

103 Robert Musil: *Der Mann ohne Eigenschaften*, Bd. 1, Reinbek 1990, S. 826.

104 Otto 1979, S. 10. Nebenbei: Ottos Orthographie ist »avantgardistisch«

bemüht; so etwa steht vor Relativpronomina kein Komma.

[105] Otto 1979, S. 42.

[106] Steinmann [1954], S. 94.

[107] Pascal 1978, S. 248.

[108] Pascal 1978, S. 206.

[109] Steinmann [1954], S. 241.

[110] Nietzsche 1988, S. 13f.

[111] Dazu ein schlagender Kommentar von Nicolás Gómez Dávila (1992): »Die Krise des Christentums im 19. Jahrhundert hat tausend religiöse Simulakren und eine authentische Religion hervorgebracht: die Kunst. Eine Religion, die schließlich fehlschlug, da ihre Adepten nicht begriffen, dass die Kunst nicht Gott, sondern Prophet gewesen ist.« Und dann der beißende Nachschlag: »Dennoch sollten wir nicht die Theologie der Patres der ästhetischen Kirche mit der kaufmännischen Predigt der agnostischen Seminaristen zeitgenössischer Kunst verwechseln.« (S. 78.)

[112] Heidegger 1976, S. 351.

[113] Heidegger 1976, S. 330f.

[114] Schopenhauer 1982, S. 68.

[115] Schopenhauer 1982, S. 92f.

[116] Heidegger 1988, S. 99f.

[117] Heidegger 1994, S. 43.

[118] Heidegger 1967, S. 80f.

[119] Heidegger 1976, S. 331.

[120] Heidegger 1976, S. 342.

[121] Heidegger 1976, S. 333.

[122] Heidegger 1989, S. 399f.

[123] Heidegger 1989, S. 409.

[124] Heidegger 1997, S. 253.

[125] Safranski 1994, S. 359.

[126] Heideggers Rhetorik des Seins und der Wahrheit huldigt ganz offenkundig dem wohlbekannten mystischen Komplementarismus, der mit Sprengmetaphern arbeitet (vgl. oben § 17, Abschnitt I). So spricht etwa Dionysius Areopagita am Ende des 5. Jahrhunderts in seiner *Mystischen Theologie* (*De mystica theologia*) von Gott als dem »überlichten Dunkel«, dessen Mysterien »im Finstersten das Überhellste überstrahlen und im gänzlich Unfassbaren und Unsichtbaren mehr noch als der überschönste Glanz die augenlosen Geister übererfüllen«. Zitiert nach Balthasar [1962], S. 208f.

[127] Heidegger 1994, S. 27.

[128] Heidegger, Blochmann 1990, S. 15.

[129] Heidegger 1967, S. 12.

[130] Heidegger 1967 (§ 27), S. 126 u. 129.

[131] Heidegger 1967 (§ 40), S. 188.

[132] Heidegger 1967 (§ 53), S. 263.

[133] Heidegger 1967 (§ 55), S. 271.

[134] Heidegger 1967 (§ 56), S. 273.

[135] Dt. *Das eigensüchtige Gen.* Dawkins 1978.

[136] Lorenz 1963, S. 382f.

[137] Lorenz 1963, S. 382.

[138] Dawkins 1978, S. 2.

[139] Dawkins 1978, S. 3.

[140] Ebenda.

[141] Mazlish 1993, S. 226. (Dt. v. P. S.)

[142] Singer 1994, S. 39.

[143] Singer 1994, S. 175.

[144] Singer 1994, S. 237.

[145] Das sind nur Andeutungen. Besonders wäre der innere Zusammenhang zwischen bestimmten universellen Tatsachen des Bewusstseins, objektiven Werten und der Begründung von Normen darzustellen. Ausführlicher wird dieser Zusammenhang in meiner Abhandlung »Immanenzverdichtung« angesprochen. Sie ist erschienen in der Festschrift *Adolf Holl. Zwischen Wirklichkeit und Wahrheit*, hg. v. W. Famler u. P. Strasser, Sondernummer der Wiener Zeitschrift *wespennest*, April 2000, S. 9-20.

[146] Habermas 1996, S. 56 (Hervorhebungen P. S.).

[147] Murdoch 1992, S. 427f. (Dt. v. P. S.)

[148] Plotin 1905, Bd. 2, S. 209.

[149] Plotin 1905, Bd. 2, S. 207.

[150] Augustinus 1978, Buch 11-22, S. 70.

[151] Ebenda.

[152] *Vom Fall des Teufels*, in: Anselm 1994, S. 243.

[153] Anselm 1994, S. 239 u. 241.

[154] Hitler 1940, S. 70. Die Stelle unmittelbar vorher lautet: »Siegt der Jude mit Hilfe seines marxistischen Glaubensbekenntnisses über die Völker dieser Welt, dann wird seine Krone der Totentanz der Menschheit sein, dann wird dieser Planet wieder wie einst vor Jahrmillionen menschenleer durch den Äther ziehen.« Und: »Die ewige Natur rächt unerbittlich die Übertretung ihrer Gebote. [. . .] So glaube ich heute im Sinne des allmächtigen Schöpfers zu handeln [. . .].«

[155] Beja 1971, S. 14f.: »Die Art von Erfahrung, die unter dem Begriff der Epiphanie abgehandelt wird, kann unschwer als religiös interpretiert werden, und bis auf die letzten paar Jahrhunderte wurden Momente der Offenbarung fast ohne Ausnahme als genau das betrachtet, was der Begriff impliziert: Momente, in denen eine externe göttliche Kraft die Wahrheit offenbart. Aber obwohl es sich bei dem Begriff ›Epiphanie‹ um einen theologischen Terminus handelt, handelt es sich dabei nicht notwendigerweise um ein religiöses Konzept. Es kann ebenso als völlig natürlich, wenn auch als außergewöhnlich betrachtet werden, und diese Art der Betrachtung nahm zu, seit in der modernen Literatur jene Autoren, die das Phäno-

men der Epiphanie in Akten göttlicher Gnade fundierten (wie Gerard Manley Hopkins und T. S. Eliot), zu bemerkenswerten Ausnahmen geworden sind. Joyce [...] gehört nicht zu ihnen, und sein Gebrauch des Wortes ›spirituell‹ ist metaphorisch.« (Dt. v. P. S.)

Literatur

Anselm von Canterbury: *Proslogion*, übers. v. Franciscus Salesius Schmitt, Stuttgart-Bad Cannstatt 1962.

–: »Vom Fall des Teufels«, in ders.: *Freiheitsschriften* (= Fontes Christiani 13), übers. v. H. Verweyen, Freiburg u. a. 1994.

Augustinus, Aurelius: *Der freie Wille*, Paderborn [4]1972.

–: *Vom Gottesstaat (De civitate dei)*, übers. v. Wilhelm Thimme, München 1978.

Balthasar, Hans Urs von: *Herrlichkeit. Eine theologische Ästhetik*, Bd. 1, »Schau der Gestalt«, Einsiedeln [1961], Bd. 2, »Fächer der Stile«, Einsiedeln [1962].

Beja, Morris: *Epiphany in the Modern Novel*, London 1971.

Berkeley, George: *Eine Abhandlung über die Prinzipien der menschlichen Erkenntnis*, übers. v. Friedrich Überweg, Hamburg 1979.

Blumenberg, Hans: *Schiffbruch mit Zuschauer. Paradigma einer Daseinsmetapher*, Frankfurt a. M. 1979.

Carnap, Rudolf: *Scheinprobleme in der Philosophie. Das Fremdpsychische und der Realismusstreit*, Frankfurt a. M. 1966.

Chisholm, Roderick M.: *Theory of Knowledge*, Englewood Cliffs [2]1977.

Dávila, Nicolás Gómez: *Auf verlorenem Posten. Neue Scholien zu einem inbegriffenen Text*, übers. v. Michaela Meßner, Wien 1992.

Dawkins, Richard: *Das egoistische Gen*, übers. v. Karin de Sousa Ferreira, Berlin / Heidelberg / New York 1978.

Descartes, René: *Meditationes de Prima Philosophia. Meditationen über die Erste Philosophie*, übers. v. Gerhart Schmidt, Stuttgart 1986.

Frank, Manfred (Hg.): *Analytische Theorien des Selbstbewußtseins*, Frankfurt a. M. 1994.

Frege, Gottlob: »Über Sinn und Bedeutung«, in ders.: *Funktion, Begriff, Bedeutung. Fünf logische Studien*, hg. v. G. Patzig, Göttingen [3]1969, S. 40-65.

Gettier, Edmund: »Is Justified True Belief Knowledge«, in: *Analysis* 23 (1963), S. 121-123.

Habermas, Jürgen: »Wahrheitstheorien«, in: *Wirklichkeit und Reflexion. Walter Schulz zum 60. Geburtstag*, hg. v. Helmut Fahrenbach, Pfullingen 1973, S. 211-265.

–: *Die Einbeziehung des Anderen. Studien zur politischen Theorie*, Frankfurt a. M. 1996.

Hales, Steven D. (Hg.): *Metaphysics. Contemporary Readings*, Belmont, CA (Wadsworth Publishing Company) 1999.

Heidegger, Martin: *Sein und Zeit*, Tübingen [11]1967.

–: »Brief über den ›Humanismus‹«, in ders.: *Gesamtausgabe*, Bd. 9, »Wegmarken«, Frankfurt a. M. 1976, S. 313-364.

–: »Spiegel-Gespräch«, in: Günther Neske u. Emil Kettering (Hg.): *Antwort. Martin Heidegger im Gespräch*, Pfullingen 1988, S. 81-114.

–: *Beiträge zur Philosophie (Vom Ereignis)* (= Gesamtausgabe, Bd. 65), Frankfurt a. M. 1989.

–: »Das Ge-Stell«, in ders.: *Gesamtausgabe*, Bd. 79, »Bremer und Freiburger Vorträge«, Frankfurt a. M. 1994, S. 24-45.

–: *Besinnung* (= Gesamtausgabe, Bd. 66), Frankfurt a. M. 1997.

Heidegger, Martin u. Blochmann, Elisabeth: *Briefwechsel 1918-69*, hg. v. J. W. Storck, Marbach [2]1990.

Hitler, Adolf: *Mein Kampf*, 529.-533. Aufl., München 1940.

Hume, David: *Eine Untersuchung über den menschlichen Verstand*, Stuttgart 1967.

–: *Ein Traktat über die menschliche Natur (A Treatise of Human Nature)*, Bd. 1, Hamburg 1989.

James, William: *Die Vielfalt religiöser Erfahrung. Eine Studie über die menschliche Natur*, übers. v. E. Herms, Olten / Freiburg i. Br. 1997.

Kant, Immanuel: *Kritik der reinen Vernunft*, Erstauflage (zitiert als KrV A) 1781, zweite Auflage (zitiert als KrV B) 1787. Alle Zitate nach der Meiner-Ausgabe, Hamburg 1956.

Kierkegaard, Sören: »Furcht und Zittern«, *Gesammelte Werke*, 4. Abt., 5.-6. Tsd., Düsseldorf / Köln 1962a.

–: »Einübung im Christentum«, *Gesammelte Werke*, 26. Abt., 5.-6. Tsd., Düsseldorf / Köln 1962b.

Koerner, Stephan: *Erfahrung und Theorie. Ein wissenschaftstheoretischer Versuch*, übers. v. Eberhard Bubser, Frankfurt a. M. 1970.

Kraft, Victor: *Erkenntnislehre*, Wien 1960.

Kripke, Saul A.: *Name und Notwendigkeit*, übers. v. Ursula Wolf, Frankfurt a. M. 1981.

Leibniz, Gottfried Wilhelm: *Die Hauptwerke*, übers. v. Gerhard Krüger, Stuttgart 1967.

Lettvin, J. Y. / Maturana, H. R. / McCulloch, W. S. / Pitts, W. H.: »What the Frog's Eye Tells the Frog's Brain«, in: *Proceedings of the Institute of Radio Engineers* 47 (1959), S. 1940-1951.

Lorenz, Konrad: *Das sogenannte Böse. Zur Naturgeschichte der Aggression*, Wien 1963.

Mach, Ernst: *Die Analyse der Empfindungen und das Verhältniss des Physischen zum Psychischen*, Jena [2]1900.

Mazlish, Bruce: *The Fourth Discontinuity. The Co-Evolution of Humans and Machines*, New Haven / London 1993.

Mitterer, Josef: *Das Jenseits der Philosophie. Wider das dualistische Erkenntnisprinzip*, Wien [3]2000.

Monk, Ray: *Wittgenstein. Das Handwerk des Genies*, übers. v. H. G. Holl u. E. Rathgeb, Stuttgart 1962.

Moore, George Edward: *Eine Verteidigung des Common Sense. Fünf Aufsätze aus den Jahren 1903-1941*, übers. v. Eberhard Bubser, Frankfurt a. M. 1969.

Murdoch, Iris: *Metaphysics as a Guide to Morals*, London 1992.

Musil, Robert: *Der Mann ohne Eigenschaften*, 2 Bde., 72.-75. Tsd., Reinbek 1990.

Nagel, Thomas: *Der Blick von nirgendwo*, übers. v. Michael Gebauer, Frankfurt a. M. 1992.

–: »Wie es ist, eine Fledermaus zu sein«, in: Frank 1994, S. 135-152.

Nietzsche, Friedrich: »Also sprach Zarathustra. Ein Buch für Alle und Keinen«, *Kritische Studienausgabe*, Bd. 4, hg. v. G. Colli u. M. Montinari, München 1988.

Otto, Rudolf: *Das Heilige. Über das Irrationale in der Idee des Göttlichen und sein Verhältnis zum Rationalen*, München 1979.

Pascal, Blaise: *Über die Religion und über einige andere Gegenstände (Pensées)*, übers. u. hg. v. Ewald Wasmuth, Heidelberg [8]1978.

Parfit, Derek: *Reasons and Persons*, Oxford / New York 1986.

Platinga, Alvin (Hg.): *The Ontological Argument*, Garden City / New York 1965.

Plotin: »Über das Wesen und den Ursprung des Bösen«, in ders.: *Enneaden*, Bd. 2, übers. v. Otto Kiefer, Jena / Leipzig 1905.

Popper, Karl R.: *Logik der Forschung*, Tübingen [10]1994.

Putnam, Hilary: »Realism and Reason«, in ders.: *Meaning and the Moral Sciences*, Boston / London / Henley 1978.

Russell, Bertrand: »Über das Kennzeichnen«, in ders.: *Philosophische und politische Aufsätze*, hg. v. U. Steinvorth, Stuttgart 1971, S. 3-22.

Ryle, Gilbert: *Begriffskonflikte*, übers. v. Eberhard Bubser, Göttingen 1970.

Sacks, Oliver: »The Last Hippie«, in ders.: *An Anthropologist on Mars. Seven Paradoxical Tales*, New York 1995, S. 39-72.

Safranski, Rüdiger: *Ein Meister aus Deutschland. Heidegger und seine Zeit*, München / Wien 1994.

Schmidt, Siegfried J. (Hg.): *Der Diskurs des Radikalen Konstruktivismus*, Frankfurt a. M. 1987.

Schopenhauer, Arthur: »*Kopfverderber*«. *Über die Universitäts-Philosophie und ihre Professoren*, hg. v. O. A. Böhme, Frankfurt a. M. 1982.

Searle, John R.: »Eigennamen«, in: *Philosophie und normale Sprache. Texte der Ordinary-Language-Philosophie*, hg. v. Eike von Savigny, München 1969, S. 180-190.

Sextus Empiricus: *Grundriß der pyrrhonischen Skepsis,* hg., eingeleitet u. übers. v. Malte Hossenfelder, Frankfurt a. M. [2]1985.

Singer, Peter: *Praktische Ethik*, übers. v. O. Bischoff, J.-C. Wolf u. D. Klose, revidierte u. erweiterte Aufl., Stuttgart [2]1994.

Steinmann, Jean: *Pascal*, übers. v. G. Graf Coudenhove, Stuttgart [1954].

Strawson, Peter Frederick: *Einzelding und logisches Subjekt (Individuals)*, übers. v. Freimut Scholz, Stuttgart 1972.

Streminger, Gerhard: *Gottes Güte und die Übel der Welt. Das Theodizee-problem*, Tübingen 1992.

Swinburne, Richard: *The Existence of God*, Oxford 1979.

Thomas von Aquin: *Summa theologica* (Die deutsche Thomas-Ausgabe), Bd. 1, »Gottes Dasein und Wesen«, Graz / Wien / Köln 1982.

Wittgenstein, Ludwig: *Tractatus logico-philosophicus. Logisch-philosophische Abhandlung*. Zitiert nach der Suhrkamp *Schriften*-Ausgabe, Bd. 1, 7.-9. Tsd., Frankfurt a. M. 1969, S. 7-83.

–: *Philosophische Untersuchungen*, in: Wittgenstein 1969, S. 279-544.

–: *Briefe*, hg. v. B. F. McGuinness u. G. H. von Wright, Frankfurt a. M. 1980.

–: *Bemerkungen über die Farben. Über Gewißheit. Vermischte Bemerkungen* (= Suhrkamp Werkausgabe, Bd. 8), Frankfurt a. M. 1984.

Young, David: *The Discovery of Evolution*, London / Cambridge 1992.

Bibliographische Notiz

§ 13, »Personale Identität: Ein Lehrstück in revisionärer Metaphysik«, ist eine wesentlich erweiterte Version des Aufsatzes »Kann man wissen, wer man ist?«, erschienen in: *Philosophie in Österreich 1996, Vorträge des IV. Kongresses der Österreichischen Gesellschaft für Philosophie (Graz, 28. Februar–2. März 1996)*, hg. v. Alfred Schramm, Wien 1996, S. 160-172.

§ 20, »Die philosophische Reaktion (B): Das Göttliche und das absolut Gute«, ist eine leicht veränderte Fassung der Abhandlung: »Ist das Böse ein Mangel an Gutem? Zur Aktualität der Privationstheorie«, erschienen in: *Faszination des Bösen. Über die Abgründe des Menschlichen*, hg. v. Konrad Paul Liessmann, Wien 1997, S. 36-75.

Die Orthographie zitierter Quellen wurde modernisiert, sofern keine kritischen Texte oder Originalausgaben zugrunde liegen.